2017年度"一省一校"专项资金项目

2018年度国家民委后期资助项目(编号：2018-GMH-004)

2018年度西藏自治区人才资源开发专项资金项目

西藏经济文化研究中心文库
西藏大学中国少数民族经济发展协同创新中心　编

西藏农牧区精准扶贫对象瞄准及施策效果研究

Study on the Individual-Specific Principle
and Effect of Targeted Poverty Alleviation in
Tibetan Agriculture and Pastoral Areas

吴春宝　著

中国社会科学出版社

图书在版编目(CIP)数据

西藏农牧区精准扶贫对象瞄准及施策效果研究/吴春宝著.
—北京:中国社会科学出版社,2019.6
ISBN 978-7-5203-2751-0

Ⅰ.①西… Ⅱ.①吴… Ⅲ.①农村—扶贫—研究—西藏②牧区—扶贫—研究—西藏 Ⅳ.①F327.75

中国版本图书馆 CIP 数据核字(2018)第 146440 号

出 版 人	赵剑英
责任编辑	安 芳
责任校对	张爱华
责任印制	李寡寡

出 版	中国社会科学出版社
社 址	北京鼓楼西大街甲 158 号
邮 编	100720
网 址	http://www.csspw.cn
发 行 部	010-84083685
门 市 部	010-84029450
经 销	新华书店及其他书店

印刷装订	环球东方(北京)印务有限公司
版 次	2019 年 6 月第 1 版
印 次	2019 年 6 月第 1 次印刷

开 本	710×1000 1/16
印 张	17
字 数	255 千字
定 价	78.00 元

凡购买中国社会科学出版社图书,如有质量问题请与本社营销中心联系调换
电话:010-84083683
版权所有 侵权必究

目 录

第一章 导论 ………………………………………………（1）
　第一节 研究背景与研究意义 ……………………………（1）
　　一 研究背景 …………………………………………（1）
　　二 研究意义 …………………………………………（3）
　第二节 概念界定与研究综述 ……………………………（5）
　　一 基本概念 …………………………………………（5）
　　二 研究综述 …………………………………………（12）
　第三节 研究视角与理论基础 ……………………………（20）
　　一 研究视角 …………………………………………（20）
　　二 理论基础 …………………………………………（23）
　第四节 研究方法、研究对象及数据说明 ………………（33）
　　一 研究方法 …………………………………………（33）
　　二 研究对象及数据说明 ……………………………（35）

第二章 西藏农牧区扶贫工作：基础与历程 …………（40）
　第一节 西藏地区基本情况概述 …………………………（40）
　　一 西藏农牧区自然条件：分布与差异 ……………（41）
　　二 西藏农牧区土地资源：利用与现状 ……………（44）
　　三 西藏农牧区社会经济：条件与发展 ……………（50）
　第二节 西藏农牧区贫困的现状、类型与特点 …………（60）
　　一 西藏农牧区贫困状况及变动 ……………………（61）

二　西藏农牧区贫困人口变动及分布 …………………………（66）
　　三　西藏农牧区的贫困类型 …………………………………（70）
　　四　精准扶贫背景下西藏农牧区贫困特点 …………………（75）
 第三节　西藏农牧区贫困治理的发展历程及经验 ………………（80）
　　一　西藏农牧区扶贫工作实践的基本历程 …………………（81）
　　二　西藏农牧区扶贫工作的经验与启示 ……………………（90）

第三章　西藏精准扶贫的瞄准机制建立：国家意志与农牧民行为互动 …………………………………………（94）

 第一节　论西藏扶贫瞄准的历史演进及其转向 …………………（94）
　　一　扶贫瞄准讨论的缘起 ……………………………………（95）
　　二　西藏扶贫瞄准体系的演变 ………………………………（96）
　　三　西藏扶贫瞄准的三重转向 ………………………………（101）
 第二节　"建档立卡"：西藏农牧区贫困户的识别与瞄准过程 …………………………………………………（104）
　　一　贫困户"建档立卡"工作启动 …………………………（104）
　　二　贫困户"建档立卡"工作全面开展 ……………………（112）
　　三　贫困户"建档立卡"档案的管理及后果 ………………（117）
 第三节　西藏农牧区扶贫对象识别与瞄准困境 …………………（119）
　　一　扶贫对象识别与瞄准问题的表现 ………………………（120）
　　二　扶贫对象识别与瞄准问题的原因 ………………………（123）
　　三　扶贫对象识别与瞄准问题中的主体行为逻辑 …………（127）

第四章　当前西藏农牧区精准扶贫：模式与实践 ………………（132）

 第一节　西藏农牧业特色产业精准帮扶的模式分析 ……………（132）
　　一　西藏农牧业特色产业的基本特征 ………………………（133）
　　二　西藏农牧业特色产业精准帮扶的组织形式 ……………（135）
　　三　西藏农牧业特色产业精准帮扶的运行机制 ……………（137）
　　四　主要经验与不足 …………………………………………（139）
 第二节　援藏扶贫：缘起、演进与运行机制 ……………………（141）

一　西藏援藏扶贫工作的缘起与演进 …………………（141）
　　二　西藏援藏扶贫的运行机制 ………………………（147）
　第三节　农牧民经济合作组织扶贫：价值与限度 …………（150）
　　一　西藏农牧民专业合作社参与扶贫工作的价值 ………（152）
　　二　西藏农牧民专业合作社参与贫困治理的经验：
　　　　个案观察 ……………………………………………（157）
　　三　西藏农牧民专业合作社参与贫困治理的限度 ………（159）

第五章　西藏农牧区精准扶贫效果评估：贫困户的视角 ……（164）
　第一节　西藏农牧区精准扶贫政策落地 ……………………（164）
　　一　西藏农牧区贫困户的建档立卡 …………………（165）
　　二　西藏农牧区帮扶责任落实 ………………………（167）
　　三　西藏农牧区帮扶资金的投入与分配 ………………（169）
　　四　2016年基于村庄数据的西藏农牧区减贫 …………（174）
　第二节　西藏农牧区精准扶贫的农牧民参与 ………………（177）
　　一　西藏农牧民对扶贫活动的参与 …………………（177）
　　二　西藏农牧民对扶贫项目内容的知晓 ………………（181）
　　三　农民对扶贫项目内容讨论的参与 …………………（186）
　　四　西藏农牧区对扶贫项目内容的选择 ………………（191）
　　五　农民对扶贫项目讨论和制定的参与 ………………（196）
　第三节　西藏农牧区精准帮扶项目落实 ……………………（201）
　　一　西藏农牧区村庄层面项目落实 …………………（201）
　　二　西藏农牧民接受农业实用技术培训 ………………（205）
　　三　农牧民对农业实用技术培训作用的评价 …………（210）
　　四　西藏农牧民接受劳动力转移技术培训 ……………（215）
　　五　西藏农牧民接受劳动力转移技术培训后的工作安排 ……（219）
　第四节　小结：农牧民的评价与态度 ………………………（224）
　　一　扶贫政策难以真正入户 …………………………（224）
　　二　扶贫内容难以满足农牧民需求 …………………（225）

三　扶贫方式难以实现农牧民参与 …………………………（226）
　　四　农牧民对扶贫到户政策的期待 …………………………（227）
第六章　西藏农牧区精准扶贫政策措施：优化与创新 ………（230）
　第一节　西藏农牧区贫困问题的转型 …………………………（230）
　　一　西藏农牧区贫困问题形式的相对性 ……………………（231）
　　二　西藏农牧区贫困问题原因的结构性 ……………………（233）
　　三　西藏农牧区贫困问题内涵的消费性 ……………………（234）
　　四　西藏农牧区贫困问题治理的复杂性 ……………………（236）
　第二节　西藏农牧区精准扶贫过程中的四重关系 ……………（238）
　　一　内生发展与外力推动之间的关系 ………………………（238）
　　二　短期减贫与政策可持续之间的关系 ……………………（239）
　　三　扶贫政策的继承性与协同性的关系 ……………………（241）
　　四　西藏农牧区发展中稳定与生态安全的关系 ……………（242）
　第三节　西藏农牧区精准扶贫政策体系的优化与创新 ………（244）
　　一　优化西藏农牧区精准扶贫主体行为 ……………………（245）
　　二　优化西藏农牧区精准扶贫瞄准机制 ……………………（248）
　　三　创新西藏农牧区精准扶贫政策体系 ……………………（250）

参考文献 ………………………………………………………………（254）

后　记 …………………………………………………………………（263）

第一章 导论

第一节 研究背景与研究意义

一 研究背景

贫困是与人类社会相伴随的、不断演化的全球性问题,摆脱贫困是人类社会孜孜以求的美好目标。贫困问题虽然是老生常谈,但时论时新,是关系到国家经济发展、社会稳定,以及人民安居乐业的战略性问题。党的十八届五中全会提出:"到 2020 年,我国现行标准下农村贫困人口实现脱贫,贫困县全部摘帽,解决区域性整体贫困。"这是当前我国全面实施精准扶贫的重要目标,也是实现全面建成小康社会的主要内容。

西藏是我国神圣领土不可分割的一部分,是重要而特殊的民族自治区。"重要"体现在"西藏是重要的国家安全屏障、重要的生态安全屏障、重要的战略资源储备基地、重要的中华民族特色文化保护地和面向南亚开放的重要通道,是我国同西方敌对势力和境内外敌对势力、分裂势力斗争的前沿"。总之,西藏是我国名副其实的战略要地。"特殊"体现在西藏地区位居高原,藏族以及其他少数民族世居于此,并通过不断交流、交往与交融,形成了独具地域特色的社会文化,同时社会经济系统运行的特点也与我国其他少数民族地区不同。西藏是藏民族的主要聚居区、集中连片的贫困地区,同时又是与边境接壤的地区,民族、贫困、发展、环境保护等问题相互交织、彼此影响,因此,西藏的扶贫工作很难完全照搬其他地区的发展模式或借鉴其他地区的经验，只能在实践中不断探索与完善"中国特色，西藏特点"的扶贫工作模式。

扶贫作为西藏工作的重要组成部分，历来备受党和国家的高度重视。自和平解放以来，在中央政府大力支持以及其他兄弟省份的支援下，西藏地区的贫困状况得到了极大改善。特别是20世纪80年代以来，随着《国家八五扶贫攻坚计划（1994—2000年）》《中国农村扶贫开发纲要（2001—2010年）》《中国农村扶贫开发纲要（2011—2020年）》的实施，西藏也进行了有组织、有计划、大规模的农牧区扶贫开发工作。除此以外，历次中央西藏工作座谈会都为西藏制定了特殊的优惠政策，促进了西藏农牧区社会经济的发展。进入21世纪以来，中央第四次西藏工作会议把西藏作为特殊集中连片贫困地区予以重点扶持，中央第六次西藏工作会议决定实施"特殊优惠扶持政策"，"全力推进精准扶贫"，西藏再次迎来了经济快速发展的全新时期，农牧民生活水平明显改善，贫困人口数量下降，扶贫工作也取得了一定进展。

同时，我们也必须清醒地认识到，西藏宏观扶贫形势虽然有了根本性改观，但是受自然、历史、经济以及社会各方面的影响，区域性贫困问题依然很突出。一方面，伴随西藏农牧区贫困程度的减轻，贫困人口分布呈现分散与集中相互变奏的态势，而且农牧区致贫机理日益复杂，因素逐渐多元，加之西藏农牧区贫困问题与国家安全、生态安全、民族问题、区域发展问题等相互交织，在此背景下，如果继续延续常规性的扶贫思路、方法和政策措施，西藏农牧区扶贫目标必将很难实现。因此，我们必须探索新的减贫思路与应对措施。另一方面，当前中央政府提供给西藏的扶贫资源日益丰富，其中包括扶贫财政资金、优惠政策以及扶贫专业人才等，这为西藏农牧区的扶贫开发提供了更加坚实的物质基础与发展机遇。但是，西藏农牧区扶贫工作依然存在着扶贫对象识别难度大、政策措施针对性不强、扶贫资源瞄准率低等问题，甚至出现了"争戴贫困户帽子"、扶贫指标"平均分配"、"轮流坐庄"等情况。因此，全面掌握西藏农牧区社会经济发展的现实情况，深刻认识西藏农牧区贫困问题的复杂性，认真总结西藏作为集中连片贫困地区的扶贫经验，建立相应的扶贫工作机制，优化并创新精准扶贫政策是十分必要的。

二 研究意义

（一）实践意义

当前我国少数民族人口占全国总人口的8.5%左右，而全国14个集中连片的贫困地区，有11个在民族地区。[①] 全面实现小康社会，少数民族一个不能少，一个都不能掉队。因此，大力推进我国少数民族地区精准扶贫工作，打赢脱贫攻坚战，是我国全面建成小康社会最艰巨的任务。"足寒伤心，民寒伤国。"习近平同志指出："我们不能一边宣布实现了全面建成小康社会目标，另一边还有几千万人口生活在扶贫标准线以下，这既影响人民群众对全面建成小康社会的认可度，也影响国际社会对我国全面建成小康社会的认可度。"[②] 可见，当前精准扶贫工作事关党的执政基础，事关国家的长治久安，事关社会主义事业建设大局，消除贫困已然成为今后一个时期党和国家要重点解决的主要问题。

首先，西藏农牧区精准脱贫攻坚关系到国家的长治久安，对维护地区稳定、民族团结，促进西藏农牧区社会经济发展具有重大意义。西藏是全国唯一的省级集中连片特殊贫困的民族地区，同样也是脱贫攻坚的前沿阵地。西藏扶贫工作不仅涉及西藏贫困人口的生活质量与水平，更关系着全国扶贫工作大局。近几年来，西藏社会经济等各个方面都取得了长足发展，但少数西方学者与国际反华势力及分裂势力相互勾结，利用西藏农牧民的贫困问题大做文章，对我国政府的治藏政策提出疑问，并全盘否定自和平解放以来西藏的发展成就。客观细致地研究西藏精准

---

① 国家行政学院编写组：《中国精准脱贫攻坚十讲》，人民出版社2016年版，第108页。
② 《习近平谈扶贫》，《人民日报》（海外版），2016年9月1日，第7版。

扶贫工作,既可以有力地反驳国外敌对势力对西藏发展的污蔑和指责,又有利于我们进一步树立社会主义的"道路自信、理论自信、制度自信"。其次,加强对西藏农牧区精准扶贫工作的研究,对促进西藏农牧区地方资源的开发与利用,提高社会经济及生态效益大有裨益。最后,本书能促使人们较为全面地认识西藏农牧区精准扶贫的现实性,提高对实施因地制宜精准扶贫政策的必要性认识,直面西藏农牧区发展的滞后形势,为有关部门制定切实有效的精准扶贫政策提供参考,为从根本上解决西藏贫困问题提供依据。

(二)理论意义

2016年1月26日,新加坡国立大学郑永年教授在《联合早报》上发表了《中国的知识短缺时代》一文,文章尖锐地指出,"在过去的30多年里,中国的改革取得了巨大的成就,具有了丰富的实践经验。但是,无论是理论界还是政策研究界,都没有能力解释中国经验",如果知识缺乏情况再得不到改善的话,"中国的改革就很难从顶层设计转化成为有效的实践,或者在转化过程中错误百出"。本书的主要目标就是立足当前重要的现实问题即西藏农牧民的贫困问题,力图去解释当前西藏农牧区精准扶贫过程中精准识别、政策实施以及扶贫政策创新与完善等问题。之所以选择西藏农牧区精准扶贫作为研究选题,除了其重要现实意义,还试图补齐当前我国学界对民族地区研究,特别是西藏农牧区研究这方面的短板,引起国家、社会等对西藏农牧区农牧民这一特殊群体的高度重视。

从理论的角度来看,此项研究可以充实、拓展国内西藏农牧区研究以及精准扶贫公共政策研究的相关理论。目前学界对西藏的研究都是整体宏观研究,如同一只"暗箱",缺乏对运行机制的动态研究。在研究视角方面,缺乏微观层面的观察,对西藏农牧民微观行为的研究更是少之又少。习近平同志在中央哲学社会科学工作座谈会上指出,"哲学社会科学研究应该以我们正在做的事情为中心,从我国改革发展的实践中挖掘新材料、发现新问题、提出新观点、构建新理论",同时"要善于融通马克思主义资源、中华优秀传统文化资源、国外哲学社会科学资源,坚持不忘本来、吸取外来、面向未来"。本书的主要目的,一方面是对当前西藏农牧区农牧民进行必要的微观行为研究,做一个拾遗补阙式的观察;另一方面,也是尝试着对当前西藏精准扶贫过程中出现的各种问题进行理论性阐释。

第二节 概念界定与研究综述

一 基本概念

(一)贫困概念的界定

什么是贫困?对此不同的人有不同的理解。阿玛蒂亚·森曾经在《贫困与饥荒》中写道:"并非所有的关于贫困的事情都如此简单明了,当我们离开极端的和原生的贫困时,对于贫困人口的识别、甚至对贫困的判断都会变得模糊不清,是一个还远远没有定论的问题。"[1]

首先我们来看一下狭隘的经济学物质贫困。经济学对贫困的理解是基于贫困客体的,认为贫困的主要表现是物质匮乏,也就是我们经常描述的"食不果腹,衣不蔽体,房不挡风雨"的悲惨境况。然而在不同时代,各种经济学学说对物质财富的性质、形态和来源都有不同的认识,因而对贫与富、对物质贫困的概念也有不同的理解,进而形成了不同的贫困理论范式。[2] 20世纪以来,经济学简单地将微观层面的贫困理解为消费贫困、收入贫困及资产贫困。消费贫困就是个人或家庭的物质消费不能够达到最低限度的物质生活消费水平,就如1899年西勃海姆·朗特里所讲的,"贫困是如果一个家庭的总收入不足以取得维持仅仅是物质生活所必备的需要,那么该家庭就处于贫困状态"[3]。通过物质消费来衡量贫困是一种常见的研究方法,例如恩格尔系数等。收入贫困就是通过收入

---

[1] 阿玛蒂亚·森:《贫困与饥荒》,商务印书馆2012年版,第1页。
[2] 谭诗斌:《现代贫困学导论》,湖北人民出版社2012年版,第40页。
[3] 李含琳:《关于现代社会贫困实质的制度理论》,《农村经济与社会》1994年第5期。

来定义家庭或个人的物质生活贫困,当个人和家庭没有足够的收入来源满足物质需求的时候,收入贫困就出现了。美国经济学家萨缪尔森将贫困定义为"一种人们没有足够收入的状况"。[①] 用收入来测量贫困的做法被广泛应用于实践之中,2015年世界银行把每人每日收入2美元作为贫困标准,而把每人每日收入1.25美元作为绝对贫困标准。资产贫困是"在生产性资产、人力资本或生活财产三个维度中有两个或以上处于贫困状态"[②]。由此可以看出,贫困不仅与收入、消费有关,与资产也有关系。综上所述,从经济学角度测量贫困都是围绕物质展开的,这有一定的瑕疵,因为只关注了个人或家庭私人物品资源的匮乏,却忽视了公共物品资源的水平。

其次我们再来看一下广义的非经济学贫困论。贫困是一种复杂的生活状态建构,体现了多重权力、利益和文化关系的相互介入、对话、斗争和适应。[③] 对于这种复杂的社会现象,非经济学理论的阐释可谓形形色色。

第一,文化贫困。现实中贫困虽然具体表现为外在的经济条件,但它同时也是一种自我维持的文化体系。"穷人由于长期生活于贫困之中,结果形成了一套特定的生活方式、行为规范、价值观念体系等,而一旦此种'亚文化'形成,它便会对周围的人(特别是后代)产生影响,从而代代相传,于是贫困本身得以在此亚文化的保护下维持和繁衍。"[④] 第二,能力贫困。能力贫困是诺贝尔经济学奖获得者阿玛蒂亚·森在20世纪70—90年代提出来的核心概念。能力贫困的核心观点认为,贫困不是单纯地由物质缺乏造成的,在很大程度上是由可行能力缺失导致的。可行能力指的就是"此人有可能实现的、各种可能的功能性活动组合。可

[①] 保罗·萨缪尔森:《经济学》,首都经济贸易大学出版社1996年版,第30页。
[②] 刘安:《农户资产贫困测量及其财税政策研究》,博士学位论文,财政部财政科学研究所,2011年,第15页。
[③] 郭劲光:《脆弱性贫困:问题反思、测度与拓展》,中国社会科学出版社2011年版,第5页。
[④] 夏英:《贫困与发展》,人民出版社1995年版,第82页。

行能力因此是一种自由,是实现各种可能的功能性活动组合的实质自由"①。第三,权利贫困。在权利贫困的理论看来,基于经济资源来认定贫困是比较狭隘的,而且是浮于表面的。同样,从个人能力角度来审视贫困仅是延伸了贫困的主要内涵,实际上导致贫困的最重要原因是个人权利的缺失。阿玛蒂亚·森在提出可行能力这一概念时,认为"一个人支配粮食的能力或他支配任何一种他希望获得或拥有的东西的能力,都取决于他在社会中的所有权和使用权的权利关系"②,由此导致的贫困就是"基于权利被剥夺、受社会排斥、丧失机会等而造成的缺失"。可见,西方权利贫困概念是建立在社会剥夺、社会排斥及脆弱性等现象上的。

(二) 贫困识别与测量

谁贫困？贫困的状况如何？弄清这两个问题是解决贫困问题的关键,而要回答这两个问题,就需要有一个衡量贫困的标准。由于对贫困现象的认知各有不同,我们从饥饿、营养不良,到收入贫困,再延伸到能力贫困、权利贫困、社会边缘化等,衡量贫困的标准在不断变化与演进。目前,世界上广泛接受的标准是基于消费与收入的贫困线。③ 贫困线是贫困数量研究的基本问题,同时也是反贫困实践要解决的首要问题。测量贫困必须基于两个层面的认识,一是明确划分标准,对贫困人群进行有效识别,即区分哪些是贫困人口,哪些是非贫困人口；二是测量贫困程度,主要包括确定贫困发生的规模、运用非经济标准测定相对贫困以及测量收入分配对规模分配的影响。从学界研究来看,贫困线和贫困发生率是经常被用于识别与测量贫困的一般方法。

1. 贫困线

一般而言,很多国家都是按收入水平来确定标准贫困线,即按最低保障水平及经济社会发展状况来确定标准贫困线,因此不同国家的贫困

---

① 阿玛蒂亚·森:《以自由看待发展》,中国人民大学出版社2001年版,第54页。
② 阿玛蒂亚·森:《贫困与饥荒》,商务印书馆2001年版,第189页。
③ 中国国际扶贫中心:《世界各国贫困标准研究》2010年第1期。

线有很大差异。英国是最早制定收入标准的国家，英国学者朗特里（Benjamin Seebohm Rowntree）在1901年对食物与非食物进行非货币量化后得出了贫困线。1950年以前，英国一直选用基本物质需求（食品、住房、衣服等）的"购物篮子"作为衡量贫困的标准。之后，英国废除了"购物篮子"的测量方法，开始采用"家庭收入低于收入中位数的60%"的方法确定贫困线。英国加入欧盟以后，按照欧盟的标准，把"人均收入中位数的50%"作为划定贫困线的依据。与英国不同，作为福利测量的一项内容，美国贫困线是依据1963年奥珊丝凯（Orshansky）在国家社会安全署所做的计算制定的。美国的贫困测量要素由两部分构成：一是最小需求和收入，所谓最小需求，就是人类生存所必需的最基本的物品和服务（包括食品、衣服、住房等）需求；二是收入，指的是在一个既定的区域和时间内，一个人或家庭可获得的资源总量，包括现金收入以及储蓄、土地、信贷等。[1] 这一方法一直延续到2009年。从世界银行对贫困线的划定来看，世界货币银行有三条绝对贫困线，第一条是1美元/天消费支出，第二条是1.25美元/天消费支出，第三条2美元/天消费支出。

我国把2100大卡热量这一营养标准作为农村人口的食品贫困线，并用回归计算方法推算出非食品贫困线，再将食品贫困线与非食品贫困线相加得到贫困线。[2] 因此，2000年以来中国农村贫困标准实际上有两条，一条是绝对贫困标准，另一条是低收入标准。从测算方法和更新方法来看，前一个标准更应该被称为生存标准或极端贫困标准，而后一条是温饱标准，这两条贫困标准均代表了特定的生活水平，而且都属于绝对贫困范畴。[3] 2008年之前我国的贫困标准均由统计局制定和公布，具体如下表所示：

---

[1] 周彬彬：《向贫困挑战：国外缓解贫困的理论与实践》，人民出版社1991年版，第12—20页。
[2] 邹薇、方迎风：《怎样测度贫困：从单维到多维》，《国外社会科学》2012年第2期。
[3] 国家统计局住户调查办公室：《中国农村贫困检测报告（2011）》，中国统计出版社2011年版，第11页。

表1—1　　　　　　中国官方公布的中国农村贫困线①　　　　　单位：元

年份	低收入线	绝对贫困线	贫困线
1978		100	
1984		200	
1985		206	
1986		213	
1987		227	
1988		236	
1989		259	
1990		300	
1991		304	
1992		317	
1993		350	
1994		440	
1995		530	
1996		580	
1997		640	
1998		635	
1999		625	
2000	865	625	
2001	872	630	
2002	869	627	
2003	882	637	
2004	924	668	
2005	944	683	
2006	958	693	
2007	1067	785	
2008	1196	895	
2009			1196

① 数据来源：2000年以前的数据来自张全红、张建华《中国农村贫困变动：1981—2005——基于不同贫困线标准和指数的对比分析》，《统计研究》2010年第1期。2010—2010年数据均来自历年《中国农村贫困监测报告》，其余数据来自网上的相关报道。

续表

年份	低收入线	绝对贫困线	贫困线
2010			1274
2011			1300
2012			2300
2013			2300
2014			2300
2015			2800

由表1—1可以看出，2000年之前我国把绝对贫困线作为贫困线，2000—2008年我国贫困测量采用的是双线办法，即低收入线和绝对贫困线，其中前者略高于后者。2008年之后两线合一，政府只公布低收入线，以此作为我国农村的贫困线。到2012年，我国政府宣布将农村贫困线上调至2300元，并允许各地划定自己的贫困线。2015年我国农村贫困线再次上调，调高至2800元，这个标准比2012年的2300元提高了21.74%。

2. 贫困发生率

贫困发生率指的是收入低于贫困线的人口数占总人口数的比例，计算公式为$PH=q/n$，其中q为贫困人口数量，即收入低于贫困线的人口数量，n为总人口数。我们可以通过PH来计算贫困线以下人口数量的变动规模。贫困发生率不是单纯考察贫困数量的整体变动，而是考察其占总人口的比例。因此，当贫困群体个人的收入减少或转移时，该指标并不能反映出来。也就是说，贫困发生率不能反映出贫困线以下贫困人口的收入变化，这是贫困发生率的缺陷与不足。但是，它"可以显示出贫困人口在一个国家和地区的变动趋势而成为检测扶贫成效的基本方式之一"[①]。

---

① 夏英：《贫困与发展》，人民出版社1995年版，第39—40页。

（三）精准扶贫政策

在贫富差距拉大、致贫机理复杂化的背景下，依靠经济增长等常规性手段扶贫的成效越来越差，因此采取更加有针对性、实效性的扶贫政策进行扶贫变得越来越紧迫。精准扶贫就是国家为了提高扶贫政策效率，应对一般性扶贫政策减贫效应下降的现实情况而采取的重大策略。

精准扶贫的提出。2013年习近平同志在湖南湘西调研扶贫攻坚时，首次提出了精准扶贫概念，他指出："扶贫实事求是，因地制宜。要精准扶贫，切勿喊口号，也不要定好高骛远的目标。"2015年1月，习近平同志在云南调研时强调："要以更加明确的目标、更加有力的举措、更加有效的行动，深入实施精准扶贫、精准脱贫，项目安排和资金使用都要提高精准度，扶到点上、根上，让贫困群众真正得到实惠。"同年6月，习近平同志在部分省区市党委主要负责同志座谈会上强调："扶贫开发贵在精准，重在精准，成败之举在于精准。"同年11月，习近平同志在中央扶贫开发工作会议上发表重要讲话，指出"要坚持精准扶贫、精准脱贫，重在提高脱贫攻坚成效。关键是要找准路子、构建好的体制机制，在精准施策上出实招、在精准推进上下实功、在精准落地上见实效"。2016年习近平同志在重庆调研时强调："扶贫开发成败系于精准，要找准'穷根'、明确靶向，量身定做、对症下药，真正扶到点上、扶到根上。"可见，实施精准扶贫，确保扶贫政策落实到户、到人，是党中央在新形势下改进扶贫工作的新思路与新方法。精准扶贫概念的提出是转变扶贫思维的主要表现，更是我国在全面建成小康社会过程中扶贫工作的一大创新。

精准扶贫的内涵。从概念上来看，"精准扶贫最基本的定义就是通过对贫困家庭和人口有针对性的帮扶，消除导致贫困的各种因素和障碍，增加自主发展的能力，达到可持续脱贫的目标"[①]。依据中办发〔2013〕

[①] 汪三贵、刘未：《"六个精准"是精准扶贫的本质要求》，《毛泽东邓小平理论研究》2016年第1期。

25号文件精神，精准扶贫是指"通过对贫困户和贫困村精准识别、精准帮扶、精准管理和精准考核，引导各类扶贫资源优化配置，实现扶贫到村到户，逐步构建扶贫工作长效机制，为科学扶贫奠定坚实基础"[1]。由此可见，精准扶贫的核心问题就是要解决"扶持谁，谁来扶，怎么扶"的关键问题，做到"扶真贫、真扶贫、真脱贫"。具体来看，精准扶贫内涵包括"六个精准"：一是扶贫对象精准，通过精准识别，建档立卡，为脱贫攻坚打好基础；二是项目安排精准，通过精准识别与建档立卡，查明贫困户的致贫原因，有针对性地进行项目帮扶；三是资金使用精准，通过增加资金使用的灵活性，扩大资金使用的自主权，在保证资金安全的情况下，合理安排扶贫资金；四是措施到户精准，不同贫困的致贫原因又不同，要采取因地制宜、分类施策的方式进行有效帮扶；五是因村派人精准，通过选派第一书记和驻村工作队的形式，为扶贫村的脱贫致富提供组织保障；六是脱贫成效精准，建立对扶贫政策落实情况和扶贫成效的第三方评估机制，评价脱贫成效，既要看减贫数量，更要看减贫质量。

二 研究综述

精准扶贫不仅是当前我国脱贫攻坚的基本指导方针，同时也是扶贫实践的主要抓手。本书将从政策体系与政策实践两个角度，对目前学界的研究成果进行梳理与总结。

（一）精准扶贫的政策梳理

精准扶贫政策是开展扶贫活动、制定扶贫措施的重要依据。2014年2月，中共中央办公厅、国务院办公厅印发《关于创新机制扎实推进农村扶贫开发工作的意见》（以下简称意见），意见明确了今后我国农村扶贫的主要工作机制以及要求，对贯彻和落实《中国农村扶贫开发纲要

---

[1] 葛志军、邢成举：《精准扶贫：内涵、实践困境及其原因阐释》，《贵州社会科学》2015年第5期。

(2011—2020年)》具有重要意义,其中,该意见特别强调要"建立精准扶贫工作机制",并指出了精准扶贫工作机制的主要内容,在统一扶贫识别基础上,坚持"扶贫开发和农村最低生活保障制度有效衔接"和"转向扶贫措施要与贫困识别结果相衔接"等。同年5月,国务院扶贫办联合14个部委印发了《创新扶贫开发社会参与机制实施方案》(下文简称方案)。该方案为推动政府、市场、社会协同推进的大扶贫工作格局的形成,鼓励社会以不同的形式参与扶贫。2015年11月中共中央、国务院颁布了《关于打赢扶贫攻坚战的决定》(下文简称决定)。该决定成为当前和今后一个时期我国脱贫攻坚的决定性文件,并提出了解决精准扶贫过程中难点问题的具体举措,为打赢扶贫攻坚战奠定了政策基础。

2016年2月中共中央办公厅、国务院办公厅印发了《省级党委和政府扶贫开发工作成效考核办法》(下文简称办法)。该办法详细规定了省级精准扶贫的考核内容以及考核的主要方式。同年4月,中共中央办公厅、国务院办公厅印发了《关于建立贫困退出机制的意见》(下文简称意见)。该意见对精准扶贫的退出标准和程序作了详细规定,其中贫困人口退出的标准为"人均纯收入超过国家扶贫标准且吃穿不愁、义务教育、基本医疗、住房安全有保障"。贫困村以及贫困县退出标准和程序也进一步细化。同年10月,国务院扶贫办出台了《脱贫攻坚责任实施办法》,规定了各级政府及相关扶贫部门承担责任,形成了"中央统筹,省负总责,市县落实,合力攻坚"的责任体系,便于脱贫攻坚责任的落实。12月,国务院印发《"十三五"脱贫攻坚规划》,明确了"十三五"期间,精准扶贫的各项任务。同月,中共中央办公厅、国务院办公厅制定《关于进一步加强东西部扶贫协作工作的指导意见》,对做好东西部扶贫协作和对口支援工作,提出了具体指导意见。同月,人社部联合财政部及国务院扶贫办下发了《关于切实做好就业扶贫工作的指导意见》,规定了就业扶贫的基本措施和要求。

2017年1月,民政部联合财政部等5部委下发《关于进一步加强医疗救助与城乡居民大病保险有效衔接的通知》(下文简称通知)。该通知规定将医疗救助和城乡居民大病医疗进行了衔接与整合，发挥其对贫困人口疾病救治的帮扶作用。财政部、国务院扶贫办联合下发了《关于做好2017年扶贫县涉农资金整合试点工作的通知》，有序推进扶贫县涉农资金整合试点工作。3月，由中国残联牵头，联合印发了《贫困残疾人脱贫攻坚行动计划（2016—2020年）》的通知，对精准扶贫工作中的贫困残疾人的脱贫工作进行了全面部署。

通过以上梳理，笔者发现，基于时间维度，我国的精准扶贫政策体系处于日渐完善的过程。就政策内容而言，精准扶贫政策内容涉及范围不断延伸扩展、延伸，囊括了贫困问题的方方面面，从精准扶贫工作机制到贫困人口的生产生活；从政策的体系来看，精准扶贫体系呈现出立体化特征，这种立体化体现出国家对扶贫的认识不再简单地停留在"就扶贫而扶贫"的外部表现形式上，而是将政策触角纵深至贫困发生的根源上；从政策的实施者来看，精准扶贫政策政出多门。这种打精准扶贫政策"组合拳"的方式，充分体现了国家治理扶贫问题的新理念、新思路。

(二) 精准扶贫政策的文献梳理

1. 精准扶贫内涵及经验研究

(1) 关于精准扶贫的内涵研究。精准扶贫作为当前我国治贫的基本方略，是反贫困理论的重大创新，这一概念的提出具有极强的时效性，目前已有学者着手研究这一概念的内涵及其运行机制。"六个精准"是精准扶贫的本质要求，[①] 其中精准识别、帮扶、管理和考核，是新时期中国扶贫工作的重要机制。[②] 从学理上来看，"精准扶贫是'共同富裕'理论的发展与延伸，是'社会精细化治理'历年创新实践的成

[①] 汪三贵、刘末：《"六个精准"是精准扶贫的本质要求》，《毛泽东邓小平理论研究》2016年第1期。

[②] 葛志军、邢成举：《精准扶贫：内涵、实践困境及其原因解释》，《贵州社会科学》2015年第5期。

果，是'多维贫困'理论与我国贫困治理实践的结合"，① 有着非常重要的正当性②、人民性③基础。基于以上理解，通过研究精准扶贫概念的内涵，有学者已经开始逐步认识到精准扶贫在理论层面亟待澄清与解决的现实问题。陈全功、程蹊认为，精准扶贫必须正视四个重点问题，即"坚持和把握重点原则、重点考核标准、重点对象以及重点内容"。④ 郑瑞强强调，"在重新认识精准扶贫历年要求、制度关联、技术背景以及政策指向的基础上"，应该特别关注精准扶贫过程中"扶贫主体意识回归、扶贫资源供给对接、扶贫工作业务流程再造"⑤ 等问题。除上述问题以外，庄天慧、杨帆等人还强调精准扶贫内涵与精准脱贫之间的辩证关系，即"手段与目标、过程与结果、量变与质变、战术与战略的关系"。⑥ 刘占勇认为，全面认识精准扶贫的思想内涵，关键是要抓住其"普遍性和特殊性、整体性和局部性、个体性和国家性、历史性和现实性、客观性和能动性、经济性和社会性、短期性和长期性"等辩证关系特征。⑦

（2）关于精准扶贫的经验模式探究。除了厘定理论内涵，许多学者还从经验模式角度来审视精准扶贫。贾文龙通过分析贵州省毕节市的"到村到户"模式，认为加强基础设施建设、增强帮扶力度，拓宽教育路径是精准扶贫的应有之义。⑧ 谢玉梅、徐玮等在研究"贫富捆绑""银保互动"等小额信贷模式的基础上，指出"目标瞄准与风险管理"是精准

---

① 王鑫、李俊杰：《精准扶贫：内涵、挑战及其实践路径——基于湖北武陵山片区的调查》，《中南民族大学学报》2016年第5期。
② 刘新元、杨腾飞：《精准扶贫的正当性基础及实施路径》，《湖湘论坛》2017年第1期。
③ 郑正真：《论精准扶贫思想的"人民性"》，《宁夏社会科学》2016年第4期。
④ 陈全功、程蹊：《精准扶贫的四个重点问题以对策探究》，《理论月刊》2016年第6期。
⑤ 郑瑞强：《精准扶贫的政策内蕴、关键问题与政策走向》，《内蒙古社会科学》2016年第5期。
⑥ 庄天慧、杨帆：《精准扶贫内涵及其与精准脱贫的辩证关系探析》，《内蒙古社会科学》2016年第3期。
⑦ 刘占勇：《精准扶贫思想内涵特征以及扶贫实践的启示》，《江汉学术》2016年第4期。
⑧ 贾文龙：《"到村到户"精准扶贫模式实践及其启示探究——以贵州省毕节市为例》，《山西农业科学》2015年第12期。

扶贫应重点解决的问题。① 张玉强、李祥则将精准扶贫放置于集中连片特困地区内加以分析,他们认为在"互联网+"背景下,"精准扶贫应该包含加强农村组织建设、合理规划项目、培育优势产业"等方面。② 万君、张琦在研究特困连片贫困时认为,精准扶贫应"提升片区定位精准度、减贫内涵精准度、脱贫手段精准度"③。相对我国其他地区而言,民族地区精准扶贫的特点更加鲜明,沈茂英以我国四川藏区的精准扶贫为例,指出精准扶贫应重点完善"公共服务、扶贫投入以及市场化生态补偿制度"④。

2. 精准扶贫机制运行困境研究

对扶贫主体而言,只有将扶贫政策落实到实处,精准扶贫才能走完"最后一公里"。而在此过程中,精准扶贫运行困境也是学者重点关注的内容。

(1) 关于精准扶贫对象的瞄准与识别研究。扶贫政策落实的前提是精准瞄准与识别贫困户,但一直以来扶贫政策目标偏离都是扶贫研究的热点议题。"八七"扶贫攻关期间就出现了"扶富不扶贫"的问题,比如江华在调查贵州省习水县1994—1998年扶贫款流向时,发现存在扶贫资源"低命中""高漏出"现象。⑤ 为了提高扶贫政策的瞄准率,使扶贫目标更具针对性,国家将扶贫目标从县一级下沉至乡镇、村⑥,通过在瞄准主体与瞄准对象之间构建互动平台,促进扶贫瞄准资源投入持续有效地

---

① 谢玉梅、徐玮:《基于精准扶贫视角的小额信贷创新模式比较研究》,《中国农业大学学报》2016年第5期。
② 张玉强、李祥:《集中连片特困地区的精准扶贫模式》,《重庆社会科学》2016年第8期。
③ 万君、张琦:《区域发展视角下我国连片特困地区精准扶贫及脱贫的思考》,《中国农业大学学报》2016年第5期。
④ 沈茂英:《四川藏区精准扶贫面临的多维约束与化解策略》,《农村经济》2015年第6期。
⑤ 江华:《7158万扶贫款哪里去了——对贵州省习水县1994—1998年扶贫款流向的调查》,《中国改革》2002年第7期。
⑥ 洪名勇:《开发扶贫瞄准机制的调整与完善》,《农业经济问题》2009年第5期。

发挥作用。① 然而，在精准扶贫过程中，贫困户的瞄准与识别一直影响着政策的落实，庄天慧、陈光燕等通过实证研究就发现了"人口识别存在一定程度的漏出和渗入；扶贫项目贫困农户瞄准精度逐年降低，贫困人口瞄准精度较低且漏出比例高；扶贫资金投放时序存在错位"等问题。② 吴雄周、丁建军认为，"因为要消除参与、规模、协同和主体排斥等现象，精准扶贫瞄准从单维到多维，需要面临较大的现实阻力"③。许汉译通过研究扶贫资金瞄准过程，发现在"制度因素与项目制的意外后果之外，在其使用环节，乡村治理转型以及精英捕获是造成扶贫资金偏离的主要原因"④。左停、杨雨鑫进一步指出，扶贫对象的瞄准与识别"还面临着规模控制、平均主义思想、农村劳动力转移和市场化背景下贫困开发有效手段不足、村庄间贫困户实际识别标准差异的挑战"⑤。王雨磊认为，"瞄而不准"的症结是"福利均分原则、村庄政治结构以及扶贫考核压力"⑥。故此，陈辉、张全红研究认为，应"通过多维度测量测算出贫困地区、贫困村以及贫困户，并提出贫困维度施策"⑦。然而，"扶贫瞄准不是一个简单的技术问题，不能仅由瞄准精度指标来衡量，瞄准精度与扶贫效率的关系需要根据具体情况来探究"⑧。

（2）精准扶贫政策的机制运行研究。从实践层面来看，目前精准扶

---

① 叶初升、邹欣：《扶贫瞄准的绩效评估与机制设计》，《华中农业大学学报》2012年第1期。

② 庄天慧、陈光燕、蓝红星：《农村扶贫瞄准精准度评估与机制设计》，《青海民族研究》2016年第1期。

③ 吴雄周、丁建军：《精准扶贫：单维瞄准向多维瞄准的嬗变》，《湖南社会科学》2015年第6期。

④ 许汉译：《扶贫瞄准困境与乡村治理转型》，《农村经济》2015年第9期。

⑤ 左停、杨雨鑫：《精准扶贫：技术靶向、理论解析和现实挑战》，《贵州社会科学》2015年第8期。

⑥ 王雨磊：《精准扶贫何以"瞄不准"?》，《国家行政学院学报》2017年第1期。

⑦ 陈辉、张金红：《基于多维贫困测度的贫困精准识别及精准扶贫对策——以粤北山区为例》，《广东财经大学学报》2016年第3期。

⑧ 罗江月、唐丽霞：《扶贫瞄准方法与反思的国际研究成果》，《中国农业大学学报》2014年第4期。

贫政策在基层并未完全得到有效落实，扶贫运行机制还存在很多问题。唐丽霞、罗江月、李小云等研究发现，精准扶贫机制面临"贫困农户识别的政策和技术困境、乡村治理现状、贫困户思想观念的变化以及扶贫政策本身的制度缺陷"① 等方面的挑战。同时，精准扶贫绩效考核在效率、公平性以及考核方法等方面还存在一些现实困难。② 刘辉武进一步指出，精准扶贫机制本身存在"成本高、效率低、损害贫困人口自主性以及排斥贫困人口产生新的社会不公"③ 等问题。除此之外，许汉译、李小云、李博等发现，在精准扶贫项目的运作过程中，出现了"扶贫瞄准偏离，申请、立项环节发生了扶贫目标的置换与项目的盲目扩张；项目落地后又遭遇基层社会解体重组与扶贫资源的碎片化"④ 等现象。精准扶贫机制的运行与实践之所以遭遇多重困境，原因是多方面的，这里面涉及贫困者、非贫困者、地方政府之间的博弈关系。⑤ 郑万军认为，农村人口空心化是精准扶贫机制面临的新困境。⑥ 万江红、苏运勋也指出，"村民自治组织能力和权威缺失与不足"⑦ 是造成精准扶贫机制运行困境的主要因素。

3. 完善精准扶贫机制对策研究

为保障精准扶贫机制顺利实施，学者从不同角度挖掘积极资源，提供相应的建议，给出了不同对策。就外部要素而言，王军、吴海燕认为在"互联网+"背景下，应采用"互联网+金融""互联网+企业"的

---

① 唐丽霞、罗江月、李小云：《精准扶贫机制实施的政策和实践困境》，《贵州社会科学》2015年第5期。
② 李延：《精准扶贫绩效考核机制的现实难点与应对》，《青海社会科学》2016年第3期。
③ 刘辉武：《精准扶贫实施中的问题、经验与策略选择》，《农村经济》2016年第5期。
④ 许汉译、李小云：《精准扶贫视角下扶贫项目的运作困境及其解释——以华北W县的竞争性项目为例》，《中国农业大学学报》2016年第4期。
⑤ 徐龙顺、李婵：《精准扶贫中的博弈分析与对策研究》，《农村经济》2016年第8期。
⑥ 郑万军：《农村人口空心化下精准扶贫：困境与路径》，《中国党政干部论坛》2016年第7期。
⑦ 万江红、苏运勋：《精准扶贫基层实践困境及其解释》，《贵州社会科学》2016年第8期。

思维促进精准扶贫产生乘数效应。① 同样,莫光辉、张玉雪也认为在大数据背景下,应通过"探讨数据思维与精准扶贫历年的契合逻辑"②,增强精准扶贫的实效性。刘为勇则建议,为了"实现我国精准扶贫的正义,当以行政程序为重心构建程序法治制度"③。任超、袁明宝从战略思维角度建议,"精准扶贫的重点和用力方向理应是在坚持分类治理的基本原则下,重点支持那些有发展能力的贫弱家庭,同时也要充分发挥基层组织在贫困治理中的作用"④。贺海波指出,要不断提升国家治理能力的现代化水平,在精准扶贫过程中提高对社会的治理能力与对农民的教育能力。⑤ 莫光辉、陈正文认为,在精准扶贫进程中,"应实现引导者、协调者、多元主体者的角色转型"⑥。童小琴等认为,应优化地方政府的行为,去除地方政府思维认识上的误区,减少行政干预手段,提高整合多种力量的能力。⑦ 朱天义、高莉娟的建议更加具体,他们认为"乡镇政府在精准扶贫过程中应该转变过度依赖精英扶贫的理念"⑧。除了规约政府行为之外,廖文梅、曹国庆、孔凡斌强调,要完善农民专业合作社的参与机制,促进农村精准扶贫格局实现多元化。⑨ 付娆认为应建立政府与社会组织合作扶贫机制,通过限权、控权促进农村精准扶贫,建立整合各方利

---

① 王军、吴海燕:《"互联网+"背景下精准扶贫新方式研究》,《改革与战略》2016年第6期。
② 莫光辉、张玉雪:《大数据背景下的精准扶贫模式创新路径》,《理论与改革》2017年第1期。
③ 刘为勇:《从政策到程序:论实现我国农村精准扶贫的行政程序法治之路》,《公民与法》2016年第12期。
④ 任超、袁明宝:《分类治理:精准扶贫政策的实践困境与重点方向》,《北京社会科学》2017年第1期。
⑤ 贺海波:《精准扶贫中的国家治理能力分析》,《社会主义研究》2016年第6期。
⑥ 莫光辉、陈正文:《脱贫攻坚中的政府角色定位及转型路径》,《浙江学刊》2017年第1期。
⑦ 童小琴:《论精准扶贫中地方政府行为的优化》,《发展研究》2016年第10期。
⑧ 朱天义、高莉娟:《选择性治理:精准扶贫中乡镇政权行动逻辑的组织分析》,《西南民族大学学报》2017年第1期。
⑨ 廖文梅、曹国庆、孔凡斌:《农民专业合作社助力于产业化精准扶贫的创新模式研究》,《农业考古》2016年第6期。

益的制衡新格局。① 由此可见，构建政府主导下的多元扶贫格局已经得到了众多学者的认同。

(三) 简要评述

精准扶贫是党的十八大以来我国扶贫工作方式转变的新思路、新方式，具有丰富的内涵。当前关于精准扶贫研究文献可谓纷繁复杂，类型多样，内容丰富，不一而足。在中国知网数据库中，以"精准扶贫"为关键词进行研究主题搜索可以发现，2013年的相关文献数量仅为12篇，2014年为615篇，而2015年为5515篇，是2014年相关文献数量的近十倍。2016年相关文献增长至9278篇，是2015年相关文献的近两倍。由此可见，当前"精准扶贫"研究已然成为反贫困研究领域内的前沿热点。但是从质量来看，相关成果却并不成熟。笔者认为上述研究成果极具启发意义，也是后续研究的重要基础，但这些研究同时也存在一些不足。一是精准扶贫研究的理论性不强，缺乏精细化研究。精准扶贫研究应以问题为导向，从理论阐释与实践探索两个角度入手，创新精准扶贫机制和相关理论，为国家重大决策提供必要的依据。二是实践经验凝练不够。经过近几年的精准扶贫实践，我国典型地区积累了一定的扶贫经验，例如民族地区、革命老区、特困山区等。但无论是理论界还是各级政府，都很少对基层较为成功的经验和做法进行系统化、理论化的总结，反而在一定程度上导致这些经验更加碎片化。

第三节　研究视角与理论基础

一　研究视角

精准扶贫作为新的扶贫机制，无论是方案文本，还是工作实践，都具有明显的技术性特征。但是对于理论研究而言，只有将其放置于特定

---

① 付娆：《浅析精准扶贫中政府与社会组织的合作》，《农村经济》2016年第11期。

的理论视域内,我们才能挖掘出精准扶贫机制在基层实践中的运行机理,以及其背后的各种困境。目前,学界有代表性的解释路径有以下三种:

第一,结构主义视角下的精准扶贫。结构论是贫困研究的重点议题,马克思主义从结构主义入手,认为在资本主义国家里,"贫困是现代社会制度的必然结果,离开这一点,就只能找到贫穷某种表现形式的原因,但是找到不到贫穷本身的原因"[1]。当前,我国的现实贫困也存在结构上的差异,例如在宏观上,中国存在着东西地区之间、城市与乡村之间、偏远山区与平原地区之间的差异等,这些差异对贫困者都有不利影响。在微观层面,伴随乡村治理转型,村庄权力结构发生了变化,同时村庄农户收入差距拉大,贫富农户由此产生。而且在贫困人群内部,人口年龄结构、受教育层次水平差异较大,因此粗放的扶贫方式已不能从根本上解决贫困问题。第二,政策执行视角下的精准扶贫。该分析路径主要是从精准扶贫政策的执行出发,重点研究精准扶贫的内容机制(如精准扶贫识别机制、精准扶贫瞄准机制、精准扶贫考核机制以及精准扶贫项目实施机制等)在社会基层的执行与实践。他们认为,在精准扶贫政策与地方性需求二者张力的作用下,精准扶贫政策就会出现"水土不服"的现象,如"规模排斥、扶贫资源瞄准靶向不准、精英俘获"[2] 等问题。第三,政府职能视角下的精准扶贫。该分析路径是通过研究政府主要职能,着重探讨在精准扶贫过程中政府如何合理定位自身的角色,并在合理的职能范围内处理与其他扶贫主体的关系。[3]

本书在借鉴以上研究视角的基础上,结合西藏农牧区精准扶贫工作的特点,以"国家—农民"关系为视角研究精准扶贫。在"三农"问题研究中,国家与农民之间的关系一直是核心研究问题之一。自改革开放

---

[1] 《马克思恩格斯全集》第2卷,人民出版社1957年版,第561页。

[2] 邢成举、李小云:《精英俘获与财政扶贫项目目标偏离的研究》,《中国行政管理》2013年第9期。

[3] 莫光辉、凌晨:《政府职能转变视角下的精准扶贫绩效提升机制建构》,《理论导刊》2016年第8期。

以来，国家单一的高度集中的权力架构被打破，社会职能逐步被释放，地方自主性不断增强。在农村，人民公社制度解体后，取而代之的是村民自治制度。在经济上，农村土地实行了家庭联产承包责任制，农民的经营自主权被放大。2009年中国全面取消农业税，国家与农民的关系再次被重塑。同样，农民自主权逐步扩大的趋势也出现在了扶贫领域，例如扶贫开发主体不再是单一的国家政府，其他社会组织也逐步参与进来。此外，扶贫资源的分配与管理权限逐步下沉，更加注重提高贫困农民的主体性和参与性。笔者看来，以"国家—农民"为视角来研究西藏农牧区精准扶贫，主要有以下几个特征：

第一，扶贫事务的管理权逐步下沉，而且扶贫资源传递环节减少。当前精准扶贫资源管理权限已经下移至县级，为了减少资源漏出，扶贫资源项目的选择与实施更加尊重贫困村以及贫困农牧民的意愿，体现贫困户的自主性。同时扶贫事务的监管权一直在上提，强化了中央政府对基层的垂直监管。第二，国家直面贫困农牧民。目前西藏农牧区的农村都建立了第一书记、驻村工作队制度，第一书记和村庄干部直接参与扶贫工作，通过有效帮扶传达国家精准扶贫政策的意愿与目标，对消除精英俘获及村干部扶贫腐败等问题大有裨益。第三，贫困农牧民的个体能动性更好地得到展现。在国家精准扶贫政策面前，贫困农牧民并不是被动的接受者，而是在自我能力范围内通过各种方式去影响扶贫政策，例如"闹访""诉苦""撒谎"等。简言之，"国家—农民"视角可以帮助我们更好地理解西藏农牧区精准扶贫工作在技术性表征下的国家意图以及贫困农牧民的行为逻辑（如表1—2所示）。

表1—2　　　　"国家—农民"关系视域下的精准扶贫工作类型

比较维度 扶贫类型	基本前提	主要特征	机体本质
无序模式	弱国家弱农民	国家治理贫困能力不强、农民自我脱贫能力不足	权力失控

续表

比较维度 扶贫类型	基本前提	主要特征	机体本质
国家绝对支配模式	强国家弱农民	国家实施强制秩序、统管、包揽一切反贫困事务	国家权力凌驾社会权力
国家主导、农民参与模式	弱国家强农民	国家主导扶贫工作,搭建公共服务平台,农民实现自我脱贫	社会力量较强,有效参与国家事务
国家与农民合作共治模式	强国家强农民	国家与农民相互影响,彼此互构	国家权力与社会权力彼此独立,且民主协商

二 理论基础

(一) 理性小农理论

"一家一户的生产经营可以说是中国农村发展的本体性问题"①,家户既是当前农村生产经营的组织单位,又是构成农村社会形态的基本组织单元。从这个意义上说,农户是认识中国农村贫困问题的一把钥匙,也是理解和分析农业社会的重要单位。显而易见,当前农村进行的精准扶贫都是以户为单位进行的。因此,精准扶贫政策的落实与贯彻都可以从农户的行为与动机中找到相应的内在逻辑。

1. 小农的基本认识

作为涵盖了社会功能和经济功能的基本单位,小农是个一词多义、内容混杂的概念,"既是从事个体农业经营和农业生产的经济组织,又是人们建立在姻缘和血缘关系基础上的社会生活组织"②。因此,学术界一般都会从经济、社会以及文化角度去认识小农。在经济层面,小农占有一定的农业资源(耕地、草场等),并拥有农业生产资料,从事农业生产经营活动。在我国人均耕地只有1.5亩,平均每个农户仅有不足8亩的耕

---

① 徐勇:《中国家户制传统与农村发展道路》,《中国社会科学》2013年第8期。
② 沈红、周黎安:《边缘地带的小农——中国贫困化的微观理解》,人民出版社1991年版,第4页。

地。① 小农生产规模不是很大，而且商品化程度很低，基本上只能够满足自己的消费需求。在社会层面，小农在村庄社会内承担着必要的义务和责任，并在农村社区内遵循着社区规范，以一定的社会地位维系着社会关系网，并发挥着社会作用。在文化层面，以小农为中心的文化"小传统"与文明中心形成鲜明对比，"大传统文化的观念和人工制品、认知符号和组织方式渗透到小社会，通常是以简化的形式，经过相当一段时间后，才与'小传统'融合为一体"。② 小农职能是多重的，在基层社会扮演的角色也是多样的，它既是生产者（农产品生产、人口生产、家庭复制与延续）和消费者，同时又扮演着社区角色，因此小农的行为动机和目标呈现出多元化特征。

2. "理性"小农还是"道义"小农？

由于小农的行为动机具有复杂性、多元化的特点，学界有关小农理性与非理性的争论从未停止过。"理性的概念本来是指那些符合逻辑或符合行动的有效性的准则、思想、行动及行动者"③，但是从不同学科来看，基于对理性概念的不同理解，对小农行动的阐释也各不相同：

（1）以舒尔茨（Schultz）为代表的狭隘"理性小农"学说。理性是经济学最基本的假设前提，经济理性指的是通过"成本—收益"衡量后的选择，也就是说一切经济行为是以成本与收益核算为基本原则的。舒尔茨在《改造传统农业》一书中，对印度、危地马拉及其他地方的农民行为进行了研究，他发现在传统农业中农民同企业家一样，在经济行为中都在权衡成本、利润以及风险。在传统社会中，小农都会精打细算，虽然健康、受教育程度、经验的不同直接导致他们对技术、信息的掌握能力有差别，但是从本质上说，小农都是精通算计的行动者。因此，小农虽然在经济上较为贫困，但是对生产资料的配置效率却很高。他们不

---

① 林毅夫：《小农与经济理性》，《农村经济与社会》1988年第3期。
② 沈红、周黎安：《边缘地带的小农——中国贫困化的微观理解》，人民出版社1991年版，第6页。
③ 同上书，第14页。

是"懒散、堕落、愚昧、一无所知"的个体,能够在有效规避风险的情况下实现自身收益的最大化。

波普金(Popkin)在继承舒尔茨分析框架的基础上,进一步延伸了理性小农的观点。他在《理性小农:越南农业社会的政治经济》一书中提出了"政治经济概念",他认为小农与资本主义企业家没有什么本质性的区别,都是在衡量利弊以后,以追求利益最大化为目的进行资源配置的经济理性人。同样,索尔·塔克斯(S. Tax)在《一个便士的资本主义》中的观点也与此类似。波普金进一步指出,小农理性不仅表现在经济方面,而且适用于政治领域。这些价值规范在很大程度上都受到经济理性的操纵,"准则有适应性,可以重新议定,并且根据对个人之间的权力的相互作用与策略相互作用的考虑来变化"[①]。因此,在政治市场上,小农都会在理性地权衡利弊后,做出实现自身利益最大化的行动选择。

社会学家詹姆斯·科尔曼(James Coleman)借鉴和扩展了经济学的经济理性假设,在《社会理论的基础》一书中,以理性选择为立足点,通过"最大限度获取效益"的行为假设,将理性选择理论引入社会学领域中,发展出了新的社会行动理论。他认为,行动者与资源之间的关系是控制与利益关系,行动者通过资源的交换实现彼此之间利益上的满足,进而构成了基本行动。基本行动是形成一切行动的基础。

(2)以恰亚诺夫等为代表的"伦理"小农学说。恰亚诺夫在研究革命前俄国的农民社会时,抛弃了"经济理性"的假设。他的新假设是"每个经济人都是家庭经济单位的组织者,雇佣劳动和租住并非天然存在,而国民经济完全由家庭经济单位的相互关系所构成"[②]。他在《农民经济组织》一书中集中分析了前资本主义时期家庭农场如何组织生产、如何扩大规模、如何进行积累等问题。他通过研究发现,家庭农场具有

[①] 转引自张轩、杨浩《论小农与小农经济的多面性》,《四川文理学院学报》2013年第4期。
[②] 王庆明:《西方经典小农理论范式的反思与重构——立足于转型中国的思考》,《社会学评论》2015年第2期。

强大的抵御能力和稳定性，这主要归因于家庭生产的目标是"家庭效用最大化"。他认为，家庭经济行动是劳动力投入与家庭消费需求的函数，其中为了获取二者的均衡，平衡家庭生产活动，小农会放弃利润最大化的选择，继而选择风险比较小且收入稳定的生产组合，甚至这时家庭劳动投入的边际效用为零。在家庭生产中，小农的这种"非理性"现象被恰亚诺夫称为"自我剥削"（self-exploitation）。后来，恰亚诺夫的这种观点被人类学、社会学家卡尔·波兰尼（Karl Polanyi）及政治人类学家詹姆斯·C. 斯科特（James C. Scott）继承。

波兰尼在《巨变：当代政治经济的起源》一书中明确指出，在资本主义之前，"一般来说，经济制度根植于社会关系；物质利益分配由非经济的动机决定"，"互惠与再分配的经济行为原则，不仅适用于小型的原始社群，也适用于富足的大帝国"。"图利动机并不是'自然'的，为报酬而工作也不是'自然的'，劳动较平常的动机并非图利，而是互惠、竞争、工作的喜悦和社会认可"等。[①] 在波兰尼看来，用资本主义的基本理论解释前资本主义时期的发展历史是本末倒置，有把"功利的理性主义"普世化之嫌。

同样，斯科特在《农民的道义经济学：东南亚的反叛与生存》一书中认为，"以生存为目的农民家庭经济活动的特点在于：与资本主义企业不同，农民家庭不仅是个生产单位，而且是个消费单位。根据家庭规模，它一开始就或多或少地有某种不可缩减的生存消费需要"[②]。他对东南亚农民行为进行了深入研究，认为"由于生活在接近生存线的边缘，受制于气候的变幻莫测和别人的盘剥，农民家庭对于传统的新古典主义经济学的受益最大化，几乎没有进行计算的机会"。[③] 因此，"已经被河水淹到脖子"的处于生存边缘的小农主和佃户，始终把"安全第一"的原则体

---

① 卡尔·波兰尼：《巨变：当代政治与经济的起源》，黄树民译，社会科学文献出版社2013年版，第441—448页。
② 詹姆斯·C. 斯科特：《农民的道义经济学：东南亚的反叛与生存》，程立显译，译林出版社2013年版，第16页。
③ 同上书，第5—6页。

现在秩序的、社会的和道德的安排中。换言之，生存伦理和互惠准则是农民道义的基本原则。小农对待剥削的标准是"剩下多少"，而不是"被拿走多少"，而且基层精英与农民之间不再是剥削与被剥削的关系，而是在互惠前提下的"保护与被保护"的契约共同体关系。

（3）小结。"理性小农—道义小农"理论探讨的焦点是"农民理性"问题，由此产生了两个主导性理论。以舒尔茨为代表的理性小农学说从经济理性出发，构建了小农经济行为逻辑，将小农的经济行为从特定的社会结构中抽离出来，赋予了小农经济理性属性。但是这种只考虑农民个体行为，而忽视以生存权利为核心的集体行动的观点，遭到了以恰亚诺夫为代表的"道义小农"学说的批判。恰亚诺夫等人从整体出发，将小农的经济行为嵌入社会中，强调生存伦理、集体理性，突出小农的"主体"性，彰显互惠关系对小农行动的价值与意义。可以说，"道义小农"学说拓展了我们认知小农行为的空间。

3. 广义"理性"小农理论视角下的贫困问题

基于以上认识，笔者认为当下研究贫困问题，很有必要构建一个广义的理性概念。广义"理性"小农与黄宗智所提出的"综合小农"[①] 不同，与徐勇、邓大才、刘金海等学者提出的"社会化小农"也有区别。笔者所提出的广义"理性"，借鉴了沈红、周黎安的研究成果，他们认为广义"理性"包括三个维度：第一，理性的效用性，获得利益和效用的需求是合理的行动目标；第二，理性的创造性，创造性理性贯穿于人类一切设计稀缺资源配置的行为；第三，理性的均衡性，这种均衡一方面表现为寻求和遵从约定的互动准则，另一方面表现为在一定范围内多种利益的整合与综合平衡。[②] 因此，广义"理性"对小农分析的价值就在于，在超越狭隘经济理性原则的基础上，对微观层次内的小农行动研究

[①] 黄宗智在《华北小农经济与社会变迁》一书中认为，"综合"小农是"利润的追求者、维持生计的生产者以及受剥削的耕作者"等三者的统一体。

[②] 沈红、周黎安：《边缘地带的小农——中国贫困化的微观理解》，人民出版社1991年版，第14—15页。

有了宏观意义上的决策价值。

对于贫困研究而言,广义"理性"小农的意义在于,一是在市场经济前提下,从小农的微观行动入手,观察贫困产生的微观机理。在"户本位"的前提下,均衡是小农参与反贫困行动的准则,这是我们判断在反贫困活动中小农与环境、小农与宏观经济、小农与国家关系的合理性基础。在注重个体行动的同时,我们更加关注小农与市场、社会的整体性。二是从宏观扶贫政策的角度来看,广义"理性"小农理论认为,扶贫政策应从改变限制农民选择的外部条件开始,让农民在所允许的范围内做出最佳选择,从而改善农民的生活条件,解决贫困问题。这个观点为精准扶贫政策带来了新的启发与借鉴。

(二) 国家能力理论

在民主政治发展过程中,国家发挥的作用越来越重要,其中国家能力是政治发展各维度中最重要的一面,"国家能力的高度普遍被视为国家在国家政策和国家发起活动方面成败与否的关键"[1]。鉴于此,本书将利用国家能力理论,为阐释精准扶贫政策的贯彻与落实做好理论上的准备。

1. 国家能力理论溯源

国外关于国家能力理论的研究较为成熟,相关成果较为丰富,笔者将从以下两个方面予以分析,以便更好地理解国家能力这一理论的内涵。(1) 国家能力理论兴起的时代背景。有学者认为,在政治发展过程中民主化浪潮与国家能力是此消彼长的关系。"第三波"民主化转型的相关研究也表明,政府在民主转型过程中发挥了消极和被动的作用,只有"去国家化",削弱国家能力,民主才能得以持续。[2] 然而到了 20 世纪 80 年代,行为主义和世界体系论主导的比较政治学界,基于公民社会做出解释的能力日渐衰微,逐渐被"国家中心主义"研究所取代。以彼得·埃文斯(Peter Evans)、西达·斯考切波(Theda Skocpol)、斯蒂芬·克拉斯

---

[1] 孙明军:《政治发展进程中的国家能力以及限度分析》,《社会科学战线》1999 年第 3 期。

[2] 国晓光、王彩波:《国家能力的两张面孔》,《国外理论动态》2015 年第 2 期。

纳（Stephen Krasner）等为主要代表的一批新制度主义学者，批判了多元主义研究，将"国家"重新带回到研究主流中来，随之国家能力（state capacity）也成为国家问题研究的新兴主题。20世纪福山在《政治秩序起源：从前人类时代到法国大革命》中指出，"20世纪政治的一个非常鲜明的特征就是对国家规模应当有多大和国家力量应当有多强争论不休……随着20世纪经历了战争、革命、大萧条，然后又是一场战争，自由的世界秩序崩溃了，在世界绝大部分地区，最低纲领主义的自由国家被一种高度集权和更主动干预的国家取而代之"[1]。此后，1998年的亚洲金融危机、2008年的世界性金融危机，昭示着缺乏有效管制的"自由放任"孕育了恶性市场。按照西方新自由主义绘制的政治发展图景，发展中国家陷入了脆弱、动乱、崩溃的泥潭而不能自拔。自此，有关国家能力的研究就从抽象思辨的境界被拉回到现实关怀中来，国家能力建设也成为现代政治发展中的一个现实议题。由此可见，国家能力理论研究是学术与现实相互映照、彼此影响的自然结果。

（2）国家能力的概念与内涵。国家能力的定义因学术视角的差异而略有不同，一般而言有以下几种：

第一，斯考切波在《国家与社会革命——对法国、俄国和中国的比较分析》中认为，国家具备潜在的自主性，这种自主性表现在"不必与社会支配阶级的利益和政体中全体成员群体的利益等同或融合"，而且"在现存的支配阶级或团体与国家统治者之间可能会产生根本性的利益冲突"[2]。因此在斯考切波看来，"作为一种特定领域和人民主张其控制权的组织，国家可能会确定追求一些并非仅仅反映社会集团、阶级或社团之需求或利益的目标"[3]，而实现其目标的能力就是国家能力。虽然斯考切

---

[1] 弗朗西斯·福山：《政治秩序的起源：从前人类时代到法国大革命》，黄胜强等译，社会科学文献出版社2007年版，第3页。
[2] 西达·斯考切波：《国家与社会革命——对法国、俄国和中国的比较分析》，何俊志等译，上海人民出版社2007年版，第27—28页。
[3] 彼得·埃文斯等：《找回国家》，生活·读书·新知三联书店2009年版，第10页。

波提出的国家自主性学说已经为学界所接受,但是对于国家能力这一概念的解释并不清晰。乔尔·S. 米格代尔认为,国家能力是国家借助计划、政策和行动来实现改造社会目标的能力。国家能力包括渗入社会的能力、调节社会关系、提取资源以及以特定方式配置或运用资源的四大能力。①埃尔蒙德认为,国家能力是指一个政治系统在其环境中的总体能力,包括提取、规制、分配、符号和响应五类行为。②

第二,政策执行效能学说。政策执行效能学说。弗朗西斯·福山在《政治秩序的起源:从人类时代到法国大革命》一书中指出,"'马尔萨斯的世界'——缺乏科技革命的农业社会——和'后马尔萨斯的世界'有着根本性的不同。在'马尔萨斯的世界'里,国家建构在政治各维度中显得格外重要——粗放型的经济增长和安全保障,往往依赖于对土地的征服和对人口的掠夺,而占领土地和掠夺人口则依赖于国家能力"。在他看来,在国家建构的不同阶段,"有必要将国家活动的范围和国家权力的强度区别开来,前者主要是指国家所承担的各种智能和追求的目标,后者指国家制定并实施政策和执法的能力,特别是干净的、透明的执法能力——现在通常指国家能力或制度能力"。总之,福山从国家建构的角度阐释了国家能力就是制定并执行政策的能力,并通过政策执行的效能反映出国家能力水平的高低。

第三,国家意志学说。早在20世纪90年代,我国学者就对国家能力进行了研究,并提出了工具性的国家能力理论。1993年,王绍光与胡鞍钢一起出版了《中国国家能力报告》。作者在报告中指出,国家能力就是"国家将自己的意志(will)、目标(goals)转化为现实的能力"③。这里的国家能力指的是中央政府的能力,因为只有中央政府才能代表国家意

---

① 乔尔·S. 米格代尔:《强社会与弱国家:第三世界的国家社会关系及国家能力》,张长东等译,江苏人民出版社2012年版,第5页。
② Almond and Powell, Jr., *Comparative Politics: A Developmental Aprroach*, Boston: Little, Brown, 1966。
③ 王绍光、胡鞍钢:《中国国家能力报告》,辽宁人民出版社1995年版,第6页。

志，其他公共权威以及地方政府是无法代表国家利益和国家意志的，而且也无法实现国家目标。

2. 国家能力理论鸟瞰

在国家与社会二元视角内，如何衡量国家能力成为学术研究的中心议题，其中最具典型性的理论为社会中心论的国家能力观和国家中心论的国家能力观。

（1）社会中心论说。从马克思主义国家观核心内容来看，"这种从社会中产生但又居于社会之上并且日益与社会相异化的力量就是国家"[1]。由此可见，"社会是国家的母体，国家是社会发展到一定阶段的产物"[2]。国家一经建立就逐渐具备了相对独立性，但是不具有独立发展的领域。国家的发展只能在社会中找到解释动因，"政策与决策总是反映着资产阶级利益，加强了资产阶级统治。而国家也仅仅是阶级统治的工具或基于社会经济利益冲突的战场"[3]。国家从属社会的理论为我们理解国家能力提供了一个视角，但是其不足之处是没有解释清国家为何会对经济发展起反作用，以及为何相同类型的国家间经济发展会存在巨大差异。从西方政治发展历程来看，第二次世界大战后基于欧美发达国家政治发展的先发性，以自由民主为核心价值的国家建设被奉为主流政治发展模式，以维护个人权利为目的的国家观试图说明只有在权力受限的条件下国家能力才能得以发挥，但遗憾的是并没有说清楚受制约的国家权力如何才会具有强大的能力。

（2）国家中心论说。该学说主要源于马克斯·韦伯关于国家统治的观点。在韦伯看来，"国家是依仗合法的暴力手段的人对人的统治关系"[4]。而且国家目标的实现不仅仅依靠其身份，更主要的是依托国家力

---

[1] 《马克思恩格斯选集》第1卷，人民出版社1995年版，第84页。
[2] 黄清吉：《现代国家能力的构成：国内政治与国际政治的综合分析》，《教学与研究》2010年第3期。
[3] 杨雪冬：《国家的自主性与国家能力》，《马克思主义与现实》1996年第1期。
[4] 马克斯·韦伯：《经济与社会》，商务印书馆1997年版，第732—733页。

量，特别是"人的行政班子和物的行政管理手段"①。"任何国家都要首先并主要从社会中抽取资源，并利用这些资源创设和支持强制组织和行政组织"②。因此，国家汲取资源的能力是最基本的能力。早期强调国家"自主性"的学者认为，不能把国家简单地看成是利益竞争的公共物态、竞争性力量的裁判或支配阶级的工具，国家具有追求自己的偏好和利益的性质，它能够在一定程度上按照自己的偏好和方式来贯彻自己的意志。埃文斯也注意到，"仅具有自主性的国家既缺乏治理资源，也缺少依靠分散化的私人执行的能力。没有一个充满活力的内部机构、紧密的联系网络，就会令国家无法超越与之相对应的私人部门的利益去解决'集体行动'的难题"③。因此，"嵌入性"理念成为国家"自主性"命题的重要补充，它的提出进一步弱化了国家"自主性"与国家能力的必然联系。不过，无论是在"自主性"条件下，还是在"嵌入性"条件下，国家如何才能变成好政府这一问题始终困扰着学界？有学者认为，"治理"概念的提出可以使国家能力理论跳出"国家与社会"关系的樊篱，将研究重点设定在设定制度规则以及改造与规则相对应的行动上。总而言之，"自主性"与国家能力关系的探讨在视角、方法及基本理论阐释上都存在一定的差异。

3. 国家能力理论视域下的精准扶贫

通过以上分析可以看出，社会中心论的国家能力学说强调国家能力是国家帮助统治阶级完成统治社会的能力，与之相对，国家中心论中的国家能力是指国家在"自主性"的前提下实现自我自治的能力。就当前我国精准扶贫政策的贯彻与落实而言，以上有关国家能力的探讨都具有很强的借鉴意义。首先，从国家意志与精准扶贫的关系来看，到 2020 年扶助我国贫困人口如期脱贫是脱贫攻坚的一项艰巨任务，习近平同志在中共中央第三

---

① 马克斯·韦伯：《经济与社会》，商务印书馆 1997 年版，第 732—733 页。
② 西达·斯考切波：《国家与社会革命——对法国、俄国和中国的比较分析》，何俊志等译，上海人民出版社 2007 年版，第 30 页。
③ 转引自曹海军、韩冬雪《"国家论"的崛起：国家能力理论的基本命题与研究框架》，《思想战线》2012 年第 5 期。

十九次集体学习时强调:"农村贫困人口如期脱贫、贫困县全部摘帽、解决区域性整体贫困,是全面建成小康社会的底线任务,是我们作出的庄严承诺。"[①] 由此可见,当前精准脱贫已经成为国家的重要目标,"真扶贫、扶真贫"已经上升为国家意志。第二,从国家职能与精准扶贫的关系来看,为了向社会有效渗透国家意志,保证国家目标的实现,必须要规定国家的行动范围,不是说国家职能越多能力就越强,相反,在精准扶贫中,只有准确定位国家职能,才能保障国家有效把控自身与社会、市场之间的关系,进而确保精准扶贫政策的制定与实施。第三,从国家政策与精准扶贫的关系来看,国家政策的制定与执行,一方面表现为国家统领内部的官僚系统,确定国家职能部门的权力,实施国家精准扶贫政策;另一方面,表现为借助国家的整合与分配能力,有效整合贫困群体对精准扶贫政策的偏好,用政策调整稀缺资源的再分配,缩小贫富差距。

第四节　研究方法、研究对象及数据说明

一　研究方法

研究目标决定了研究方法。本书主要依据对西藏农牧区精准扶贫工作的实地调研,运用农民与国家关系理论框架,研究当前西藏精准扶贫瞄准及扶贫政策的实施,利用民族学、政治学、历史学、经济学等多学科的主要理论工具,建构系统化的研究方法体系。在本书前期准备阶段,笔者对西藏拉萨市、日喀则市、那曲地区、山南地区以及林芝地区的主要县、镇进行了实地调查,运用深度访谈和问卷等方法,吸收和借鉴相关学科已有的理论与成果,对西藏精准扶贫工作进行了全面细致的研究。具体而言,本书运用的研究方法包括以下几种:

第一,文献研究方法。目前,关于贫困问题的研究成果卷帙浩繁,

[①] 新华社:《确保如期实现脱贫攻坚目标》,http://news.qingdaonews.com/zonghe/2017-02/23/content_ 11946094.htm。

但质量参差不齐。为了较全面地把握当前贫困研究的前沿问题与相关论著，笔者从 CNKI 等中文数据库中下载了大量相关文献，本书所涉及的外文文献是从 JSTOR 过刊数据库、SocINDEX with Full Text（SIFT）、EBSCO 社会学数据库以及 ProQuest 综合学术期刊数据库中获取的。另外，本书所有数据的来源，一是问卷调查，二是从 CNKI 数据库中搜索到的论文文献，三是国家统计部门和西藏有关部门出版的统计年鉴、发展报告等，如国家统计局出版的《中国农村贫困检测报告》、历年《中国统计年鉴》、《中国人口普查资料（2010）》等，西藏统计局主编的历年《西藏统计年鉴》、西藏社会科学院主编的《中国西藏发展报告》等。

第二，个案分析方法。个案分析的优点是通过对研究对象细致入微的观察，可以获得较为丰富、直接、具体的研究资料，另外也能较全面地反映出事件发展变化的过程和细节。因此，由个案剖析所得到的结论往往较为深入全面，具备一定的参考价值。微观的个案剖析有利于对类型进行比较，从而形成对典型问题的一般化理解。众所周知，西藏农牧区地域辽阔，特点鲜明，类型多样，所以西藏农牧区的精准扶贫模式也存在着一定差异。然而受调研时间与调研经费等相关因素的制约，要对西藏农牧区精准扶贫工作进行全面把握还存在诸多困难。因此，本书在分析西藏精准扶贫模式的过程中运用了个案分析的方法，通过对援藏扶贫、产业扶贫、经济合作组织益贫等扶贫方式的个案分析，来展现当前西藏农牧区精准扶贫方式的一般性特征。

第三，定量研究与定性研究相结合的方法。本书在研究中重点采用问卷调查的方法，以贫困村与贫困户为基本单位，对当前西藏农牧区精准扶贫政策的效应进行评估，从农牧民视角分析当前精准扶贫政策实施过程中出现的各种问题，并对取得的基本成效进行量化，以此提高研究的科学性。同时，采用定性研究的方法，就西藏农牧区精准扶贫工作的进一步改善与延伸提出切实可行的对策和建议。

第四，文本叙述法。本书利用文本叙述法展现了西藏农牧区精准扶贫的过程。为了确保叙述的完整性，本书参考威廉·富特·怀特的名著

《街角社会：一个意大利人贫民区的社会结构》中的"讲述外部世界的叙述方法"，尽可能将案例与事件"原封不动"地展现出来，试图以此展现国家精准扶贫政策在西藏农牧区的基本运作逻辑及特征，就像应星的《大河移民上访的故事：从"讨个说法"到"摆平理顺"》一书自然展现事件原委一样。同时，这也是笔者在西藏农牧区获取当地知识，理解西藏农牧民如何感知外部世界的可靠且可行的路径。

二 研究对象及数据说明

关于西藏农牧区精准扶贫的研究以大量的实证调研为基础，调查所得数据的质量、代表性、全面性在很大程度上决定着研究成果的质量。本书使用的数据除一部分来自公开出版或发表的文献以外，其余均来自笔者2016年7—10月将近四个月的田野式问卷调查。笔者的问卷调查分为两类，一类是以贫困户为对象的调查问卷，另一类是以村庄为对象的调查问卷。为了真实完整地反映当前西藏农牧区精准扶贫的情况，笔者在生产方式、地区特点以及资源禀赋等方面做了充分考量。

（一）研究对象

1. 集中连片贫困地区

贫困地区特指经济水平发展相对落后、公共服务基础设施建设落后、各种问题突出的区域。在我国，典型贫困地区主要分布在民族地区、边疆地区、革命老区等自然环境条件比较恶劣的地区。早在1984年，我国以贫困县为单位就划定了11片贫困地区。随着扶贫形势的变化，2011年国家在《中国农村扶贫开发纲要（2011—2020年）》中，确定了14个集中连片贫困地区，其中西藏作为之前早被明确实施特殊政策的特定区域，成为全国扶贫攻坚的主战场之一。鉴于贫困问题的区域性，本书将西藏地区视为整体加以研究，其中农村是产生西藏地区贫困问题的重点区域，故笔者将重点阐述西藏农村的贫困问题而非城市贫困问题。本书的研究区域涵盖了除阿里地区、昌都地区以外的5个市、地区。如下表所示，此次调查共涉及13个县，其中按照不同类别来划分，边境县有浪卡子县、米林县、洛扎县，农业县有墨竹工卡县、米林县、加查县、南木林县、白朗县、朗县、扎囊县，牧业县有当雄县、申扎县、班戈县，半农半牧县有浪卡子县、谢通门县，"一江两河"开发县有墨竹工卡县、扎囊县、南木林县、白朗县、谢通门县、江孜县，粮食生产基地县有扎囊县、白朗县、江孜县。详细情况见下表。

表1—3　　西藏农牧区县（市）分类及调研县分布调研县分布

分类	个数	县（市）名称
边境县	3（共21个）	浪卡子县、米林县、洛扎县
农业县	7（共35个）	墨竹工卡县、米林县、加查县、南木林县、白朗县、朗县、扎囊县
牧业县	3（共14个）	当雄县、班戈县、申扎县
半农半牧县	2（共24个）	浪卡子县、谢通门县
"一江两河"开发县	6（共18个）	墨竹工卡县、扎囊县、南木林县、白朗县、谢通门县、江孜县
粮食生产基地县	3（共11个）	扎囊县、白朗县、江孜县

2. 西藏农牧区的贫困村

村庄是贫困户生产、生活的重点场所，为了全面观察贫困户的基本特征，本书将贫困村纳入研究对象中。从生产方式来看，西藏农村包括农业、牧业、林业以及半农半牧地区等。因不同的生产方式，农户的贫困特点有所区别，所以笔者以此为主要维度，以考察精准扶贫政策的落实情况。从以村庄为样本的分布来看，此次调查涉及的27个乡镇中贫困村庄共计65个。从整体分布来看，边境县的村庄共计14个，占比为21.54%；农业县的村庄为43个，占总体样本量的66.15%；牧业县的村庄为18个，占比为27.69%；半农半牧县的村庄为7个，占比为10.77%；"一江两河"开发县的村庄为26个，占比为40%；粮食生产基地县的村庄为16个，占比为24.62%。总体上看，以农业为主要生产方式的村庄占绝大多数，其次为牧业村庄，半农半牧地区的村庄数量最少。

由此可见，所调查的村庄能够代表西藏农牧区的基本特征。

3. 西藏农牧区贫困户

虽然当前国家精准识别到人，但是扶贫政策落实以及扶贫资源输入的主要依据是农户或家户。因此，本书主要研究对象是建档立卡的贫困户。从以贫困户为样本的分布来看，如图1—1所示，此次调研的贫困户样本山南地区的居多，占总样本的30%；其次是日喀则地区，占比为25%；拉萨市、林芝地区以及那曲地区的占比较为平均，变动不大。从生产方式的区别来看，农业县的贫困户样本数量为663户，占总样本量的73.02%；牧业县的贫困户样本为151户，占总样本量的16.63%；半农半牧县的贫困户样本为99户，占总样本量的10.90%（详见表1—4）。总体来看，此次贫困户样本绝大多数来自农业区，其他均来自牧区及半农半牧地区。牧区贫困户样本采集量较少，主要是因为牧区牧民居住不集中，数据采集难度较大，加之调研时正值夏季，牧民正忙于放牧，居住地点不固定，故样本较少。

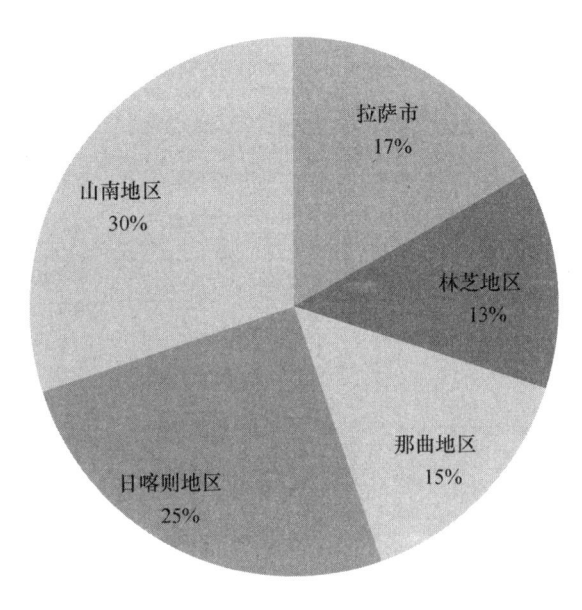

图1—1 西藏农牧区调查贫困户采样分布

表1—4　西藏农牧区精准扶贫户样本采集区域分布总表　　单位：户

调查地区	县	镇	行政村	样本数量
拉萨市	当雄县	宁中乡	巴灵村	10
		羊八井镇	桑巴萨居委会，格多村	6
	墨竹工卡县	工卡镇	工卡村，格桑村	24
		扎雪乡	塔杰村，扎雪村	74
		尼玛江热乡	芒热村	43
林芝地区	米林县	卧龙乡	塘崩巴村，下却村，甲竹村，麦村，真多村	43
		羌纳乡	西嘎门巴村	9
		里龙乡	甲帮村，德吉新村，玉松村，热王岗村	13
	朗县	拉多乡	拉多村，巴顿村	9
		仲达镇	仲达村，堆许村，伟列村	24
		登木乡	巴桑村，森木村	23
那曲地区	申扎县	雄梅镇	色宗村，曲志德吉新村，达果村，拿查村，许隆村，永珠沃玛村	66
		申扎镇	嘎录金村，融塞多村	11
	班戈县	佳琼镇	热卡努玛村，热卡下玛村，多底村	25
		普保镇	杰布多村，热前村，格色尔村，丁强玛村	34
日喀则市	南木林县	南木林镇	雪堆村，雪堆麦村	84
	白朗县	巴扎乡	巴扎村，冲堆村	10
		曲奴乡	团结新村，努玛村	60
		洛江镇	洛江村	3
	谢通门县	通门乡	坚白村、卡布仁村	54
		通源乡	仲村	11
	江孜县	年堆乡	努(诺)马村	12
山南地区	浪卡子县	伦布雪乡	麦荣村，美朵村，学尔村，曲果冲村	45
	扎囊县	吉汝乡	吉汝村，若村，岗白村，热正岗村	137
		拉玉乡	德庆当村，堆巴村，日玛岗村	37
		下水乡	唐布齐，白那村，久河村	48
	加查县	洛彬乡	扎西岗定村，果西村，莎那布村	10

(二)研究数据

当前西藏农牧区贫困户数据尚未全面公开,具有一定的涉密性,本书只能采取问卷形式,进行进村入户调查。

1. 村庄数据

村庄数据主要包括两大部分,一部分是西藏农牧区村庄的基本情况,包括土地、村庄基础设施、村庄主要收入以及村庄人口等基础数据;另一部分包括精准扶贫政策和扶贫活动情况,包括扶贫项目、扶贫责任落实、扶贫资金等数据。

2. 贫困农户数据

建档立卡贫困户数据主要包括三部分内容:一是家庭基本情况,家庭人口、劳动力、子女数量等基础数据;二是家庭经济状况,包括家庭生产经营资料、家庭基本设施以及贫困因素等重要数据;三是精准扶贫政策落实情况,包括扶贫项目实施、扶贫项目参与以及扶贫项目评价等三个方面。

第二章 西藏农牧区扶贫工作：基础与历程

西藏农牧区贫困是综合性问题，既与高原独特的自然环境有关，也同社会经济发展条件有着直接联系，甚至包括一定的历史因素也会影响着西藏农牧区贫困问题的发生机理。因此，全面认识西藏农牧区贫困问题必须基于西藏的自然环境、社会经济条件及历史文化等因素。本章将从西藏的基本区情（包括自然资源利用、人口、社会经济发展诸方面）、西藏农牧区贫困类型及特点、西藏农牧区扶贫工作历程三方面介绍西藏农牧区贫困问题。

第一节 西藏地区基本情况概述

西藏，位于中国西南边疆，青藏高原的西南部。面积120多万平方公里，约占全国总面积的八分之一。在全国各省区市中，仅次于新疆。它北邻新疆，东北紧靠青海，东连接四川，东南接云南，南边和西部与缅甸、印度、不丹、尼泊尔等国接壤，国境线近四千公里。[1] 西藏农牧区地域辽阔，自然环境复杂，一方面，总的地势呈现由西北向东南倾斜，温度和雨水由东南向西北递减，表现出有规律的地带性变化；另一方面，由于山脉走向有别，山地大小不一，河流切割程度不同，局部地区的差

---

[1] 编写组：《西藏自治区概况》，西藏人民出版社1984年版，第1页。

异较明显。地带性和非地带性因素相互交错，影响自然资源的分布和农林牧生产的布局。同时，西藏农牧区的社会经济发展程度呈现了以自然资源分布为主要导向的区域差异性，随之人口分布呈现出了以农林牧等自然资源为核心的区域性。鉴于此，为了呈现西藏农牧区基本的自然与社会人文特点，本节将从农牧区的自然条件、自然资源利用以及社会经济发展三个维度进行全面阐述。

一 西藏农牧区自然条件：分布与差异

（一）西藏农牧区地形地貌

西藏地势不但形态多样，而且地貌组合形式的区域差异很大，按照大的地形单元，分为五个不同的地形地区：

一是南部喜马拉雅山区。本区位于西藏自治区南部，大部分位于北纬29°以南。南至国境线，东至伯舒拉岭，西邻克什米尔地区，由一组平行的山脉组成。二是喜马拉雅北麓湖盆区。本区东起羊卓雍措，西至阿里地区西南部。在东西长达1000多公里的地带，分布着许多现代湖盆和古湖盆，构成喜马拉雅北麓湖盆地区，湖盆海拔4500米左右，是西藏农牧区比较集中的地区。三是雅鲁藏布江中游谷地。本区位于喜马拉雅山脉和冈底斯山脉之间的雅鲁藏布江大断裂带上。南北是海拔6000米以上的高山，中间是雅鲁藏布江及其支流拉萨河、年楚河、尼洋河、多雄藏布等河流的中下游谷底，谷底海拔在2800—4500米之间，是西藏高原上的一个"地槽"。本区河谷地带地势低平，是开发历史悠久的农业区。耕地集中连片，土层比较深厚，经过长期耕耘，已经变成较为肥沃的土地，是西藏主要的粮食生产地区。四是藏东高山峡谷区。该地区位于西藏的东部，包括藏东南高山峡谷和藏东高山峡谷两部分。地貌上的特点是山高谷深，岭谷相间排列。藏东南高山峡谷包括念青唐古拉山以南，喜马拉雅山以北、伯舒拉岭以西的山地，是三条山脉的交汇地，地质构造复杂，地形也很复杂。五是藏北高原湖盆区。本区包括昆仑山以南，冈底斯山——念青唐古拉山（西段）以北的广大地区，大体是羌塘高原的范围。该地区高远辽阔,地表起伏平缓,高原面上排列着一系列低山和丘陵,各列山丘之间是星罗棋布的湖盆。藏北高原湖盆地区是西藏天然牧草地最集中的地区,也是西藏的牧业基地。①

上述地势格局对土地利用和农业生产有深刻影响。高海拔是西藏地势的基本特点。整体来看,除了局部地区外,西藏全境是一个高原。西藏地面将近十分之九的海拔超过4000米,三分之二左右超过4500米,如此高海拔使气候发生了重大变化,从而影响土地的利用方向。在西藏,气候严寒的高山冰雪带、寒冻风化带以及高寒荒漠带占有很大面积,是目前农业上不能利用的地面。藏北、藏西、雅鲁藏布江河源及喜马拉雅北翼的辽阔高原,约占全藏土地总面积60%,是不宜种植作物的天然草场。海拔较低的江河谷底是农业集中的地带,但面积有限,其中已经开垦的耕地占全藏总面积的比重极其微小,森林也受地势影响,因为山高,全藏林地面积的60%以上为各种耐寒的针叶林所占据。②

(二)西藏地区热量变化

西藏高原内部,地势高差相对悬殊。由地势高差带来的热量变化,成为西藏农业差别最基本的自然因素。具体而言,西藏西北部地区气温总体偏低,大部分地区年平均气温在0℃以下,其中最冷月的平均气温在零下10℃左右,极端最低气温达零下44.6℃,一年中有6—7个月的时间,气温在0℃以下,大部地区的无霜期仅有10—20天;与之相比较,横断山地区的"三江"并流区、雅鲁藏布江大拐弯以南低山区是西藏气温最高的地区。该地区年均气温在10℃和16℃以上,最热月平均气温在15℃和22℃以上。整体而言,西藏气温年差较小,但从西北往东南有降低趋势。气温日较差大,表现出一天中升温和降温迅速,在冬季尤为显

---

① 西藏自治区土地管理局:《西藏自治区土地利用》,科学出版社1992年版,第8—9页。
② 中国科学院青藏高原综合科学考察队:《西藏农业自然资源评价与农业发展分区》(内部资料)。

著,藏北高原 1 月平均日较差达 10℃以上。①

综合以上分析可以看出,西藏热量状态一般具有高原特点,气温因地势的升高而降低,总体温度偏低。这对西藏农牧业生产带来了深刻影响,也决定了农业和牧业的分布。西藏年平均 0℃等温线所封闭的地区占不少于西藏总面积的 70%,其热量低于树木和谷物的生长下线,只能供放牧利用。而年平均 10℃等温线以上的地区,估计不多于土地总面积的 10%,可以种植玉米和水稻,一年两熟,但此类地区耕地分散,面积有限。两者之间的河谷地带为西藏主要农区,基本上一年一熟。②

(三)西藏地区雨水情况

西藏地区天然降水受到大气气流和地形两个因素影响。西藏地区降水主要受西南季风所控制,夏季时,西风带北移,孟加拉湾上空包含水气的温湿气流由强劲的西南季风输入西藏,致使大部分地区降雨。但是,有山体或山势阻挡的地区阻碍了水气的输入,因此,各地区降水量有很大的差别。据研究,西藏常年形成的降水在空间上的变化规律为:藏西北日喀则以及日土县北部是西藏降水量最少的地区,常年降水量不足 100mm,局部地区仅有 50mm 左右,由此向东南地区逐渐增多,藏北羌塘草原为 100—300mm,藏东南低山平原地区常年的降水量为 4000mm 以上,是西藏乃至我国降水量最丰富的地区。③ 因此,西藏地区降水季节分配不均,雨季、旱季非常明显。

受此影响,西藏农牧区受到西南季风的影响,丰沛的雨水与适度的热量,有利于西藏农牧业的发展。首先,雨水较多的地区热量条件也比较好。雅鲁藏布江中上游以及藏东三江的温暖河谷,是西藏最主

---

① 沈渭寿、赵卫等:《西藏地区生态承载力与可持续发展研究》,中国环境出版社 2015 年版,第 5 页。
② 中国科学院青藏高原综合科学考察队:《西藏农业自然资源评价与农业发展分区》(内部资料)。
③ 沈渭寿、赵卫等:《西藏地区生态承载力与可持续发展研究》,中国环境出版社 2015 年版,第 5 页。

要的农业区。其次,雨水集中的季节也是温度最高的阶段,有利于植物的生长。最后,西藏农牧区一般是白天温度较高,晚上降水较为频繁,光热水配合协调,促进植物生长。在此因素的影响下,西藏农牧业的生产结构划分为:纯牧业区、以牧业为主的农林牧结合区、以牧为主的农牧结合区、以林为主的林牧结合区与以农为主的农牧结合区。

二 西藏农牧区土地资源:利用与现状

本部分主要是讨论与农牧民生产生活密切相关的自然资源,因此,土地资源作为最重要的生产资料,对农牧民生活、生产起到了决定性作用。这里的土地资源主要包括农牧民利用的耕地、草地以及林地等土地资源,矿产等暂不讨论。笔者将从三个维度对当前农牧区土地资源的利用与现状进行描述,即土地资源的分布,农作物的面积、产量变化等。

(一) 土地资源的分布及利用

1. 从西藏自治区耕地面积来看,据统计,2015 年年末实有耕地面积 23.68 万公顷。从"十一五"到"十二五",西藏农牧区的耕地面积处于增长的状态(如图 2—1 所示)。从图 2—1 可以看出,表示西藏农牧区年耕地面积的曲线向右上方倾斜,意味着西藏农牧区耕地一直在不断开垦利用,但是从增加的速度来看,耕地面积的增长速度比较缓慢,而且在个别年份,西藏农牧区耕地偶尔会出现减少的情况,例如 2008 年。从西藏不同地区的耕地面积分布来看(如图 2—2 所示),耕地面积在各地区的分布极不均衡,其中日喀则地区耕地面积最多,占西藏全区耕地面积的 39%,其次是昌都地区,占比为 21%,阿里地区的耕地面积最少,仅占全区耕地面积的 1%,其次是那曲地区,占比为 2%。[1]

从人均耕地面积来看,根据农业部《西藏农牧业发展方式研究》课

---

[1] 《西藏自治区统计年鉴 (2016)》,中国统计出版社。

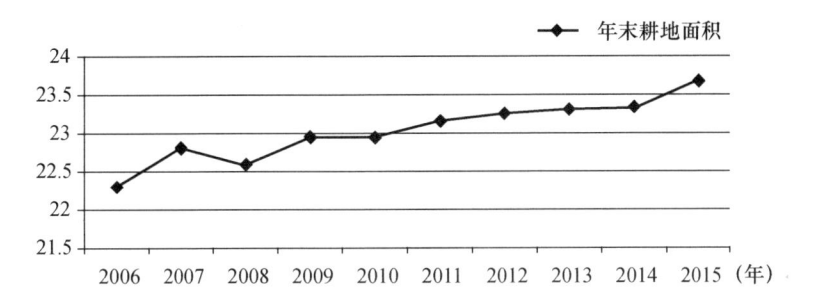

图 2—1　西藏年末耕地面积（单位：公顷）

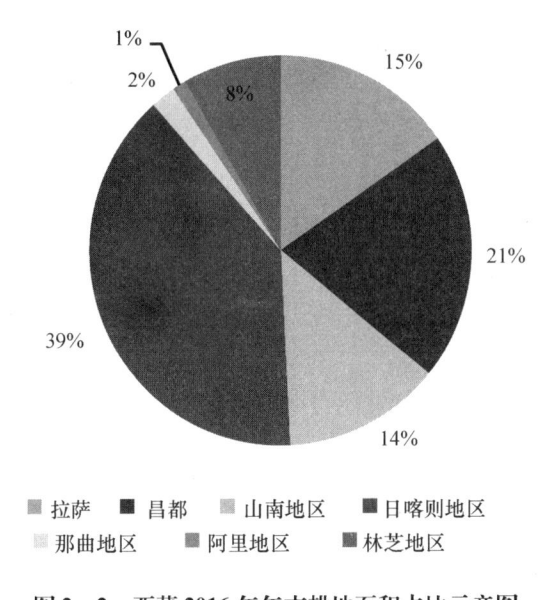

图 2—2　西藏 2016 年年末耕地面积占比示意图

题组调研数据显示，2013 年西藏地区调研户户均耕地面积为 0.49 公顷，较 2004 年户均公顷下降了 32.6%，其中农区户均耕地面积由 2004 年的 1.71 公顷下降到 2013 年的 0.99 公顷，下降了 42.18%，人口与土地资源的矛盾进一步深化。同时从人均耕地来看，依据全区 482 户的调研数据分析，2013 年全区人均耕地面积为 0.12 公顷，较 2004 年下降了 0.01 公顷，下降了 7.7%；其中农区人均耕地下降最快，由 2004 年的 0.31 公顷下降为 0.24 公顷，下降了 22.6%。① 由此可以看出，西藏农牧区耕地虽然总数在增长，但是户均面积却在不断减少，这可能是因为人口增长的速度超过耕地面积的开垦速度。

2. 草场的分布及利用。西藏适宜放牧的地区比较广阔，宜牧地区的面积为 1393.2 万公顷，占西藏总土地面积的 11.56%。从地区分布来看，那曲宜牧的面积最大，其面积约占全区宜牧地总面积的 31.58%；其次是阿里地区，占 29.27%；日喀则占 19.66%。从宜牧地区的质量来看，一等宜牧地区占宜牧地总面积的 2.43%，二等宜牧地区地占 9.58%，三等占 32.42%，四等占 43.44%，五等占 12.12%。② 由此可以看出，一方面，西藏宜牧地区草场面积在质量上不高，草场承载牲畜的能力较弱，而且一旦遭到生态破坏，宜牧地区的自我修复较困难；另一方面，宜牧地区的自然资源分布呈现出非均衡性。

从户均承包经营草场的面积来看，农业部《西藏农牧业发展方式研究》课题组调研数据显示，截至 2013 年西藏农牧区草场承包经营责任制落实非常快，全区调研户平均承包经营草场面积增长了 15.6 倍，由 2004 年的 3.84 公顷增至 2013 年的 59.91 公顷，其中，农区户均承包经营草原面积增幅明显，由 2004 年的户均 0.07 公顷增至 2013 年的户均 2.83 公顷。牧区增幅更大，数据显示户均 6.86 公顷增至 2013 年的 116.31 公顷，增长 16.5 倍。但是从草畜平衡情况来看，西藏调研户草场经营的草畜平衡率③为 63%，其中，农区草场经营的草畜平衡率最高为 88.70%；其次是牧区为 68.72%；半农半牧地区最低，仅为 43%，草场超载问题严重。

（二）主要农作物的种植与生产

在西藏农牧区"十二五"期间，从农户的种植结构来看，西藏农牧

---

① 范小建：《西藏农牧业发展方式研究》，中国农业科学技术出版社 2016 年版，第 78 页。
② 范小建：《咨询报告——西藏农牧业增长方式研究（2006 年）》，内部资料。
③ 草畜平衡率指的是一定区域和时间内通过草原和其他途径提供的饲草饲料量，与饲养牲畜所需的饲草饲料量达到动态平衡的程度。

区种植业以粮食作物为主，经济作物和其他农作物所占比重低，粮食作物占比为65%左右。表2—1反映出，从粮食生产来看，青稞的播种面积占比从2011年的49.05%上升为2015年的51.14%。小麦（包括冬小麦）的种植面积占比从2011年的15.57%下降到2015年的14.37%。同样豆类的种植面积也有所降低，从2011年的2.68%下降到2015年的2.00%，而薯类的种植面积占比却一直上升，从2011年的0.27%上升到2015年的0.41%，将近翻了一倍。从油料的生产以及其他作物的种植面积占比来看，基本上与往年持平，变化幅度不大。

表2—1　　"十二五"期间西藏农牧区农作物种植面积[①]　　单位：千公顷、%

作物类型	2011年 面积	2011年 占比	2012年 面积	2012年 占比	2013年 面积	2013年 占比	2014年 面积	2014年 占比	2015年 面积	2015年 占比
青稞	118.42	49.05	118.26	48.48	123.85	49.83	125.19	49.90	129.30	51.14
小麦	37.6	15.57	37.73	15.47	37.81	15.21	36.92	14.72	36.34	14.37
豆类	6.46	2.68	6.31	2.59	5.84	2.35	5.71	2.28	5.06	2.00
薯类	0.62	0.27	0.79	0.32	0.82	0.33	1.01	0.40	1.04	0.41
油料	24.02	9.95	24.02	9.85	24.55	9.88	24.48	9.76	23.81	9.42
其他（蔬菜、青饲料等）	47.26	19.58	49.07	20.11	48.15	19.37	49.98	19.92	50.1	19.81

从西藏农作物的种植产量来看，如表2—2所示，"十二五"期间，粮食总产量基本稳定在90万吨以上，2015年达到最高，西藏农牧区粮食总产量超过100万吨，其中小麦的产量略有下降，从2011年的24.97万吨，下降到2015年的23.39万吨，下降了1.58万吨；青稞产量有较快的增长，从2011年的62.19万吨，增长到2015年的70.85万吨，增长了8.66万吨，产量增长最多。除此以外，蔬菜与青饲料的产量增长较多，

---

① 《西藏统计年鉴（2016）》，中国统计出版社。

其中蔬菜产量由2011年的60.07万吨，增长为2015年的69.63万吨，增长了9.56万吨；青饲料的产量从2011年的29.63万吨增长到2015年的38.00万吨，增长了8.37万吨。其他作物包括豆类和油菜籽产量基本稳定。由此可以看出，西藏农牧区的粮食产量基本稳定，蔬菜、青饲料总产量明显提高。

表2—2　　"十二五"期间西藏自治区主要农作物总产变化[①]　　单位：万吨

年份	粮食	小麦	青稞	豆类	油菜籽	蔬菜	青饲料
2011	93.73	24.97	62.19	2.35	6.33	60.07	29.63
2012	94.9	24.57	63.71	2.28	6.30	65.59	31.61
2013	96.15	24.07	65.66	2.18	6.34	66.99	32.69
2014	97.97	23.73	68.05	2.21	6.34	68.21	35.58
2015	100.63	23.39	70.85	2.01	6.37	69.63	38.00

（三）西藏农牧业存栏与出栏变化

首先从总牲畜的存栏量来看，如表2—3所示，"十二五"期间，西藏农牧区牲畜存栏量总数呈现减少的趋势。2011年西藏农牧区牲畜总数量为2185万只（头），到了2015年年底牲畜的总量降低为1833万只（头），其中羊减少的数量特别明显，具体来看，2011年西藏农牧区羊的存栏量为1459万只，到2015年羊的存栏量降低到1156万只，减少了303万只。同样大牲畜的存栏量也在降低，但是数量幅度变化不大，猪存栏量表现为缓慢增加趋势，2011年猪的存栏量为36万头，到2015年，猪存栏量增加为40万头。

---

① 《西藏统计年鉴（2016）》，中国统计出版社。

表2—3　　　　"十二五"期间牲畜存栏量变化①　　　单位：万头（只）

年份	牲畜总头数	大牲畜	其中：牛	羊	其中：绵羊	猪
2011	2185	690	645	1459	900	36
2012	2056	668	625	1352	841	36
2013	1948	640	599	1272	795	36
2014	1861	634	594	1190	749	38
2015	1833	637	599	1156	736	40

其次，从牲畜的出栏情况来看，牛猪羊出栏数均表现出各异的特点。其一，牛的出栏数有一定的波动，在2011—2012年，牛的出栏数连续两年增加，但是到了2013年略有下降，2014年牛的出栏数下降数量明显，而到了2015年牛的出栏数又明显提升。在此期间羊的出栏数一直在下降，2011年羊的出栏数为547.81万只，到2015年羊的出栏数下降为406.62万只，减少了141.19万只。同时猪的出栏数也表现出了缓慢下降趋势（如表2—4所示）。

表2—4　　　"十二五"期间西藏农牧区牛猪羊
出栏数变化②　　　单位：万头（只）、%

年份	牛 出栏数	牛 出栏率	猪 出栏数	猪 出栏率	羊 出栏数	羊 出栏率
2011	147.89	22.62	19.85	55.30	547.81	34.70
2012	162.02	25.12	19.32	53.80	540.59	37.05
2013	160.08	25.62	17.86	49.43	484.03	35.79
2014	149.52	24.96	17.26	48.49	408.63	32.11
2015	159.94	26.92	17.42	45.42	406.62	34.18

---

① 《西藏统计年鉴（2016）》，中国统计出版社。
② 同上。

三 西藏农牧区社会经济：条件与发展

西藏农牧区社会经济发展是一个较为综合的问题，笔者将从西藏农牧区人口特征、西藏产业经济发展以及农林牧渔业的产值结构三个方面阐述。

（一）西藏农牧区人口的基本特征

根据2010年第六次全国人口普查结果显示，西藏农牧区人口数为2321576人，461256户，平均家庭规模4.36人/户。与2000年全国人口普查相比，2000年西藏农牧区人口数量为2108003人，389253户，平均家庭规模为5.40人，通过比较可以看出，整体上来看，西藏农牧区人口数量在上升，10年内增加了213573人，增长速度为10.13%。西藏农牧区户数增加了72003户，增长速度为18.50%。随着户数增长速度超过了人口增长速度，因此西藏农牧区的家庭规模在不断降低，由2000年的5.40人/户，减少为2010年的4.36人/户。[①] 具体来看：

1. 从人口的行业结构来看，2010年西藏总就业人数为147821人，其中从事农林牧副渔生产的人口数量为110770人，占总就业人口数量的74.94%，可见，西藏绝大多数人从事农牧业生产。具体从农林牧副渔的从业人口分布来看，其中从事农业的人口占绝大多数，人数为75819人，占总农林牧副渔从业人口的68.45%，比重最高，其次是从事畜牧业的人口，数量为34449人，占比为31.10%。从事渔业的人口最少仅为8人，这可能与藏族传统习俗密切相关。在藏族传统习俗里，鱼肉属于禁食食材。再次是从事农林牧副渔服务业的从业人口，仅为208人，占比不足0.19%（如表2—5所示）。由此可以看出，西藏的绝大多数人口被农业和畜牧业所吸纳。从性别差异来看，从业的人口以男性劳动力为主，其中从事农林牧副渔生产的男性劳动力为57561人，占总从事农林牧副渔人

---

① 通过对2000年与2010年中国人口普查资料计算而得，中国统计出版社（2001年、2011年）。

口的51.96%。其中从事农业的男性人口与女性人口数量相当，在畜牧业生产当中，男性人口数量明显超过女性人口数量，数量差为3171人（详见图2—3）。

表2—5　　　　　　　按性别西藏行业大类的就业人口①　　　　　单位：人

	农业	林业	畜牧业	渔业	农林牧副渔服务业	合计
男	38457	172	18810	7	115	57561
女	37362	114	15639	1	93	53209
合计	75819	286	34449	8	208	110770

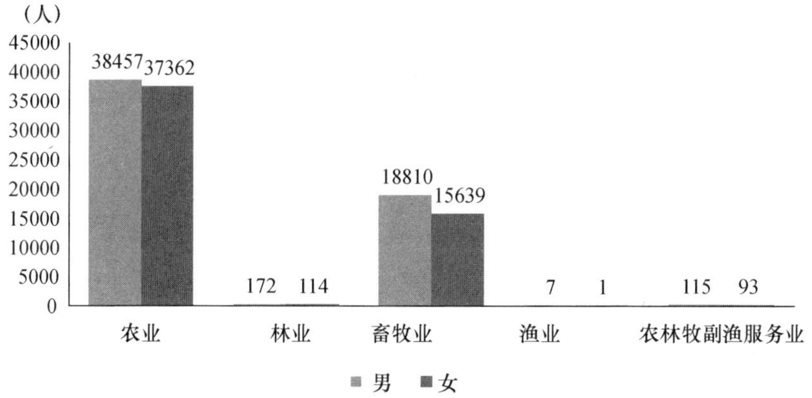

图2—3　西藏农牧区不同性别人口农业就业分布示意图

2. 从教育程度来看，依据2010年第六次全国人口普查数据显示，西藏农牧区文盲人口数为639789人，占15岁以上人口数量的37.72%，而全国仅为7.26%。可见，西藏农牧区文盲占比高出全国平均水平30.46个百分点，西藏农牧区的文盲人口非常多。具体来看，西藏自治区6岁以上的人口为2705849人，其中男性1390712人，占6岁以上总人口的51.40%，女性占比为48.60%，男女比例适中。整体而言，未上学的人

---

① 《2010年第六次全国人口普查主要数据》，中国统计出版社2011年版。

口为 925237 人，占总人口的 34.19%，其中未上学的女性为 540190 人，占整未上学人口的 58.38%，可见，女性失学人口比例明显高于男性人口。同时，从受教育层次来看，小学人口数占绝大多数，数量为 1098468 人，占 6 岁以上人口的 39.30%。相对来说，高中及以上教育层次的人口开始逐步减少。从性别来看，小学及大学以上受教育层次的男性人口明显高于女性，具体来看，接受大学以上教育的男性人口为 165324 人，而女性人口为 88932 人，仅为男性人口的 1/2 左右。在初中教育阶段，女性人口明显高于男性人口，其中女性人口为 225894 人，男性人口为 159899 人（如图 2—4 所示）。综上所述，从性别差异来看，在未上学与初中阶段，女性人口均高于男性，而在其他教育阶段，男性人口数量则占绝对优势，特别是在大学及以上教育阶段。

表 2—6　　　　　分性别、受教育程度的 6 岁及以上人口①　　　　单位：人

	未上学	小学	初中	高中	大学及以上	合计
男	385047	611608	159899	74737	165324	1396615
女	540190	486860	225894	56290	88932	1398166
合计	925237	1098468	385793	131027	254256	2794781

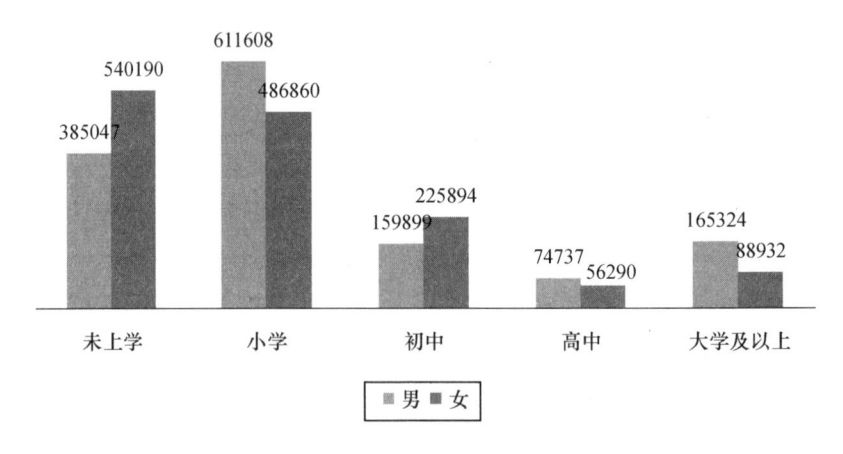

图 2—4　6 岁以上人口受教育情况（单位：人）

①《2010 年第六次全国人口普查主要数据》，中国统计出版社 2011 年版。

从西藏农牧区接受教育的人口特点来看，农村 6 岁以上的人口数为 2064821 人，其中男性人口数为 1055724 人，女性人口数为 1009097 人，男女比例适中，具体而言，如表 2—7 所示，西藏农牧区受教育人群中，未上学人口数量为 817320 人，占西藏 6 岁以上总人口数的 39.58%，比自治区整体水平高出 5.39 个百分点，由此可见，农牧区失学现象较为严重。从性别来看，在不同教育阶段，男性人口数量均高于女性，特别是在小学阶段，男性人口数量比女性人口数量多 117135 人。

表 2—7　　西藏农牧区分性别、受教育程度的 6 岁及以上人口[①]　　单位：人

	未上学	小学	初中	高中	大学及以上	合计
男	344396	515563	142545	26588	26632	1055724
女	472924	398428	96861	21372	19512	1009097
合计	817320	913991	239406	47960	46144	2064821

3. 从西藏农牧区人口年龄构成和抚养比来看，根据第六次全国人口普查数据分析可知，从表 2—8 可以看出，西藏农牧区人口年龄结构主要集中在 15—59 岁的人群，占比为 64.73%。相比较而言，城市中该年龄的群体比重更大，占比为 82.65%。0—14 岁年龄段的人群在城市的比重明显少于农村，此年龄段的人口在城市的比重仅为 11.64%，而乡村为 26.94%。同时城市老龄人群占比明显低于乡村的占比，农村老龄人群占比为 8.33%，而城市为 5.71%（详见表 2—8）。

[①]　《2010 年第六次全国人口普查主要数据》，中国统计出版社 2011 年版。

表 2—8　　　　　　　西藏人口年龄结构对比表①　　　　单位：人、%

	0—14 岁		15—59 岁		60 岁以上		合计
	人口数	占总人口比重	人口数	占总人口比重	人口数	占总人口比重	
乡村	625500	26.94	1502686	64.73	193390	8.33	2321576
城市	31690	11.64	225084	82.65	15548	5.71	272322

从抚养比例来看，西藏农牧区的总抚养比为54.50%，而城市总抚养比为20.99%。可见，西藏乡村总抚养比是城市抚养比的二倍多。具体来看，对少儿的抚养，乡村的抚养比例为41.63%，城市为14.08%，由此可以看出，西藏农牧区由于新生人口数量多，而城市新生人口数量少，直接导致了农牧区少儿抚养比例明显大于城市。从对老年抚养比来看，西藏农牧区老人的抚养比为12.87%，城市仅为6.91%，由此可以看出，西藏农牧区家庭的社会抚养压力远大于城市（如图2—5所示）。

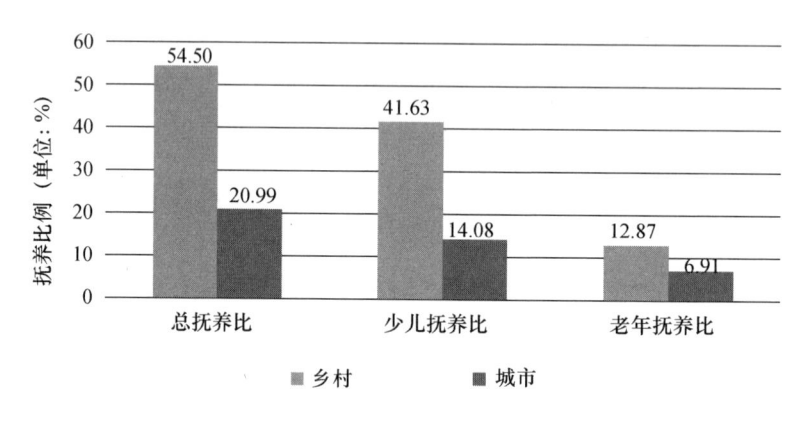

图 2—5　西藏城乡人口抚养特点对比示意图

---

① 《2010年第六次全国人口普查主要数据》，中国统计出版社2011年版。

(二)"十二五"期间西藏地区生产总值变化

从西藏地区"十二五"期间的地区生产总值来看,生产总值一直处于不断增长的状态(如下图所示),2011年西藏地区生产总值为605.83亿元,到2015年,西藏地区生产总值上升为1026.39亿元,增长了420.56亿元,增长比为69.42%。从人均生产总值来看,2011年西藏地区人均生产总值为20777元,到2015年增长至31999元,增长比为59.38%(如表2—9所示)。

表2—9　　　"十二五"期间西藏地区生产总值及人均生产总值

	2011年	2012年	2013年	2014年	2015年
地区生产总值(亿元)	605.83	701.03	815.67	920.83	1026.39
人均生产总值(元)	20777	22936	26326	29252	31999

从西藏地区生产总值的结构来看,由表2—10可以看出,西藏地区生产总值的产业结构特征,在西藏地区总产值中,第三产业的贡献最大,其次是第二产业,第一产业发展较为缓慢。"十二五"期间,该产业结构基本没有变化。其中,第三产业发展最为快速,2011年产值为322.57亿元,到2015年增长为552.16亿元,增长比为72.18%。同时总产值的比重中,2011年第三产业产值占总产值的53.24%,到2015年第三产业产值占总产值的比重为53.80%,占比上升了0.56个百分点。第一产业发展最为缓慢,从产值数量来看,2011年第一产业的产值为74.47亿元,占同年总产值的12.29%,到2015年第一产业的产值为98.04亿元,占总产值的9.55%,所占总产值的比重下降了2.74个百分点。由此可以看出,在产业结构发展中,西藏地区生产产值中的第一产业增长缓慢,而且所占比重在下降,第三产业发展较快(如图2—6所示)。

表2—10 "十二五"期间西藏地区生产总值结构① 单位：亿元

年份	第一产业	第二产业	第三产业
2011	74.47	208.79	322.57
2012	80.38	242.85	377.80
2013	84.68	292.92	438.07
2014	91.64	336.84	492.35
2015	98.04	376.19	552.16

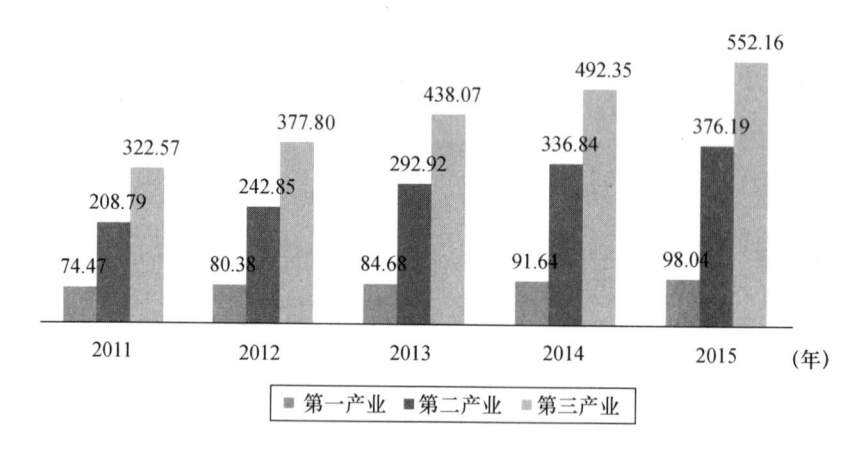

图2—6 "十二五"期间西藏地区生产总值结构图（单位：亿元）

（三）"十二五"期间西藏农村农业产值特征

"十二五"期间，西藏地区农林牧渔业的产值一直处于不断增长状态，据统计2011年，西藏农林牧渔产值为1093675万元，到2015年总产值为1494633万元，增长比为36.66%（如表2—11所示）。具体来看，在结构上西藏农林牧渔产业中的农业与牧业是支柱性产业，而且牧业在整个农林牧渔产业中所占比重最大，以2015年为例，牧业产值为693386万元，占西藏农林牧渔总产值的49.98%，其次是农业，产值为632559万元，占农林牧渔总产值的45.53%。产值最少的是渔业，产值仅为1676万元，占农林牧

---

① 数据来源：《西藏统计年鉴（2016）》，中国统计出版社。

渔总产值的0.12%。而且在"十二五"期间，农业、牧业以及农林牧渔服务业的产值都在增加，但是渔业却一直在下降，2011年的渔业产值为2181万元，2015年下降到1774万元。同时，西藏林业产值也出现了波动，2011—2013年西藏林业产值在增加，2014—2015年林业产值却在降低。

表2—11　　　　"十二五"期间西藏农林牧渔业总产值　　　　单位：万元

年份	农业	林业	牧业	渔业	农林牧渔服务业	合计
2011	496152	23929	541123	2181	30290	1093675
2012	533863	25577	590193	2220	31415	1183267
2013	579235	26534	641557	1762	30879	1279967
2014	632559	26371	693386	1676	33244	1387236
2015	680481	21087	752956	1774	38334	1494633

从"十二五"期间西藏农村社会总产值的结构来看，西藏农牧区社会总产值中的农林牧渔业产值最高，其次是农牧区建筑业产值，2011年产值为151534万元，到2015年增长至299370万元，增长比为97.56%，可见，增长近一倍。从增长比来看，农村工业总产值与农村运输业总产值的增速较快，都增长近一倍。从图2—7、图2—8的对比可以看出，在"十二五"期间，西藏农牧区社会总产值结构发生了变化，具体来看，农林牧渔业的产值在社会总产值中的比重最高，但是与2011年相比较，到2015年占比却降低了5个百分点，为69%；相比之下，农牧区建筑业总产值在上升，到2015年农牧区建筑业、运输业的总产值在社会总产值的占比分别上升了4个百分点、1个百分点。

表2—12　　　　"十二五"期间农牧区社会总产值　　　　单位：万元

年份	农林牧渔业总产值	农村工业总产值	农村建筑业总产值	农村运输业总产值	农村商业总产值	合计
2011	1093675	40599	151534	95565	88128	1469501
2012	1183267	58446	185357	113415	110119	1650604
2013	1279967	61561	208761	130753	109666	1790707

续表

年份	农林牧渔业总产值	农村工业总产值	农村建筑业总产值	农村运输业总产值	农村商业总产值	合计
2014	1387236	63863	252978	139092	111420	1954588
2015	1494633	73311	299370	178962	127854	2174131

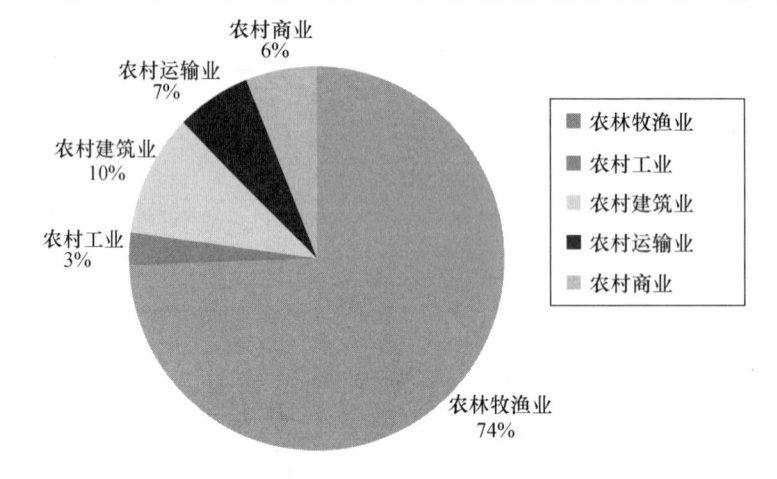

图2—7 2011年农牧区社会总产值结构

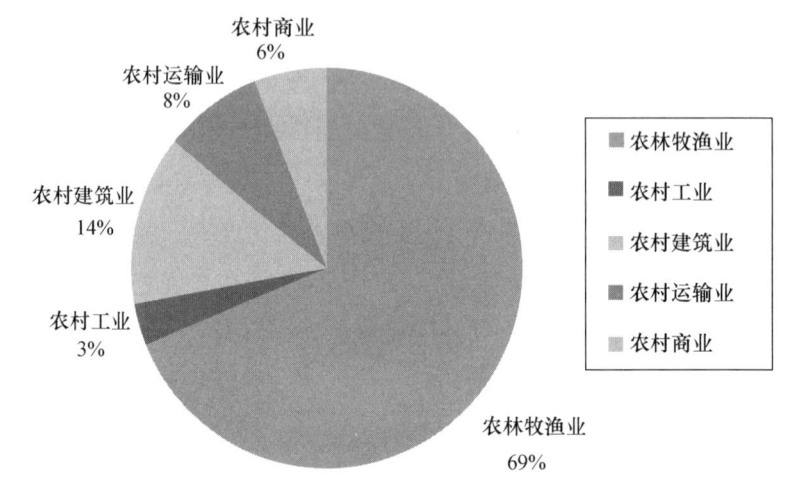

图2—8 2015年农牧区社会总产值结构

"十二五"期间西藏不同地区农业产值发生变化。从"十二五"期间西藏各地区的农林牧渔业的生产结构来看，农业和牧业是西藏各地区农林牧渔业的支柱产业。具体而言，从 2011—2015 年，日喀则地区和昌都地区是农业产值最高的两个地区。日喀则地区的农业产值一直在增长，2015 年日喀则的农业产值为 233239 万元，到了 2011 年农业产值降至 169275 万元，增加了 63964 万元。但是，除渔业外，林业与牧业的产值在减少。唯独农林牧渔服务业的产值一直在上升，以阿里地区为例，2011 年农林牧渔服务业的产值仅为 881 万元，到了 2015 年产值提高到 1293 万元，提升了 42.77%。从不同地区的生产特点来看，基于自然资源和社会环境特点差异，西藏不同地方的农业生产格局各异。从表 2—13 可以看出，2015 年西藏日喀则地区的农业与农林牧渔服务业的产值最高，昌都地区的林业与牧业产值最高。这只是从整体上做初步研判的结果，如果按照人均计算，数据展现的结果可能将会发生很多变化。

表 2—13　　"十二五"期间西藏各地区农林牧渔业产值[①]　　单位：万元

	农业	林业	牧业	渔业	农林牧渔服务业	时间
拉萨市	101958	3368	127159	164	1194	
昌都市	140271	7956	193322	39	7486	
山南地区	48253	1704	49645	190	4628	
日喀则市	233239	4927	157507	1200	14032	2015 年
那曲地区	91609	14	104269	—	5492	
阿里地区	3837	250	66494	—	1293	
林芝地区	61315	2868	54560	181	4210	
拉萨市	93933	3467	114219	149	883	
昌都市	128794	13609	174385	39	6943	
山南地区	45411	1533	45061	380	4873	
日喀则市	218122	4966	149420	900	10330	2014 年
那曲地区	85962	13	97695	24	5248	
阿里地区	3425	122	62174	—	1124	
林芝地区	56912	2660	50431	184	3844	

① 《西藏统计年鉴（2012—2016 年）》，中国统计出版社。

续表

	农业	林业	牧业	渔业	农林牧渔服务业	时间
拉萨市	81444	4779	105275	148	842	2013年
昌都市	118443	13900	161009	39	6391	
山南地区	42806	1544	39942	746	5429	
日喀则市	200170	3602	142737	600	9045	
那曲地区	81596	6	88184	24	4699	
阿里地区	3172	109	57325	22	1038	
林芝地区	51604	2593	47086	184	3436	
拉萨市	75156	3884	94017	130	3909	2012年
昌都市	108868	12837	149647	39	5939	
山南地区	39779	1691	35578	1491	5721	
日喀则市	184421	4310	133373	331	7533	
那曲地区	75803	5	81285	23	4352	
阿里地区	2943	101	52668	22	959	
林芝地区	46893	2748	43624	184	3002	
拉萨市	70250	3140	85762	120	3901	2011年
昌都市	102252	11815	137176	38	5497	
山南地区	37377	1602	32164	1491	5664	
日喀则市	169275	4584	123296	312	7522	
那曲地区	70355	5	75173	20	4074	
阿里地区	2705	91	48333	20	881	
林芝地区	43939	2692	39219	180	2751	

第二节 西藏农牧区贫困的现状、类型与特点

当前西藏农牧区贫困问题是一个区域性问题。西藏人口主体是农牧民，同时西藏贫困人口绝大多数分布在农牧区。随着西藏农牧区新型城镇化进程的推进，城乡居民纯收入差距进一步拉大，偏远地区的贫困问题日益严重。然而，学界大多数学者在关注西藏农牧区贫困人口时，更

倾向于收入贫困和反贫困问题的研究，关于农牧区贫困标准、贫困特征、贫困类型的研究成果寥寥无几。本节将从西藏农牧区贫困状况及变动、农牧区贫困人口的分布、西藏农牧区贫困的主要类型以及当前农牧区贫困问题的主要特征四个方面进行分析。

一 西藏农牧区贫困状况及变动

贫困是一个相对性概念，可以从多纬度进行解读和识别。同时，随着社会经济、自然环境等因素的不断变化，贫困问题又呈现出动态性的特点，没有单一的定义、特性能够恰当地把握贫困现象的多面性，因此也没有一个单一的衡量尺度能够完整地描述贫困现象及贫困问题出现的复杂而微妙的过程。因此，诸多学者在选用衡量贫困现象的尺度时就显得格外谨慎。一般而言，国际上通常用特定的福利指标作为贫困的标准，例如恩格尔系数、人均国民经济总产值、消费指标、热量指标以及实际生活质量指数等。本书将根据人均纯收入（元）、贫困线及恩格尔系数三项指标对西藏农牧区1994年至2001年的贫困状况作一个比较（如表2—14所示）。

表2—14　　　西藏与全国农村居民人均纯收入、贫困线

及恩格尔系数的比较[①]

年份	人均纯收入（元）		贫困线（元）		贫困线/纯收入（%）		恩格尔系数（%）	
	全国	西藏	全国	西藏	全国	西藏	全国	西藏
1994	1221	814	440	530	36.04	65.11	58.9	72.4
1995	1578	875	530	425	33.59	48.57	58.6	72.1
1996	1926	971	580	460	30.11	47.37	56.3	80.3

---

① 《西藏统计年鉴（2014—2016年）》；白涛：《从传统迈向现代——西藏农村战略选择》，西藏人民出版社2004年版；徐伍达、张伟宾：《西藏农村贫困问题研究》，《西藏研究》2009年第6期；《中国统计年鉴2016》；以及历年《西藏自治区国民经济和社会发展统计公报》。

续表

年份	人均纯收入（元）		贫困线（元）		贫困线/纯收入（%）		恩格尔系数（%）	
	全国	西藏	全国	西藏	全国	西藏	全国	西藏
1997	2090	1081	630	630	30.14	58.28	55.1	63.8
1998	2162	1154	635	630	29.37	54.59	53.4	66.1
1999	2210	1253	625	630	28.28	50.28	52.6	69.2
2000	2253	1326	865	625	38.39	47.13	49.1	79.3
2001	2366	1399	872	1300	36.86	44.67	47.7	66.7
2002	2476	1515	869	1300	35.10	85.80	46.2	63.6
2003	2622	1685	882	1300	33.64	77.15	45.6	65.0
2004	2936	1854	924	1300	31.47	70.12	47.2	64.0
2005	3255	2070	944	1700	29.00	62.80	45.5	60.3
2006	3587	2426	958	1700	26.71	53.59	43.0	53.0
2007	4140	2777	1067	1700	25.77	46.81	43.1	57.1
2008	4761	3164	1196	1700	25.12	41.09	43.7	56.0
2009	5153	3519	1196	1700	23.21	36.94	41.0	47.9
2010	5919	4123	1274	1700	21.52	31.53	41.1	50.1
2011	6977	4885	1274	2300	18.26	55.39	40.4	50.5
2012	7916	5697	2300	2300	29.06	40.37	39.3	52.2
2013	8896	6553	2300	2300	25.85	35.10	37.7	54.3
2014	9892	7359	2800	2300	28.31	31.25	33.6	52.6
2015	10772	8244	3000	2300	27.85	27.90	33.0	52.2

从纯收入水平来看（如图2—9所示），中央政府和地方政府一直在不断加大对西藏农牧区基础设施建设的投入，逐步完善农牧民医疗、养老等社会保障体系。随着西藏农牧区公共产品供给的不断增加，特别是随着中央政府旨在推动农牧区发展的各项优惠政策的出台，西藏农牧业迅速发展，农牧民的纯收入稳定提高，农牧民基本上解决了温饱问题，摆脱了"吃不饱、穿不暖、住不上"的状态，赤贫现象已经得到根本遏

制。但是应注意的一点是，西藏农牧民的人均纯收入与全国农民的人均纯收入相比，无论结构还是数量都存在一定的差距，而且二者之间的差距正在不断拉大。具体而言，从1995年到2003年，西藏农牧民纯收入与全国平均水平相差在1000元以内；从2004年到2010年，西藏农牧民纯收入与全国平均水平差距在2000元以内；到2011年以后，西藏农牧民纯收入与全国平均水平的差距达到了2000元以上。由此可以看出，西藏农牧民的收入提升遇到了多种因素的阻碍。此外，在收入结构上，西藏贫困农牧民的收入来源，除了国家发放的草原生态保护补助奖励、边防补贴等货币收入以外，绝大部分依靠传统种植与养殖等家庭经营收入，工资收入以及财产性收入非常少。从西藏农牧民人均纯收入来看，农牧民自我发展能力较弱，因发展能力不足而带来的收入低、生产难、就业难等问题依然是当前阻碍贫困农牧民摆脱贫困最重要的因素。

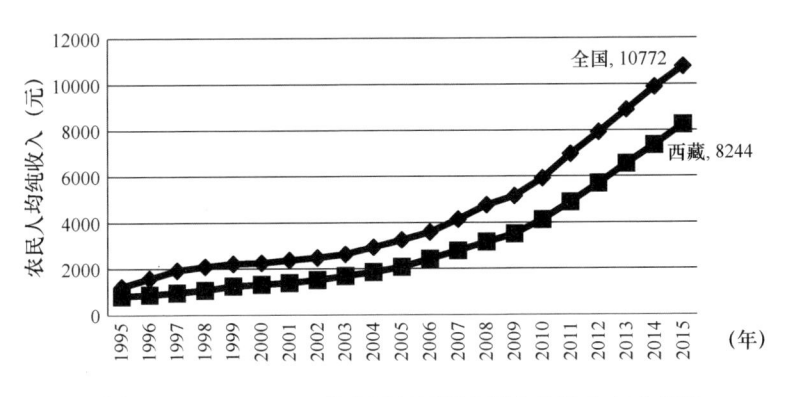

图 2—9 1995—2015年全国与西藏农民人均纯收入示意图

从西藏农牧区的贫困标准（贫困标准是衡量贫困水平的标准，国际上通常会依据不同地区的人均收入情况确定贫困线，并以此对贫困人口状况进行识别）来看，2008年之前我国扶贫工作一直沿用的是双层贫困线体系，一个为贫困标准，另一个为低收入标准，前者可视为生存标准，即低贫困线，后者可视为发展贫困线，即高贫困线，这两个贫困标准均代表了当时农村居民特定的生活水平。① 在实践过程中，2007年之前中央政府一直把低贫困线作为扶贫工作的标准，用于确定扶贫对象、分配中央扶贫资金，只把低收入标准作为一些发达地区扶贫工作的参考依据。②自2008年之后，为了落实十七大"逐步提高扶贫标准"的精神，中国政府正式开始把低收入标准作为扶贫工作标准，将原来的低收入标准设定为国家贫困线。③ 从西藏的实际情况来看，2000年之前划定贫困线采用的是生活指数，这种贫困线的测定方法是以1990年的不变价格来计算，从人均纯收入、食物指标和基本生产条件三个方面量化了七个指标，从而构成了西藏农牧区基本温饱指标体系，其中农村贫困标准又分为农区、牧区和半农半牧区三个类型，并给定了量值。④ 2000年以后西藏一直把国家贫困线作为标准来衡量并测算西藏农牧区的贫困人口。

不过，随着西藏农牧区扶贫工作的不断调整，贫困线也出现了阶段性变动。在《国家八七扶贫攻坚计划》实施期间，西藏贫困线一直不低于国家贫困线。从2001年开始，西藏开始把人均收入低于1300元的农牧民人口划定为重点扶持对象。通过表2—14可以看出，这一标准不仅高于国家贫困线，而且占到了同年度西藏农牧民纯收入的92.92%。2005年，西藏把人均收入1300元作为扶助线，把人均收入低于1300元的农牧区人口确定为低收入人口。西藏新贫困线的确定，采用的是双层贫困线标准，在落实中央政府《中国农村扶贫开发纲要（2001—2010年)》的同时，也对西藏地区贫困人口的特点进行了充分考量。在全国进入扶贫开发时期的大背景下，西藏在解决农牧民贫困人口温饱问题时，还应该考虑有一定物质基础的贫困农牧民不断发展的问题。虽然西藏贫困线出现了阶段性变动，但是总体而言，西藏贫困线仍然是一条静态贫困线。自进入精准扶贫时期

---

① 国家统计局住户调查办公室：《2011年中国农村贫困监测报告》，中国统计出版社2012年版，第11页。

② 王晓琦、顾昕：《中国贫困线水平研究》，《学习与实践》2015年第5期。

③ 国家统计局住户调查办公室：《2011年中国农村贫困监测报告》，中国统计出版社2012年版，第11页。

④ 徐伍达、张伟宾：《西藏农村贫困问题研究》，《西藏研究》2009年第6期。

第二章 西藏农牧区扶贫工作：基础与历程

以来，贫困线在西藏农牧区贫困人口精准识别方面有着极大的局限，因此为了弥补这一缺憾，西藏扶贫办专门制定了更加具体的精准识别方法，例如"五看标准"，即"一看房，二看羊，三看劳动力，四看有没有车，五看有没有读书郎"，并用这种方法来鉴别西藏农牧区的贫困户。

从恩格尔系数来看，从1995年到2015年，西藏农牧区居民的恩格尔系数走势呈现下降趋势，这与全国农村居民的恩格尔系数走势相同。但是从阶段性的走势来看，全国农村居民的恩格尔系数下降趋势较为平缓，而西藏农牧区居民恩格尔系数走势呈现出阶段性波动（如图2—11所示）。联合国粮农组织（FAO）的研究表明，当恩格尔系数达到60%及以上时，该国或地区为贫困状态；如果处于50%—59%之间，则为勉强度日的维生状态；在40%—50%之间，为小康生活水平状态；处于20%—40%之间时为富裕状态；处于20%以下时为极度富裕状态。如果依据这一标准来判断，2005年之前西藏农牧区一直处于贫困状态，2006年到2015年，西藏处于勉强度日状态。依据数据走势判断，西藏农牧区居民正在接近小康水平。从全国的情况来看，2000年之前我国农村居民处于维生状态，2000年到2011年处于小康水平状态，2011年到2015年则为富裕阶段。可见，西藏农牧区居民的恩格尔系数始终高于全国平均水平，生活水平也比全国农村居民平均水平差一个档次。

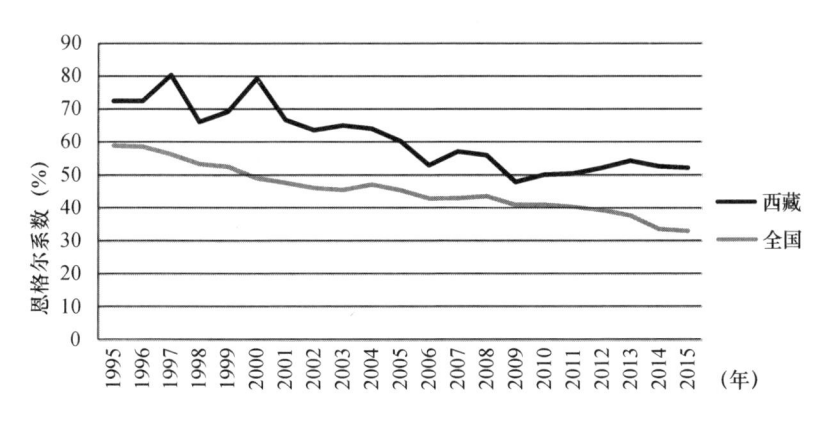

图2—10 全国农村居民与西藏农牧区居民恩格尔系数走势图

综合以上分析,恩格尔系数在一定程度上的确反映了西藏农牧区居民的生活状态。但是,这并未全部反映出农牧民的生活状态。除受到经济因素影响外,西藏农牧区居民的生活状态还受到自然条件及生活习俗、民族文化的影响。据营养学家的测算,高原人类基本温饱的热量标准是每人每天2800大卡至3200大卡,每人日均膳食蛋白质供给量在70克以上,脂肪摄入量在70克以上。[1] 按照这一标准,生活在高原的人群对食物热量的需求量要高于全国其他地区平均800大卡的标准。此外,西藏同等价值的食品较全国平均水平也少35%—40%的实物量。[2] 因此,西藏农牧区恩格尔系数偏高是由诸多客观因素导致的。

二 西藏农牧区贫困人口变动及分布

目前还没有记录历年西藏农牧区贫困人口数量的报告及文献,大多数数据都以碎片的形式散落在各类公开发表的期刊、出版的著作、西藏发展报告以及新闻报道中。鉴于此,本书所采用的西藏农牧区贫困人口数据只能通过以上渠道来收集整理(如表2—15所示)。

表2—15　　1995—2015年西藏农牧区贫困人口及贫困发生率[3]

年份	农牧区人口(万人)	贫困人口(万人)	贫困发生率(%)
1995	199.79	33.9	16.96
1996	200.06	25.7	12.85
1997	202.46	21.0	10.37
1998	204.85	14.7	7.18
1999	207.22	8.5	4.10

---

[1] 徐伍达、张伟宾:《西藏农村贫困问题研究》,《西藏研究》2009年第6期。
[2] 白涛:《从传统迈向现代——西藏农村的战略选择》,西藏人民出版社2004年版,第186页。
[3] 《西藏统计年鉴(2012—2016年)》;白涛:《从传统迈向现代——西藏农村战略选择》,西藏人民出版社2004年版;徐伍达、张伟宾:《西藏农村贫困问题研究》,《西藏研究》2009年第6期;历年《中国西藏发展报告》。

续表

年份	农牧区人口（万人）	贫困人口（万人）	贫困发生率（%）
2000	209.61	7.0	3.34
2001	211.78	148	69.88
2002	214.88	128	59.57
2003	217.16	107.2	49.36
2004	219.65	86.0	39.15
2005	221.86	37.3	16.81
2006	224.83	32.0	14.23
2007	226.73	27.4	12.08
2008	228.32	23.5	10.29
2009	229.85	20.3	8.83
2010	232.16	16.8	7.24
2011	234.42	83.3	35.53
2012	237.64	56.5	23.78
2013	238.05	45.7	19.20
2014	235.78	32.7	13.87
2015	234.10	20.6	8.80

（一）西藏农牧区贫困发生率

贫困发生率是反映贫困状况最主要的指标。从表2—15及图2—11可以看出西藏农牧区人口与贫困人口的变化情况。具体而言，西藏农牧区人口呈现逐年增长的态势，以1995年为基准，2015年农牧区人口达234.10万人，增长率为17.17%，而西藏农牧区的贫困人口则呈现波浪式增减的态势。从1995年到2000年，西藏贫困发生率呈现逐年下降的态势，下降趋势较为平缓，1995年西藏农牧区贫困发生率为16.96%，2000年西藏农牧区贫困发生率仅为4.10%，五年间下降了12.86个百分点。从2001年到2010年，西藏农牧区贫困人口呈现显著下降的态势，由图2—11可以看出，下降曲线较陡。在此期间，西藏农牧区贫困发生率从2001年的69.88%下降到了2010年7.24%，十年下降了62.64个百分点。

从2011年到2015年，西藏农牧区贫困发生率再次呈现出下降趋势，下降趋势较前一时期缓慢，西藏农牧区贫困发生率从2011年的35.53%下降到2015年的8.80%，五年下降了26.73个百分点（如图2—11所示）。

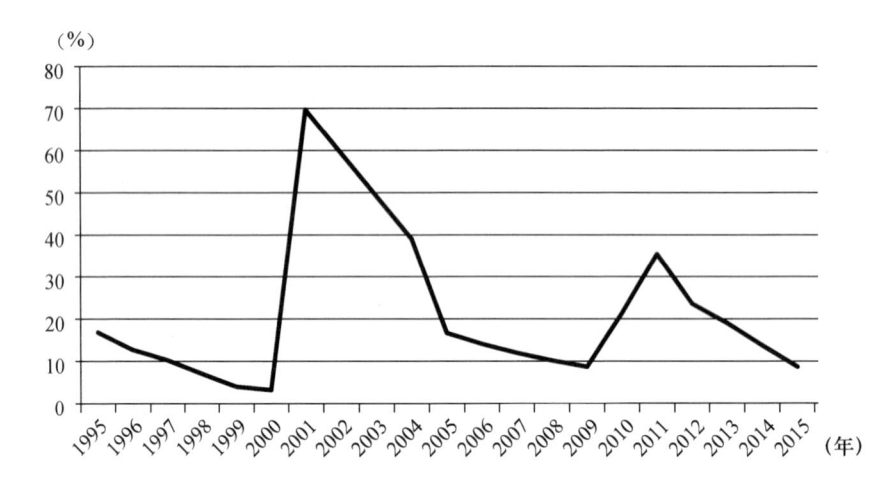

图2—11　1995—2015年西藏农牧区贫困发生率（%）

如图2—11所示，之所以西藏农牧区贫困发生率曲线波动比较显著，主要是因为贫困线等衡量标准发生了变化。在西藏农牧区不同扶贫阶段，衡量贫困的标准也不同，但不论采取何种衡量标准，西藏农牧民扶贫人口都在显著减少，贫困发生率也在不断降低。具体而言，《国家八七扶贫攻坚计划》实施期间，西藏农牧区扶贫人口从1994年的约48万人下降到2000年的7万人左右，自此西藏贫困农牧民的温饱问题基本得到解决。进入21世纪以来，在扶贫开发阶段，西藏农牧区的贫困人口从2001年的148万人减少至2010年的16.8万人。在扶贫开发进程中，西藏农牧区基础设施也在不断完善，水、电、路、通信信号等农村综合配套设施在逐步跟进，贫困农牧民收入水平及生活质量不断提高。"十二五"期间，西藏农牧区开展了精准扶贫工作，在精准扶贫政策的落实过程中，贫困人口由2011年的83.3万人减少至2015年的20.6万人（如表2—15所示）。

(二)"十二五"期间西藏各地市贫困户的分布情况

"十二五"期间,以人均年纯收入2300元(2010年为不变价)为贫困标准,2010年年底西藏农牧区的贫困人口为83.3万人,占农牧区总人口的34.42%。从具体分布来看,日喀则地区、昌都地区及那曲地区是贫困人口分布特别集中的地区,其中日喀则地区贫困人口为23.45万人,占全区贫困人口的28%;昌都地区贫困人口为20.12万人,占全区贫困人口的24%;那曲地区贫困人口为14.55万人,占全区贫困人口的18%(如图2—12所示)。值得注意的是阿里地区,虽然阿里地区贫困人口占比与林芝地区一样,同样为4%,但是阿里地区的贫困发生率是最高的。据统计,2010年阿里地区农牧区人口为7.6万人,贫困人口为3.24万人,贫困发生率为42.63%。与之相比较,林芝地区农牧区人口为13.2万人,贫困人口为3.23万人,贫困发生率仅为24.47%。阿里地区的贫困发生率是林芝地区的近两倍。

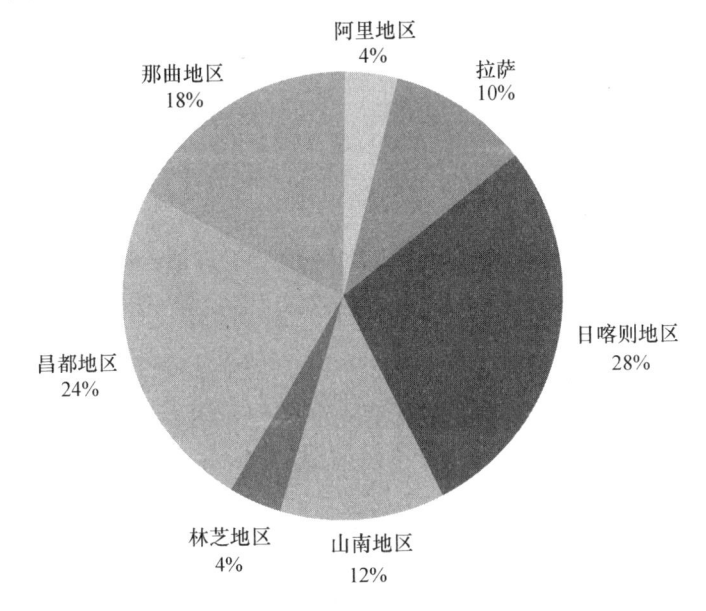

图2—12 2010年西藏自治区各地区贫困人口分布情况

从各地区贫困人口数量的变动来看,"十二五"期间西藏各地区贫困人口数量发生了变化,但是各地区贫困人口数量占西藏贫困人口总数的格局并未发生重大变化。具体来看，占全区贫困人口数量比重最大的地区仍然是日喀则、昌都和那曲地区，不过各地区所占比重稍微发生了一点变化，有些地区所占比重有所降低，那曲地区、山南地区及阿里地区都降低了1个百分点，拉萨地区降低了2个百分点，而日喀则地区、山南地区、昌都地区所占比重有所上升，其中昌都地区所占比重上升最多，为4个百分点，其次是日喀则地区，所占比重上升了1个百分点（如图2—13所示）。综合以上分析可以看出，贫困人口在西藏农牧区分布较广，各地区间贫困人口的分布数量差异较大，受地域差异影响，各地区贫困人口发展呈现出非均衡性特点。

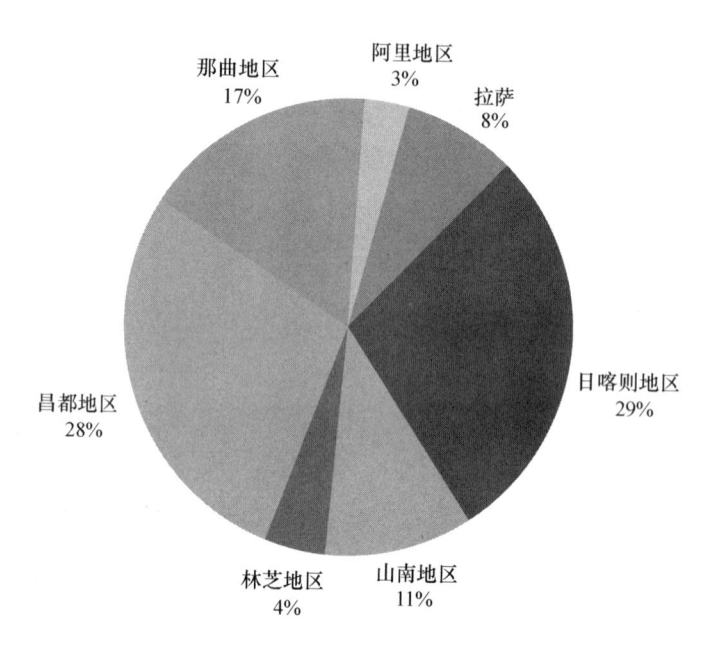

图2—13 2014年西藏自治区各地区贫困人口分布情况

三 西藏农牧区的贫困类型

学界对西藏农牧区贫困类型的研究成果十分丰富。一般而言，西藏农牧区贫困类型的划分主要依据两个方面，一是依据西藏农牧区贫困人口的外在特征对贫困进行分类，可以将西藏农牧区的贫困人口划分为绝对贫困型、相对贫困型、区域性贫困型、偶发性贫困型及经常性贫困型。① 二是以西藏农牧区贫困现象的发生因素为依据，可以把西藏贫困人口划分为生存环境脆弱型、生产资料缺乏型、人口生育过多型、人口健康缺陷型及多重因素复合型贫困等。② 在政府精准扶贫过程中，西藏把农牧民致贫的原因划分为八个方面：一是缺少致富门路，二是缺少发展资金，三是缺乏劳动技能，四是缺乏信息服务，五是饮用水比较困难，六是家庭成员重病或残疾，七是赡养老人负担重，八是子女上学负担重。基于西藏农牧区发展及现实特点，笔者认为主要应该从贫困发生的原因入手，对西藏农牧区贫困的性质及类型进行分析，而不应该简单地从西藏农牧区的贫困现象出发。综合以上分析，笔者将西藏农牧区的贫困划分为区域发展障碍型、可行能力不足型（结构型贫困）、制度供给不足型三种类型。

（一）区域发展障碍型

这种贫困是区域发展障碍因素导致的。众所周知，西藏农牧区主要分布在青藏高原高寒区，而且农牧区自然、生态、气候、植被、资源等情况差异较大。虽然农牧民的致贫因素复杂多元，但是共同特征是绝大多数贫困人口都分布在农牧区，这些区域地质特征复杂，生态环境脆弱，自然灾害频发，主要特点为：第一，地广人稀，农牧民居住分散。以西藏那曲、阿里高寒牧区为例，据统计，2010年那曲地区土地总面积为39.55万平方千米，居民为45.15万人，人口密度为1.14人/平方千米，阿里地区土地总面积为29.63平方千米，居民为9.28万人，人口密度仅为0.32人/平方千米。第二，土地、草场、林地等自然资源分布不均，差异显著。以耕地为例，日喀则市拥有耕地203.3万亩，占西藏耕地的38.84%，阿里地区耕地为3.4万亩，仅占西藏耕地的0.66%。从耕地的县（市）域分布来看，西藏63个县（市）有耕地分布，占县（市）总

---

① 白涛、庄永福：《西藏贫困地区扶贫工作的透视与思考》，《中国藏学》1997年第2期。
② 高星、姚予龙等：《西藏农牧民贫困特征、类型、成因及精准扶贫对策》，《中国科学院院刊》2016年第3期。

数的85.14%。① 第三，自然灾害频发，农牧业生产环境脆弱。干旱、雪灾、洪涝、泥石流、冰雹等自然灾害给农牧民生产带来了巨大损失。据统计，从1979年到2008年的30年间，农作物年均受灾面积在6.7万公顷左右，占农作物总播种面积的32.3%；牧业年均因灾死亡牲畜80万头（只、匹）左右，占牧区牲畜年存栏总数的3.3%；年均受灾人口47万人左右；年均因灾造成缺粮人口30万人左右；年均自然灾害造成的经济损失在2.5亿元以上②。第四，农牧区地方病多发，贫困农牧民身体素质较差。西藏农牧区是空气少氧的生物地球化学区域，高山病发病普遍，地表环境中某些元素含量稀缺或者富集，碘缺乏病、地方性氟中毒、大骨节病与克山病等地方病高发，加之农牧区公共医疗服务供给不足，导致农牧民陷入"因病致贫，因病返贫"的恶性循环中。

虽然不能将西藏农牧区贫困的根源完全归结为自然条件恶劣或者生存空间不足，但显而易见的是，西藏农牧区生态环境的恶劣、脆弱以及多样对贫困问题的发生以及贫困程度的加深带来了极其深刻的影响。因此，"十二五"期间西藏自治区把五类区域确定为重点扶持区域，包括边境和人口较少的民族聚居区、高寒牧区、地方病高发区、藏东深山峡谷区、藏中农牧结合部。

（二）可行能力不足型（结构型贫困）

贫困的本质性规定是人力资本低。阿玛蒂亚·森在《以自由看待发展》中认为，可行能力（capability）一词指的是"有很好的理由把贫困看作是对基本的可行能力的剥夺，而不仅仅是收入低下。对基本可行能力的剥夺可以表现为过早死亡、严重的营养不良（特别是儿童营养不足）、长期流行疾病、大量的文盲以及其他一些失败"。③ 在阿玛蒂亚·森看来，可行能力的实质是自由，即免受困苦的基本可行能力以及享受市

---

① 《中华人民共和国全国分县市人口统计资料（2010）》，群众出版社2011年版；《西藏自治区土地利用》，科学出版社1993年版。
② 单增卓扎：《民政30年（西藏卷·1978—2008）》，中国社会出版社2008年版，第3页。
③ 阿玛蒂亚·森：《以自由看待发展》，中国人民大学出版社2013年版，第15页。

场经济参与机会、政治参与机会及具备识字算数等能力。从生存的可行能力、生产的可行能力以及发展的可行能力等角度，具体包括受教育的机会、接受实用技术培训能力的机会以及经济交往能力等诸多方面[①]来看，西藏农牧区贫困人口的可行能力不足主要表现在：

其一，农牧民受教育程度较低与贫困是共生现象。据统计，2010年西藏文盲人口为73万，文盲率为24.4%，比全国4.1%的平均水平高出20.3个百分点。在农牧区就业的11.34万人中，具有大学以上文化程度的为2080人，占比为1.87%；具有高中文化程度的为1623人，占比为1.14%；具有初中文化程度的为11802人，占比为10.41%；具有小学文化程度的为48479人，占比为42.77%；文盲为49362人，占比为43.57%。只有小学以下文化程度的农牧民占农牧区就业人数的绝大多数。虽然中央政府每年都在加大对西藏农牧区基础教育的投入，大力实施"三包教育"等优惠政策，但这只是有效阻止了贫困的代际传递，并不能有效解决当前西藏农牧区贫困人口人力资本低的问题。

其二，市场经济参与能力不足。在参与市场方面，农牧民严重缺乏组织性，分散的农牧民市场谈判能力低下，收入极不稳定，抗市场风险能力最弱，往往是自然风险和市场风险的主要承担者。在组织化程度方面，虽然西藏农牧区采取"公司+农户""农牧民经济合作组织+农户"等形式提高了农牧民的组织化程度，但是由于这些现代性经济组织是后期嵌入农牧区社会中的，因此适应性并不高，组织效用不能有效发挥，益贫效果也不明显。

其三，利用公共服务设施能力不强。虽然水、电、路、讯、气、广播电视、邮政等农畜综合配套设施逐步得到了完善，乡镇通邮率、乡镇通公路率分别达到了99.7%、94.2%[②]，但这只是实现了西藏农牧区公共

[①] 李雪萍、龙明阿真：《村庄公共产品供给：增强可行能力达致减贫》，《社会主义研究》2011年第1期。

[②] 中华人民共和国国务院新闻办公室：《西藏的发展与进步（2013）》，人民出版社2013年版，第9页。

产品供给的整体性均衡,贫困发生率较高地区的公共产品供给仍然存在较大的需求缺口,缺水、缺电、缺医、路不通等现象在这些地区依然存在。

(三) 制度供给不足型

这是直接由政治制度、社会制度以及宏观经济制度的有效供给不足引起的。在所有导致贫困产生的诱因中,制度的供给不足尤为厉害,由于制度供给不足,直接导致贫困人口的权利被忽视,甚至造成贫困人口被排斥在制度之外,丧失自由选择权利,从而使得贫困人口的可行能力不足和贫困发生率整体提高。[①] 西藏地区作为全国14个集中连片特困地区之一,农牧区的贫困带有区域性、群体性的特点,不是间歇性和偶发性的,它在一定程度上是社会历史长期沉淀累积的结果。这主要体现在:

第一,社会经济制度的延迟性。1959年民主改革完成以后,西藏正式结束了封建农牧制度,农牧民才开始拥有自己的生产生活资料以及财产积累。从时间上来看,西藏农牧区改革比我国内地其他省份晚了将近十年。1978年开始,我国内地省份开始进行了农村经济体制改革,实施家庭联产承包责任制,而西藏地区直到1984年才宣布实行改革开放,结束人民公社体制,恢复了乡、村建制。[②] 1992年党的十四大正式提出我国经济体制改革的目标是建立社会主义市场经济体制,然而西藏地区直到2000年以后才开始与内地市场经济体制对接。由此可以看出,经济制度改革的滞后导致西藏比内地其他省份的发展大约晚了二十年,而这对西藏农牧区贫困问题造成的影响是长期存在的,并且一时难以消除。

第二,西藏农牧区社会发育程度低,存在双重"非典型二元结构"。自民主改革完成后,特别是改革开放以来,新的社会机制、新的文化、新的产业都已经在农牧区建立起来,但是旧的生产方式、旧的生产关系,

---

[①] 王曙光:《中国的贫困与反贫困——基于贫困发生学的研究》,《中国农村经济》2011年第3期。

[②] 多杰才旦、江村罗布:《西藏经济简史》,中国藏学出版社1995年版,第139—140页。

以及在此基础上形成的文化观念，仍然在不断地释放一些能量，对新的外来文化产生着影响。同时，农牧区经济结构是"非典型二元经济结构"，新兴企业、现代农牧民经济合作组织以及市场经济体制都是"镶嵌"的，而且"经济体制的动力机制倾斜在政治上，运作机制倾斜在物资的供给和分配上，因而在过去的多年时间里，不可能鼓励发展市场活动，促进商品经济"，[①]由此导致贫困农牧民"等、靠、要"等依赖思想十分严重，意识与观念更新动力不足。

四 精准扶贫背景下西藏农牧区贫困特点

"十二五"期间，西藏农牧区扶贫开发取得了一定成绩，绝对贫困人口减少，贫困发生率大幅度降低。但是，当前西藏农牧区的贫困问题依然存在，而且呈现出一些新的特征，这主要表现在三个方面：收入型贫困减弱而相对贫困突出、生态贫困日益凸显、扶贫政策"内卷化"问题显现。

（一）生态贫困问题日益突出

生态环境、牲畜与人和谐共处、良性互动是西藏农牧区生态建设的核心问题，但是西藏农牧区经济增长带来的生态恶化也在进一步蔓延。世界银行在《贫困与对策》中对影响贫穷国家资产累积的各种政策进行了分析，在环境政策中指出："贫困与环境是交互影响的关系，二者密切相连，环境影响贫困，反之贫困也会影响环境。其中，贫困与生存风险间的关系，眼光短浅与低收入的关系是我们必须注意的两个经济问题。"

首先，从草场的利用情况来看，自2000年以来，西藏地区多数县域的草地承载状况均呈下降趋势。据统计，2011年西藏地区不适合和不能放牧的草场面积为36.95万平方千米，约占全区草地总面积的44.37%。2011年西藏地区草场载畜量和牲畜存栏量分别为4392.04万只羊单位和

[①] 孙勇：《西藏：非典型二元结构下的发展改革》，中国藏学出版社2000年版，第9页。

4779.20万只羊单位,全区草地载畜量小于牲畜存栏量,对应的草地承载率为-8.82%。西藏自治区73个县(市、区)中,有50个县草地承载率小于0,牲畜存栏量大于草地载畜量,占比为68.49%。由此可知,西藏的草地生态系统处于超载状态,畜牧业发展对草地生态系统的干扰超过了其承载能力,易于引发甚至已经引发草地退化、畜牧业发展受限等问题。[①] 其次,从耕地利用情况来看,2015年年末西藏实有耕地23.68公顷,按照温饱水平标准来计算,西藏地区人口已经接近饱和,而按照小康水平标准来计算,西藏地区的人口数量已远远超出其农业生产能力可支撑的人口数量。[②] 由此可见,随着西藏农牧区开发进程的不断推进,脱贫过程中出现了严重的生态恶化现象,有些地方以牺牲生态环境为代价来扶贫,不但没有从根本上消除贫困,反而使农牧区陷入"越穷越开发、越开发越穷"的怪圈。

(二)收入贫困减弱,相对贫困较多

"十二五"期间,西藏农牧区绝对贫困(赤贫)人口数量大幅降低,农牧民普遍都解决了温饱问题。不过,在绝对贫困人口减少的同时,相对贫困人口数量却在增加。当前西藏农牧区的贫困问题不再单纯地表现为农牧民吃不饱穿不暖,而是表现为农牧民收入放缓带来的收入差异、区域经济发展不均衡以及农牧区村庄内部贫富差距造成的相对贫困。这种相对贫困主要表现为以下三个方面:

第一,城乡收入差异带来的相对贫困。"十二五"期间,西藏城乡之间存在着一定的收入差距,而且二者之间的增速差距不断拉大。从图2—15来看,2011年西藏城镇居民人均可支配收入为16496元,农牧民人均可支配收入为4885元,城镇居民人均可支配收入是农牧民人均可支配收入的3.38倍,二者相差11611元;2015年西藏城镇居民人均可支配收入为25457元,农牧民人均可支配收入为8244元,城镇居民人均可支

---

① 沈渭寿:《西藏地区生态承载力与可持续发展研究》,中国环境出版社2015年版,第25页。

② 同上书,第63页。

配收入是农牧民人均可支配收入的3.09倍,二者相差17213元。由此可以看出,西藏城乡之间的差距依然很大。特别是从各自的增长速度来看,从2014年到2015年,西藏城镇居民年人均纯收入的增长速度为15.62%,如下图所示,城镇居民收入线较为陡峭;而农牧区居民年人均可支配收入的增长速度为12.03%,较城镇居民年人均可支配收入增长速度低3.59个百分点。

	2011年	2012年	2013年	2014年	2015年
城镇居民人均可支配收入	16496	18362	20394	22016	25457
农牧区居民人均可支配收入	4885	5697	6553	7359	8244

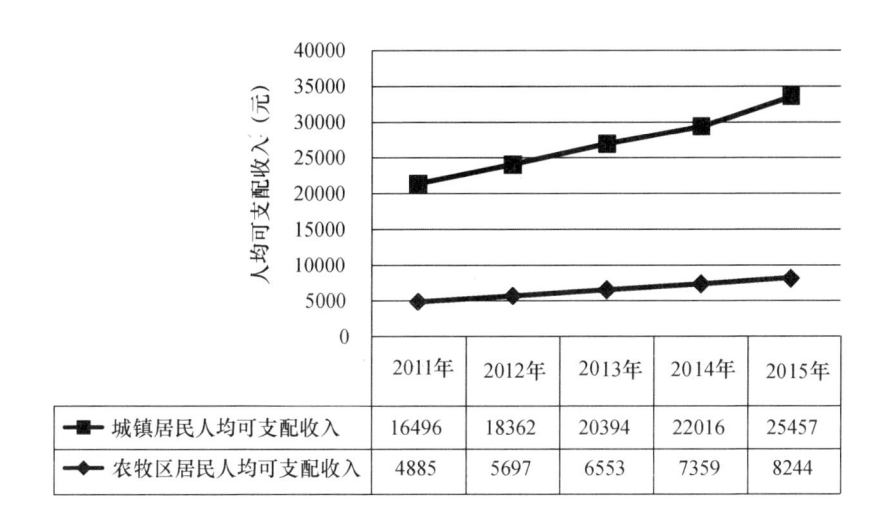

图2—14 "十二五"期间城乡居民可支配收入①

第二,西藏农牧区各区域间收入发展不均衡。从"十二五"期间西藏各地区农牧民人均纯收入来看(如表2—16所示),西藏各地区人均纯收入呈现出非均衡性。其中,林芝市农牧民纯收入最高,为10703元;其次是拉萨市,农牧民人均纯收入为10378元;第三位是山南地区,农牧民人均纯收入为8991元。人均收入最低的地区是昌都市,农牧民人均纯收入为7311元。从年人均纯收入的增长速度来看,以2015年为例,其中增长速度最快的是山南地区,为12.30%;其次是拉萨市,增长速度为

---

① 《西藏统计年鉴(2016)》,中国统计出版社2016年版。

12.10%。增长速度最慢的地区是日喀则地区，为10.20%；其次是昌都地区，增长速度为10.50%。由此可知，区域经济增长速度的差异，在很大程度上影响着农牧民的收入水平，从而也造成了地区间相对贫困问题的进一步发生。

表2—16　　"十二五"期间西藏各地区农牧区居民人均纯收入[①]　　单位：元

年份	拉萨市	昌都市	山南地区	日喀则市	那曲地区	阿里地区	林芝市
2011	6019	4332	5183	4473	4860	4183	6433
2012	7082	4962	6056	5165	5586	5452	7498
2013	8265	5900	7099	6027	6398	6391	8612
2014	9258	6616	8006	6717	7134	7107	9582
2015	10378	7311	8991	7402	7862	7903	10703

第三，村庄内部贫富差距拉大，两极分化严重。相关研究表明，按照全国相对贫困问题的标准计算，西藏农牧区相对贫困问题发生率为32%，到了1996年已达到55%，西藏农牧区大面积区域性的相对贫困状况并没有减缓。[②] 从村庄内部贫富差异的成因来看，自从农牧区实施"两个长期不变"政策以来，以家庭为单位的经营方式取代了集体化经营方式，农牧区经济快速增长，农牧区家庭收入越来越依赖于家庭劳动力的多少，凡是劳动力少、老人赡养负担重、上学人数多以及有病患的家庭收入就会锐减，因此而导致相对贫困的家庭越来越多。同时，随着农牧区市场化的推进，在新型城镇化的背景下，通过劳动力转移增加工资性收入的农户越来越多。特别是在市场经济条件下，懂经营，能够获取并运用先进技术与农业器械，同时抵御市场风险较强的农户就成为村中较为富有的农户。相比之下，那些不懂得在市场化条件下经营的农户相对

---

① 《西藏统计年鉴（2016）》，中国统计出版社2016年版。
② 白涛：《从传统迈向现代——西藏农村的战略选择》，西藏人民出版2004年版，第172页。

收入就比较低。除此以外,能够争取到政府各种资源的农户也相对富裕。

(三)扶贫政策的"内卷化"问题显现

"内卷化"这一概念最早源于人类学,后来政治学、经济学、社会学等学科的学者对这一概念也有了很多分析讨论,特别是杜赞奇、黄宗智将其引入农业领域内以后,这一概念得到了诸多学者的深入研究。黄宗智看来,"内卷的要旨在于单位土地上劳动投入的高度密集和单位劳动的边际报酬减少"①。在戈登威泽和格尔茨那里,"'内卷化'的基本含义指系统在外部扩张条件受到限制的情况下,内部不断精细化和复杂化的过程"②。杜赞奇关于中国华北农村政治的相关研究进一步拓展了"内卷化"这一概念的内涵,他借用格尔茨的"农业内卷化"概念,指出1900年至1942年华北农村的国家政权建设出现了"国家政权内卷化"现象。③笔者将"内卷化"这一概念借用过来,主要想利用其极强的"工具性分析价值"来解决扶贫问题,扩展理论视野和实践空间。笔者认为当前西藏农牧区扶贫工作问题总体特征的逆向表现就是"内卷化",这具体表现在:

首先,扶贫政策边际效用呈现递减趋势。各类扶贫政策以及扶贫资源不断输入农牧区,整体上对扶贫人口的减少发挥了积极作用,但是从消极层面来看,这种"输血"方式却无法带来农牧区贫困人口相对贫困问题的消除。农牧民自我提升能力不足,摆脱"等、靠、要"思想惯性的动力不足。同时,伴随大量扶贫资源的输入,农牧区农户之间的资源竞争日益激烈,这从另一个层面上破坏了村庄内部的和谐与团结。有学者专门研究指出,从更深层次来看,由于扶贫开发不能有效地设计出参与、合作及协商机制,因而在决策层面和资源配置层面难以实现社会团结的目标,并且还会出现损害村庄内部团结的问题,村民因扶贫资源分

---

① 黄宗智:《发展还是内卷?十八世纪英国与中国——评彭慕兰〈大分岔:欧洲,中国及现代世界经济的发展〉》,《历史研究》2002年第4期。
② 刘世定、邱泽奇:《"内卷化"概念辨析》,《社会学研究》2004年第5期。
③ 方劲:《中国农村扶贫工作"内卷化"困境及其治理》,《社会建设》2014年第1期。

配不合理与不公平产生了矛盾与分裂。① 其次，扶贫效果可持续性不强。在理想层面，扶贫工作的目的是保证贫困人口获得可持续发展能力，从根本上摆脱贫困。但是从现实情况来看，扶贫政策在落实过程中，凭借"短、平、快"项目单纯追求经济增长，短时间内使贫困户超过国家规定的贫困线，实现了脱贫。这种脱贫方式是资源输入的结果，而非贫困户自身努力的结果，所以扶贫效果的可持续性很不理想，甚至导致了农牧区贫困户出现"越扶越贫"的问题。

第三节 西藏农牧区贫困治理的发展历程及经验

对于西藏发展而言，贫困一直以来都是一个沉重的话题。长期以来，反贫困是西藏地区必须直面的最主要的问题。因为历史与地理区位因素的特殊性，使西藏贫困问题成为四重概念的叠加，即贫困地区、少数民族、贫困群体以及国家边疆。因此，西藏的贫困问题不仅仅具备单个个体特征，同时兼具政治、区域以及群体性特征。纵观西藏的发展历史，反贫困作为常规性活动，已经贯穿了西藏地区整个现代化过程，并成为中央政府西藏工作的重要组成部分。所谓贫困治理，就是"通过对贫困的界定可以识别贫困对象，分析贫困原因，进而采取干预行动"。② 扶贫/反贫困是以国家为背景的技术——现代化发展运动和发展干预的核心议题，也是国家性援助产业一直关注的内容。③ 干预手段是政府有针对性地实施反贫困政策与改革。从这个角度来看，自民主改革以来，西藏的贫困治理过程从宏观上反映了国家贫困干预政策的优化与不断演进。西藏具有双重非典型的"二元结构"特点，其贫困人口主要分布在广大农牧

---

① 王春光：《扶贫开发与村庄团结关系之研究》，《浙江社会科学》2014 年第 3 期。
② 王晓毅：《反思的发展与少数民族地区反贫困——基于滇西北和贵州的案例研究》，《中国农业大学学报》2015 年第 4 期。
③ 朱晓阳、谭颖：《对中国"发展"和"发展干预"研究的反思》，《社会学研究》2010 年第 4 期。

区，农牧民占据了西藏贫困人口的绝大多数。以国家为背景的经济发展活动和相应政策的制定与实施，有效遏制了西藏农牧区贫困的进一步扩散与蔓延。故此，以农牧区改革为切入点，可以较为全面地审视西藏贫困治理的历史进程。

学界历来有很多学者曾涉及农村贫困治理的研究，有学者很早就注意到了国家政策对农村贫困产生的深远影响。改革开放以前的诸多国家政策，例如城乡隔绝制度、不平衡的区域发展政策以及人口政策等，都加剧了贫困累积。[①] 改革开放以后，从地方政府行为来看，在《国家八七扶贫攻坚计划》（1994—2000年）实施期间，国家级贫困县虽获得了大量资金支持，但扶贫导致地方政府将财政资金更多地用到了有助于减少贫困的生产建设和公共服务方面，而非用于行政消费。[②] 自中华人民共和国成立以来，我国农村扶贫经历了长期的探索与实践过程，正是基于这些探索与实践，笔者认为研究西藏贫困治理必须做到历史与逻辑的统一。正如恩格斯指出的那样："按照已经得到的方法，可以采用两种方法：按照历史或者按照逻辑……历史常常是跳跃式和曲折前进的，如果必须处处跟着它，那就势必不仅会注意许多无关紧要的材料，而且还也会常常打断思路进程……因此，逻辑的研究方式是唯一适用的方式。但是，实际上这种方式无非是历史的研究方式，不过摆脱了历史的形式以及起扰乱作用的偶然性而已。"[③] 将历史和逻辑结合起来，才可以较为透彻地观察西藏农牧区贫困治理的演变进程。

一 西藏农牧区扶贫工作实践的基本历程

西藏现代社会经济的发展，是在实现了一个历史跨越后开始的，即

[①] 郜建立：《国家政策对农村贫困的影响》，《北京科技大学学报（社会科学版）》2002年第2期。

[②] 毛捷、汪德华、白重恩：《扶贫与地方政府公共支出——基于"八七扶贫攻坚计划"的经验研究》，《经济学》（季刊）2012年第4期。

[③] 《政治经济学批判》，《马克思恩格斯选集》（第二卷），人民出版社1972年版，第122页。

由于先进生产力与先进生产关系的切入，自然的社会历史进程中断，实现了跳跃式跨越。① 在西藏跨越式发展过程中，农牧区社会经济结构发生了巨大变化，这种变化最主要的动力来自国家宏观层面的改革措施。具体而言，在西藏和平解放后六十余年的发展历程中，西藏农牧区贫困治理在不同阶段呈现出不同的特点。关于西藏发展时期的划分，学界一直存在争议。有学者认为西藏共经历了四个主要时期，即和平解放时期、民主改革时期、十一届三中全会前的社会主义建设时期以及十一届三中全会后的改革开放时期；② 有学者认为，1980 年第一次中央西藏工作座谈会是划分西藏发展时期的主要依据③；还有学者认为，1952 年到 1959 年西藏社会的基本结构并没有出现重大变化，西藏全面而深刻的社会变革发生在 1959 年之后。④ 鉴于研究对象的特殊性，笔者将西藏农牧区贫困治理的发展历程主要划分为民主改革时期、社会主义建设新时期，重点梳理社会主义建设新时期的"治穷致富"阶段、"市场化"改革阶段以及农牧区"综合改革"阶段等不同阶段扶贫工作的发展脉络。

（一）民主改革时期的扶贫工作

1951 年，中央人民政府和西藏地方政府的全权代表签署了《关于和平解放西藏办法的协议》（因其有十七条内容又称"十七条协议"），这标志着西藏实现了和平解放。但是，对于西藏的农奴制度和封建统治，中央采取"六年不改"的政策，一直保持到 1959 年。1959 年 3 月，西藏上层反动集团在拉萨发动叛乱并出逃，中央决定终止在西藏实行的"六年不改"政策，开始进行民主改革。自此，西藏进入了社会深刻变革时期。

在民主改革之前，农业和畜牧业是西藏主要的经济生产活动，其中

---

① 孙勇：《西藏：非典型二元结构下的发展改革》，中国藏学出版社 2000 年版，第 28 页。
② 朱晓明：《改革开放给西藏带来历史巨变》，《人民日报》2009 年 1 月 24 日，第 7 版。
③ 王小彬：《经略西藏——新中国西藏工作 60 年》，人民出版社 2009 年版，第 225 页。
④ 北京大学社会学人类学研究所、中国藏学研究中心：《西藏社会发展研究》，中国藏学出版社 1997 年版，第 30 页。

"农业生产占四分之一，农牧生产占四分之三"①。西藏农牧业处于封建农奴制的控制之下，三大领主实际掌握着西藏绝大多数的耕地、草场、牲畜以及农奴。在1952年之前，西藏人均粮食产量只有135公斤②，然而其落后的农牧业却需要养活100多万人，其中1/10以上是喇嘛，同时还要供养一支数万人的军队以及近千名官吏。③ 而且，西藏的农牧业基本采用人力、畜力和简单工具，没有现代工业，落后的农奴制度也使得西藏农牧业始终停滞不前，农牧区长期处于贫困落后的状态。

民主改革进程中，党中央与西藏工委制定和颁布实施了一系列维护西藏农牧区稳定的政策文件。1959年4月4日，中央电复西藏工委《关于1959年在农区实施"谁种谁收"的政策》，要求"西藏工委在已平息叛乱的农区根据西藏农业生产的实际情况，为了不耽误农时，鉴于已没收了参叛外逃农奴主的土地等生产资料，于是以军管会的名义宣布由原耕种农民在当年实行'谁种谁收'的政策"。同年5月31日，中共中央与西藏工委颁布了《关于当前在平叛工作中几个政策问题的决定》，"制定了西藏民主改革的步骤，命令宣布废除旧的一切剥削制度，废除农奴的人身依附；命令实施减租减息政策，进一步强调'谁种谁收'政策及有关未参加叛乱贵族的生产资料参照内地对民族资产阶级的办法，实行赎买"。对于西藏牧区，西藏工委采取了区别对待的方式。1959年9月1日，西藏工委颁布了《关于牧区工作的指示》，规定"鉴于牧区个别地区出现的工作偏差，明确指出对牧区的生产资料采取不改变所有制、不进行分配的方针，即暂不进行民主改革；开展'三反两利'运动，保护牧业生产；各分工委要加强对牧区工作的领导"。针对贫困农牧民的发展问题，西藏工委专门颁布了《关于1960年农牧

---

① 黄万纶：《西藏经济概论》，西藏人民出版社1986年版，第155页。
② 西藏自治区统计局编：《西藏社会经济统计年鉴》，中国统计出版社1989年版，第211—218页。
③ 北京大学社会学人类学研究所、中国藏学研究中心：《西藏社会发展研究》，中国藏学出版社1997年版，第22页。

贷款工作的指示》，指出"贷款的对象为贫苦农牧民和手工业者，贷款的用途和目的是解决生产困难，贷款方法原则上是应发放实物及利息的有关规定"。通过梳理改革的一系列政策措施可以看出，中央政策与西藏工委颁布的各项政策的主要目的是维护西藏农牧区稳定，推动民主改革，巩固民族改革的成果，同时也为改变西藏农牧区贫困落后的状态奠定了坚实的政策基础。

从1961年民主改革基本完成到1965年西藏自治区正式成立，"稳定发展"的方针在西藏得到了很好的贯彻实施。1961年中央提出了关于西藏工作的"四·二一"指示，"在民主改革基本完成以后，西藏工作采取什么方针？是让劳动人民的个体经济稳定发展一个时期，还是马上实施社会主义改造？中央认为，今后西藏工作必须采取'稳定发展'的方针。从今年算起，五年以内不搞社会主义改造，不搞合作社（试点也不搞），更不搞人民公社，集中把民主革命搞彻底，让劳动人民的个体所有制稳定下来，让农（牧）民经济得到发展，让翻了身的农奴群众确实尝到民主改革给他们带来的好处"，"在西藏当前的具体情况下，所谓发展生产，主要就是发展农（牧）民的个体经济，不要害怕农（牧）民富裕起来，现在的问题正是应该使农（牧）民富起来。因此，我们在西藏一切政策的基础，就需要放在使农（牧）民富裕之上"。[1] 自西藏工作"稳定发展"的方针确定以后，西藏农牧区便出台了一系列政策。1963年3月1日，中共西藏工委正式下发了《关于农村若干政策的规定》（简称"农村26条"），主要内容就是稳定农民的个人所有制，扶助贫苦农民发展生产。同年中共西藏工委相应下达了《关于牧区当前若干具体政策规定》（简称"牧区30条"），主要内容是稳定牧民个体所有制和牧主所有制，尊重牧民的生产习惯，给予牧民生产自主权。

总体来看，在民主改革过程中，封建农牧制度被废除，农牧民个体所有制得以延续，农牧区经济得到了一定发展，农牧民的生活状况有所

---

[1] 《中共中央关于西藏工作方针的指示》，《党的文献》1994年第2期。

改善。据统计，1965年西藏粮食总产量达到2.9亿多公斤，较民主改革前的1958年增长88.6%，1965年西藏牲畜达到1800多万头（只），较1958年增长54.1%。①

（二）社会主义建设新时期的扶贫工作

西藏的社会主义改造历时十年（1966—1976年）。经过社会主义改造，西藏实现了人民公社化，建立了人民公社集体所有制，生产资料实行两级所有、队为基础的制度，生产经营管理实行集体经济和高度集中的计划经济管理体制。在此期间，由于受到极左路线的影响，虽然从1965年到1978年十四年间西藏的农业总产值从整体上说是增加了，②但是农牧区的集体经济依然发展缓慢，有的甚至有所下降。③十一届三中全会后，特别是中央第一次西藏工作会议（1980年）以后，西藏工作中心开始转移，着手考虑农牧区改革，调整生产关系，以适应生产力发展的要求，自此西藏农牧区贫困治理进入了新的历史阶段。

1. 西藏农牧区"治穷致富"阶段

1979年自治区和各地（市）、县成立了扶贫开发领导小组及相关办事机构，正式开展以生活救济为主体的扶贫工作。对于西藏农牧区整体而言，贫困治理的根本任务是推动区域经济的增长。1980年中央召开第一次西藏工作会议，会议的主要内容是结合西藏的区情，通过采取"放、免、减、保"等特殊政策让农牧民休养生息，发展农牧业生产，使农牧民尽快富裕起来。

在改革起步阶段，农牧民生产经营权改革是西藏农牧区改革的重要内容。实践证明，西藏农牧民生产经营权改革充分调动了农牧民的生产积极性，农牧民从中获取了大量的扶持与实惠，这使得农牧区的贫困局面得到了初步扭转。第一次西藏工作会议召开后，西藏党委和政府把生

---

① 旦增：《当代西藏简史》，当代中国出版社1996年版，第245页。
② 王小彬：《经略西藏——新中国西藏工作60年》，人民出版社2009年版，第222页。
③ 中共西藏自治区委党史研究室编：《中国新时期农村的变革·西藏卷》，中共党史出版社1997年版，第63页。

产经营权下放到了生产队、组、户。从1980年起，西藏各级政府不再向农区下达指令性的生产计划和种植计划，由生产队、组自行安排作物种植。从1980—1981年，西藏农区取消了五定一奖、季节性小段包工制度，把自主权下放到队组户，接着实行了包产到户制度，之后又实行了大包干制度。至1982年年初，农区已有93%的农户实施了包干到户制度。对于牧区，政府扶助牧民发展个体牧业，由牧民自己决定养殖自留畜的品种与数量。从1982年到1983年春，牧区实施了借畜还畜、仔畜分成的政策。1984年年初，牧区落实了仔畜归户制度。对于林区，政府下放了林地经营权，将国有林场的一部分划归集体经营。同时，在农牧产品流通领域，政府开放了集市贸易，允许社、队、组、户的产品在集市上议价贸易。除此以外，从1980年开始，一直延续至2000年，免征农牧业税收，取消一切形式的摊派任务，保障农牧区人民的基本供给。① 西藏农牧区经济体制改革促使西藏基本实现了"三年一小变"的目标，其中仅1980年农牧业总产值就比上一年增长了30%。② 1982年，西藏全区农牧民人均收入达到220元以上，比1979年净增93元。③

2. 西藏农牧区"市场化"改革进程中的扶贫工作

20世纪80年代中国政府加大扶贫力度，采取了一系列重大措施，成立专门的扶贫工作机构，安排专项资金，制定专门的优惠政策，在全国范围内开展了有计划、有组织、大规模的开发式扶贫活动。然而，由于西藏社会历史条件复杂、自然环境特殊、经济发展基础先天不足，西藏的贫困治理活动在时间、条件上无法与内地其他省保持一致，所以这一时期西藏农牧区贫困治理的主要内容依然是深化农牧区经济体制改革，推动农牧区经济发展。

1984年中央第二次西藏工作会议召开，会议的主题是研究如何发展

---

① 王小彬：《经略西藏——新中国西藏工作60年》，人民出版社2009年版，第234—236页。
② 《中共西藏党史大事记（1949—1994）》，西藏人民出版社1995年版，第255页。
③ 《西藏党史资料》1992年第2期。

西藏经济，如何让西藏农牧民富裕起来。会议决定进一步放开西藏的发展政策，确定了"一个解放""两个为主""两个长期不变""两个转变"的发展方针。其中"两个为主"就是"按照西藏发展水平和群众意见，在坚持土地、森林、草场共有制的前提下，实行以家庭经营为主、以市场调节为主的生产经营方针"。针对农牧区发展的"两个长期不变"则是"土地归户使用，自主经营，长期不变"、"牲畜归户，私有私养，自主经营，长期不变"，采用什么样的经营方式由农牧民自主决定。这些政策的实施极大地加快了西藏农牧区经济体制改革的步伐，同时也调动了农牧民发展生产的积极性，农产品的商品率有了较大幅度的提高。据统计，到1994年西藏牲畜出栏率已由20世纪80年代初的10%提高到17.9%，1993年西藏农畜产品的综合商品率已达24.08%，比80年代初期翻了一番。①

　　1994年国务院颁布了《国家八七扶贫攻坚计划》，这标志着扶贫工作正式进入攻坚阶段。同年中央召开了第三次西藏工作会议，明确了西藏治理贫困的主要思路。在贫困治理单位方面，1996年西藏自治区确定18个县为贫困县，占全区74个县数的24.32%，其中自治区级贫困县13个，国家级贫困县5个。在农牧民经营权方面，除了继续实行"两个长期"及免征农业税等政策以外，政府还鼓励个人开垦农田、荒滩、荒坡，种植农作物和植树、种草，实行"谁开发，谁经营，谁受益，长期不变，允许继承"的政策。对农用生产资料继续进行财政补贴，并逐步增加化肥资源和农用柴油指标。同时，政府还进一步将市场机制引入农牧区。1994年西藏自治区党委、政府发出《关于加快发展农牧业和农牧区经济的决定》（以下简称《决定》），《决定》的主要内容是：继续稳定和完善农牧区的各项基本政策，进一步健全统分结合的双层经营体制，加大结构调整力度，发展高产、优质、高效农业，建立健全社会化服务体系，

---

① 何勤勇：《西藏农牧区改革的历程主要成就及经验》，《西藏日报》2009年1月3日，第3版。

大力发展乡镇企业,实施科技兴农的发展战略,大力发展贸工农(牧)一体化经营,积极培育和建立市场体系。在西藏农牧区逐步构建农畜产品生产产业化、农牧产品流通市场化的市场经济体制,是西藏农牧区贫困治理方式由生产性治贫全面转向开发式治贫的主要途径。《决定》还指出:"现在搞市场经济,在牧区就要合理设置畜产品的批发市场,引导牧民进入市场,培育牧区的流通队伍,改变单纯追求牲畜头数为重点的牧业经济效益。"①

从实践来看,西藏各个地区结合自身特点探索贫困治理方式,成果十分显著。例如,山南地区全面减轻农牧民负担,使之休养生息,为增加收入提供经济保障,同时大力开拓市场并规范劳务市场,调整产业结构,提高农牧业产品质量,组织农牧民参与扶贫项目和基础设施建设;林芝地区以增加农牧民收入为目标,以资源为依托,以市场为导向,选择既有生态效益又有经济效益的产业,作为增加农牧民收入的支柱产业。②

3. 西藏农牧区"综合改革"时期的扶贫工作

进入21世纪以来,党中央、国务院把贫困治理放在更加突出的位置,制定实施了《中国农村扶贫开发纲要(2001—2010年)》(以下简称《纲要》)。《纲要》将西藏"作为一个特殊的集中连片的贫困地区加以扶持",并给予大量的优惠政策。特别是第四次中央西藏工作会议确定了新的西藏工作指导思想,将西藏确定为西部大开发重点地区之一,明确了跨越式发展目标,从此西藏经济由加快发展迈向了跨越式发展。同时,西藏农牧区的综合改革进入深化阶段,改革的重点是进一步提高农牧业的基础地位,提高农牧业的综合生产能力,主要措施是深化

---

① 肖怀远:《西藏畜牧业走向市场的问题与对策》,西藏人民出版社1994年版,第5页。
② 赵曦、周炜:《21世纪西藏农牧民增收的途径》,中国藏学出版社2004年版,第120页。

农牧区流通体制改革，开放畜产品、土特产品的价格和市场。[1] 2003年，西藏开始全面启动西藏农牧区税费改革试点工作，通过对涉农收费的清理、整顿和规范，进一步减轻了农牧民负担。2005年，中央12号文件再次明确了西藏农牧区经济发展的六项政策，而且在边境补贴、化肥补贴、良种补贴、粮食直补、农机补贴、牲畜出栏等方面制定了更多优惠政策，逐年加大补贴力度。在牧区草场经营权承包方面，中央在"两个长期不变"政策的基础上，又确立了"草场公有、承包到户、自主经营"政策。同时，西藏自治区党委、人民政府联合下发了《关于进一步落实完善草场承包经营责任制的意见》（藏党发〔2005〕），对西藏全区范围内的草场经营责任制的落实和完善工作进行了全面部署，并提出用3年时间基本实现冬春草场承包到户的目标。此时，西藏农牧区还陆续进行了粮食流通体制改革、农村基础设施管理体制改革、农村金融体制改革、林权制度改革以及农村综合改革试点等。

在农牧区综合改革全面深化的背景下，西藏贫困治理方式也发生了重要转变。"十五"期间，西藏制定了《中共西藏自治区委员会、西藏自治区人民政府关于"十五"期间进一步加强扶贫开发工作的决定》，把人均纯收入低于1300元的34个县393个乡镇作为重点扶持区域，把区域内的148万人口作为重点扶持对象。[2] 治贫对象也从原来的贫困县下移至农牧区乡镇，进行整乡推进，在2005年的基础上增加了10个整乡推进乡（镇），使整乡推进扶贫乡（镇）达到20个。与此同时，还在拉萨市选择了4个村，开展农牧区贫困村整村推进试点工作。[3] 截至2010年，西藏先后确定了61个整乡推进扶贫乡（镇），这些乡（镇）的经济总收入达到11.62亿元，实现了粮食总产量8985吨，油料总产量37吨，肉类总产量2.57万吨，奶类总产量2.0万吨，而且整乡推进乡（镇）的农牧民人

---

[1] 徐平、张群：《西部大开发与西藏农牧区的稳定与发展》，中国藏学出版社2012年版，第151页。
[2] 西藏社会科学院编：《中国西藏发展报告（2005）》，西藏人民出版社2005年版，第56页。
[3] 同上书，第50页。

均纯收入提高到3434.44元，增长速度高于全区平均水平。据统计，以农牧民人均纯收入1700元为标准，全区低收入人口由2005年年底的96.4万人减少到2010年的50.2万人，[①] 西藏农牧区贫困治理进入了一个全新的阶段。

二 西藏农牧区扶贫工作的经验与启示

西藏农牧区经过一系列改革，特别是在政府大规模实施贫困治理政策的情况下，贫困问题得到进一步缓解。据统计，西藏已经成功解决81万农村居民的温饱问题。农村尚未解决温饱问题的贫困人口由1994年的48万人减少到2000年的7万人，农村贫困发生率降至5%以下；重点扶持人口由2001年的148万人减少到2008年的23.5万人，贫困发生率降至10.6%。[②] 由此可见，西藏农牧区贫困治理取得了巨大成效。民主改革以后，特别是在20世纪90年代以后的农牧区改革进程中，西藏农牧区贫困治理实践积累了丰富的经验，总结这些经验，对当下西藏农牧区精准扶贫政策的制定和实施具有重要的借鉴意义。

第一，正视西藏农牧区的现实特殊性，制定符合西藏农牧区区情的政策与措施。正确认识西藏农牧区的现实特殊性是西藏扶贫工作开展的关键。中央在召开第一次西藏工作会议后转发的《西藏工作会谈纪要》明确指出："中央各部门都要注意了解、研究西藏的实际情况，根据那里的自然条件、民族特点、经济结构、各族人民的思想觉悟和生活状况制定有关工作的方针政策，实行具体指导。"这是中央第一次对西藏的现实特殊性进行初步概括，随后西藏农牧区便开展了以休养生息、发展生产、放宽政策、治穷致富为主题的思想解放运动。第二次西藏工作会议对西藏的现实特殊性进行了专门阐释和分析，这些阐释和分析可以归纳为五个方面，即"西藏是世界屋脊，高寒缺氧，地广人稀，地处祖国西南边

---

① 西藏社会科学院编：《中国西藏发展报告（2011）》，西藏藏文古籍出版社2011年版，第88页。

② 徐伍达、张伟宾：《西藏农村贫困问题研究》，《西藏研究》2009年第6期。

陲，交通不便，基本上长期处于封闭状态，过去数百年长期处于政教合一、僧侣和贵族专政的封建农奴制社会，在跨入社会主义以后，历史上遗留下的痕迹仍然很深"。西藏主体少数民族是藏族。在长期的历史发展过程中，藏民族形成了独特的心理素质、地域文化以及民族情感。而且藏传佛教深刻影响着藏民族。在近代，英帝国主义曾一度侵略西藏。这种状态直至西藏解放后才得以中止。但是，国外势力企图通过利用达赖一批人在西藏的影响，将西藏从我国神圣领土中分割出去，分裂中国。在清醒地认识到这些特殊情况后，西藏农牧区进一步调整和完善了农牧业的生产关系，确立了"两个长期不变"的政策，这是一种经营权与所有权分离的具有西藏特殊性的农牧业经营方式，极大促进了西藏农牧区经济的发展。

第二，大力扶持西藏农牧区发展，实施差别化的区域政策，调节扶贫资源的合理配置。西藏农牧区贫困治理的有效实现，都是以中央政策的大力扶持为前提的。自民主改革以来，西藏农牧区能够在极其恶劣的自然环境中帮助绝大多数贫困人口解决贫困问题，主要是依靠中央政府持续的政策干预。在西藏农牧区贫困治理过程中，党中央、国务院一直把缓解和消除西藏地区贫困问题作为义不容辞的责任。[1] 民主改革以来，西藏农牧区贫困治理经历了"农牧民生活救助——农牧业生产扶持——农牧区扶贫开发"等阶段，在各阶段政府均采取了财政补贴、特殊政策扶持等支援方式。以财政补贴为例，从1952年到1994年，国家给予西藏的财政补贴累计达192.0344亿元，占到了相应年份西藏地区财政总收入的99.89%。[2] 而且，中央扶持资金与政策均投入到了西藏农牧区贫困人口的生活救济、农业综合改革以及农牧业基础设施建设等方面。中央政府对西藏地区的大力支援，对缓解和消除西藏农牧区的贫困问题发挥了重要作用。但也有学者研究发现，中央的大力支援也给西藏地区的社会

---

[1] 赵曦、周炜：《中国西藏扶贫开发战略研究》，中国藏学出版社2004年版，第51页。
[2] 杨春伟、杨明洪：《民族地区扶贫开发：西藏案例分析》，《西部发展论坛》2005年第3期。

经济发展带来了消极影响。据统计，1952年至2005年，西藏社会运转的费用95%来自中央财政援助，中央财政补贴（累计1161.39亿元）占西藏财政总收入（累计1244.18亿元）的93.35%，中央财政补贴占西藏财政总支出（累计1214.02亿元）的95.66%。[①] 由此可以看出，在强有力的支援下，西藏地区自我发展能力反而减弱，越来越无法摆脱对中央政府财政支持的依赖。可见，输血式的补贴对落后地区发展的作用很可能不是边际递增，而是边际递减。

第三，深化农牧区社会改革，扩大开放，打破西藏"非典型二元结构"。西藏的本质问题是社会制度的改革问题。长期来看，在原有社会机制的作用下，无论是救济式扶贫还是开发式扶贫，很难打破西藏农牧区原有的封闭循环状态。这使得西藏农牧区的扶贫工作陷入了困境，即"投入多了，一般用于开拓荒地、建设农牧业基础设施；救济多了，可使贫困人口人均收入一时提高，极有可能成为刺激人口增长的动机，后果是贫困农牧民又回到低收入状态中，进入新一轮贫困与再投入的状态"[②]。西藏农牧区的贫困工作不能脱离原有的社会结构。民主改革以后，西藏农牧区社会既体现了新型社会机制的一面，又保留了原有社会经济机制的诸多形态，形成了一种特殊的双重二元结构。新型社会机制是改革开放以后的市场经济运行方式，原有社会机制是西藏民主改革前地域性经济的社会运行方式。在外部宏观上，西藏农牧区是在市场机制下运行的，而在微观层面，则表现出自然、自行、自给以及自立的种种形态，贫困户各行其是的意向比较突出。这种双重二元结构导致农牧区社会扶贫机制往往会参照两种不同的运行准则。因此，深化农牧区改革，实现社会运行机制转变，是农牧区扶贫工作开展的关键所在。一直以来，西藏实施了一系列政策措施，如生产方面的"两个长期不变"、农牧产品流通机制改革、农业综合开发等，民生方面的教育"三包""免费医

---

① 靳薇：《西藏援助与发展》，西藏人民出版社2010年版，第109页。
② 孙勇：《西藏：非典型二元结构下的发展改革》，中国藏学出版社2000年版，第29页。

疗"等,其根本目的就是从宏观上打破农牧区区域封闭性,以市场机制为主要运行方式,加强农牧区农村与城市之间的交流。同时,在微观上以扶贫项目为依托,通过交往、交流、交融,增强贫困农牧民的商品意识。

第三章 西藏精准扶贫的瞄准机制建立：国家意志与农牧民行为互动

"扶持谁"是制定并实施精准扶贫政策，必须要回答的基础性问题。从政策受众面来看，各群体存在不同的利益诉求。精确识别贫困人口是进行有效帮扶的前提与基础。瞄准扶贫群体，并实施针对性的对策是精准扶贫过程中的国家意志。将国家意志通过国家能力逐步渗透到西藏农牧民基层社会时，农牧民都会采取行动予以应对，并与之产生互动。本章将依照"事件—过程"法，展现在精准瞄准与识别中，不同政策参与者的行为策略过程及造成的后果。

第一节 论西藏扶贫瞄准的历史演进及其转向

精准识别、精确瞄准是当前我国精准扶贫政策的本质要求。2015年1月，习近平在云南考察时就指出："要以更加明确的目标、更加有力的举措、更加有效的行动，深入实施精准扶贫、精准脱贫，项目安排和资金使用都要提高精准度，扶到点上、根上，让贫困群众真正得到实惠。"[①]

[①] 习近平：《在云南考察工作时强调：坚决打好扶贫开发攻坚战 加快民族地区经济社会发展》，2015年1月21日，http://www.gov.cn/xinwen/2015-01/21/content_2807769.htm，2016年。

由此可见，扶贫瞄准的精细化是做好精准扶贫工作的要求之一。做好精准扶贫的关键是对贫困人群进行准确瞄准，这也是制定扶贫政策、实施扶贫项目的基础和前提条件。

一 扶贫瞄准讨论的缘起

如何提高扶贫的效率，实现"真扶贫""扶真贫"的目标，将扶贫资源有效地配置到贫困人群中去，一直以来都是一个世界性难题。一般而言，资源投入与扶贫瞄准是影响扶贫政策效果的两个直接因素。由于资源的稀缺性，扶贫资源的投入经常受到经济发展程度以及国家能力等诸多因素的影响。全球经济增长不景气，直接导致了学者们在讨论精准扶贫效率时更加关注扶贫政策的瞄准问题，厘清"谁是贫困者"以及"贫困的程度"成为实现扶贫资源有效配置的前提和基础，扶贫瞄准的重要性由此凸显。当下，如何提高扶贫项目及政策的瞄准效率，成为诸多学者特别关注的一个议题。

实际上，20世纪末关于扶贫瞄准机制的探讨就引起了广泛关注，这种情况是在西方发达国家财政紧张以及新自由主义扩张引起福利观变化的大背景下出现的。第二次世界大战以后，主流观点认为"社会而非个人才是贫困的主因，享受全面的福利保障是全体公民的基本权利"[1]，世界诸多国家特别是社会主义国家都纷纷建立了普惠型的社会福利体系。但是随着社会经济发展的转型，特别是在20世纪70年代新自由主义思潮的影响下，人们对国家、社会与市场之间的关系有了重新的认识，以边沁功利主义为理论基础的自由主义受到了质疑和挑战。而维护以人人绝对平等为前提的社会整体的善，直接导致了某些国家实施的福利政策演变成了"层级化的普惠"，即社会福利资源更加倾向于社会特定群体，例如城市居民、"工人贵族"等。因此，普惠式福利体系的理论基础和物质

---

[1] 代恒猛：《从"补缺型"到适度"普惠型"——社会转型与我国社会福利的目标定位》，《当代世界与社会主义》2009年第2期。

条件遭到了巨大削弱。20世纪80—90年代，在国家统揽式福利制度不断弱化的同时，"'工资福利制度'却在进一步普及"①。

在此背景下，扶贫政策瞄准的重要性更加凸显，扶贫政策的重点开始由普惠型向效率型转变。也就是说，扶贫政策的价值导向不再基于绝对平等思想，扶贫资源的分配也不再以"撒胡椒面"的方式进行，而是通过调查潜在受益者，按照相应的指标进行信息甄别，对特定的低收入群体给予不同程度的社会政策扶持与经济帮助，使贫困人口提高自我脱贫能力。因此，扶贫政策开始具有了差别化、选择性的特征。在扶贫政策转向效率型的过程中，如果能够保证绝大多数贫困人口获益，那就充分说明该政策的瞄准机制是有效的，反之，瞄准机制就是无效的。有研究认为，由于扶贫政策瞄准失效，直接加剧了社会的不平等。② 由此可见，扶贫政策的瞄准工作对于扶贫政策实施的成效来说是至关重要的。

二 西藏扶贫瞄准体系的演变

从我国扶贫政策的变化来看，扶贫瞄准大致经历了三个阶段，即"1986年至2000年，扶贫瞄准以区域瞄准为主，主要工作机制是确定贫困县；2001年之后，增加了村级瞄准机制；2005年以后，强调了农户瞄准，开始对贫困农户建档立卡"③。区域瞄准是西藏农牧区扶贫计划的主要特征之一。从整体来看，西藏扶贫瞄准的历史发展轨迹与全国大致趋同，同时也存在一些差异。总体而言，西藏的扶贫瞄准经历了整体区域瞄准、贫困县瞄准、贫困乡（镇）瞄准、乡（镇）和贫困户双重混合瞄

---

① 罗江月、唐丽霞：《扶贫瞄准方法与反思的国际研究成果》，《中国农业大学学报》（社会科学版）2014年第12期。

② Bejakovic P. For Protection and Promotion: The Design and Implementation of Effective Safety Nets, Margaret Grosh, Carlo del Ninno, Emil Tesliuc and Azedine Ouerghi, Washington, DC: The World Bank, 2008, p. 587. Journal of Heat Transfer, 2010, 103 (3): 429 – 435.

③ 李小云、唐丽霞等：《论我国的扶贫治理：基于扶贫资源瞄准和传递的分析》，《吉林大学社会科学学报》2015年第4期。

准四个阶段。

第一，以西藏区域为重点的整体瞄准。和平解放以后，一直到20世纪80年代中期，针对普遍性、全局性的贫困问题，西藏地区采取了整体区域瞄准的减贫政策。虽然不同的历史阶段，特别是农奴制度的旧西藏与社会主义初级阶段的新西藏都存在贫困问题，但是贫困程度和贫困原因却不尽相同。民主改革前期，西藏农牧区处于封建农奴制的统治之下，耕地、草场等生产资料全部被"三大领主"占有，其中封建政府占38.9%，寺庙占36.8%，贵族占24.3%。由于受到封建农奴制度的严重束缚和农奴主的超负荷剥削，西藏农牧区普遍处于极端贫困的状态。[①] 这一时期西藏的贫困是由落后的政治制度造成的。20世纪60年代，西藏的民主改革从根本上废除了封建农奴制度，消除了因土地、草场、牲畜等生产资料分配不均引起的贫困。在人民公社时期，因劳动和分配的平均主义，西藏农牧区的生产效率不高，贫困现象依然存在，而且贫困问题是普遍的、整体区域性的。换言之，强制性的积累机制和缺乏激励的"大锅饭"制度导致西藏农牧区的贫困面很大。20世纪80年代的农村经营体制改革打破了人民公社体制，极大地促进了农村经济的发展。虽然西藏与内地的社会经济情况有一定的差别，但是改革开放给西藏广大贫困农牧民带来了参与市场的机会，国家在实施救济措施的基础上，大力改革体制，试图以此实现西藏农牧区的整体减贫。

第二，以贫困县为重点的区域瞄准。1986年，我国第一次确定了贫困线标准，"以县为单位，1985年人均纯收入低于150元的县和人均纯收入低于200元的少数民族县；对民主革命工作做出过重大贡献，在海内外有较大影响的老区县，则放宽到年人均纯收入300元"[②]，并以资金和其他形式对这些贫困县进行扶助。国家以贫困县为单位，逐步建立起了以

---

① 白涛：《从传统迈向现代——西藏农村的战略选择》，西藏人民出版社2004年版，第177—178页。

② 李小云、唐丽霞等：《论我国的扶贫治理：基于扶贫资源瞄准和传递的分析》，《吉林大学社会科学学报》2015年第4期。

扶贫开发为导向的扶贫体系。自此,我国农村救济式的扶贫方式逐渐被开发式的扶贫方式取代。与此同时,扶贫开发的瞄准方式也由整体区域瞄准转向了以县为对象的区域瞄准。据统计,1988年我国确定了370个国家级贫困县,1994年国家第一次调整了贫困县的标准,"以县为单位,但是1992年年人均纯收入高于400元的原国家贫困县,一律退出国家扶持范围",国家级贫困县数量增加到592个。[①] 对于西藏而言,由单纯的救济式扶贫转向开发式扶贫有很大的难度,而且也不现实,因此在针对西藏各地差异、选择符合其特点的扶贫方式的基础上,积极向全国扶贫方式靠拢。直至1987年之后,西藏才确定了需要重点扶持的18个贫困县。从1994年至2000年,这18个贫困县的扶贫工作成为整个西藏地区扶贫工作的缩影。具体来看,这18个贫困县占西藏71个县的24.6%,其中由自治区确定的贫困县为13个,由国家确定的贫困县为5个。13个区定贫困县有贫困人口3.6万户、20.5万人,5个国定贫困县有贫困人口1.5万户、8.6万人。[②] 以县为瞄准对象,通过一系列有针对性的特殊开发和救助措施,1995年工布江达县率先脱贫,1998年18个贫困县农牧民人均收入达到1073元,人均口粮达到363公斤,分别比攻坚前增长了2.4倍和31.05%。[③]

第三,以乡(镇)为重点的单位瞄准。随着扶贫工作的不断发展,我国农村贫困问题呈现出了新的特点,即"大分散、小集中"。据统计,2000年生活在贫困县的绝对贫困人口占全国总贫困人口的54.3%,有大约一半的贫困人口生活在非贫困县。[④] 由此可见,再单纯地以贫困县为瞄准对象的话,将有近一半的贫困人口得不到相应的政策扶持和资金补助,因此导致的扶贫政策的漏出效应将更加明显。为了使贫困瞄准更加有效,

---

[①] 黄承伟、覃志敏:《我国农村贫困治理体系演进与精准扶贫》,《开发研究》2015年第2期。

[②] 赵曦、周炜:《21世纪西藏农牧民增收的途径》,中国藏学出版社2004年版,第118页。

[③] 同上书,第124页。

[④] 汪三贵、Park A.、Shubham Chaudhuri 等:《中国新时期农村扶贫与村级贫困瞄准》,《管理世界》2007年第1期。

2001年国家采取了贫困村瞄准机制，扶贫单位下移到行政村一级，并提出"扶贫要到村到户"，开始实施"整村推进扶贫工作"。据统计，2001年全国确定了14.81万个贫困村作为重点扶贫对象，占全国行政村总数的21%。这些贫困村分布在全国1861个县（区、市），覆盖了全国80%的农村贫困人口。①

"十五"期间，党中央、国务院将西藏作为特殊的集中连片的贫困地区加以扶持。然而与全国扶贫瞄准工作不同的是，西藏确立了以乡（镇）为瞄准对象的扶贫工作体系。西藏根据《中国农村扶贫开发纲要（2001—2010）》的精神，并结合农牧区的发展实际，制定了《中共西藏自治区委员会、西藏自治区人民政府关于"十五"期间进一步加强扶贫开发工作的决定》，把人均纯收入低于1300元的34个县、393个乡（镇）作为重点扶持区域，把148万人作为扶持对象。② 在此基础上，西藏扶贫部门在"十一五"期间又确定了200个重点扶持乡（镇），目标是使100万重点扶持人口脱贫。同时在重点扶持乡（镇）中又选择了60个乡（镇）实施扶贫开发推进工程，通过面上扶贫、定点帮扶、社会参与等方式加大对140个重点扶持乡的扶持力度。③ 为了保证和全国扶贫工作方向一致，西藏在开展以乡镇为单位"整乡推进扶贫工作"的同时，也在试点村推进"整村推进扶贫工作"。据统计，2007年实施整乡推进扶贫工作的乡镇有30个，较2006年增加了10个，整村推进扶贫试点村有4个。④ 截至2010年年底，西藏先后确定了61个整乡推进扶贫乡镇和4个整村推进扶贫试点村，共划拨财政扶贫专项资金2084万元，整合援藏和行业部门资金5.14亿元，实施整乡推进扶贫项目580个，极大地促进了贫困乡

---

① 黄承伟、覃志敏：《我国农村贫困治理体系演进与精准扶贫》，《开发研究》2015年第2期。
② 西藏社会科学院编：《中国西藏发展报告（2005）》，西藏人民出版社2005年版，第56页。
③ 同上书，第49页。
④ 同上书，第80页。

镇经济社会的快速发展。①

  第四，以乡（镇）和贫困户为重点的双重瞄准。当前我国进入了全面建设小康社会的扶贫攻坚阶段，巩固温饱、重点解决贫困人口的发展能力问题成为全国扶贫工作的重点。从党中央、国务院制定的《连片特困地区区域发展与扶贫攻坚规划（2011—2020 年）》中可以看出，为了应对我国贫困地区连片的整体性问题，国家超越了以县为对象的资源瞄准机制，开始瞄准特定贫困区域。同时在微观层面，扶贫资源的配置进一步下沉至贫困人口的个人层面，以构建精准扶贫机制，即"按照县为单位、规模控制、分级负责、精准识别、动态管理的原则，对每个贫困村、贫困户建档立卡，建立全国扶贫信息网络系统"②。作为集中连片的贫困地区，西藏在 2011年就实现了从区域帮扶到到户帮扶的转变。西藏扶贫部门紧紧瞄准"两项制度"，有效衔接识别贫困人口，根据贫困户的发展需求，按照"缺什么补什么"的原则，积极实施到户帮扶。按照年初提出的资金到户率要达到60%的要求，落实到户项目 581 个、到户资金 41817 万元，占全年国家投资的 60.3%；全年实施到户帮扶 4.7 万户 20.2 万人。③此外，西藏农牧区继续实施整乡推进项目，2011 年在全区 7 个地区、66 个县的 80个乡镇实施整乡推进项目 359 个，国家投资 19263 万元，集合资金 39800万元。④ 2014 年，西藏着力瞄准建档立卡扶贫对象，继续实施整乡推进、到户帮扶、面上扶贫政策，实施整乡推进项目的乡镇增至 189 个，投资总额达到 155271 万元。⑤ 由此可见，近些年来西藏地区的扶贫工作是在整乡推进与到户帮扶双重扶贫瞄准机制下进行的。

---

  ① 西藏社会科学院编：《中国西藏发展报告（2011）》，西藏藏文古籍出版社 2011 年版，第 89 页。
  ② 黄承伟、覃志敏：《我国农村贫困治理体系演进与精准扶贫》，《开发研究》2015 年第 2 期。
  ③ 西藏社会科学院编：《中国西藏发展报告（2012）》，西藏藏文古籍出版社 2012 年版，第 88 页。
  ④ 同上书，第 87 页。
  ⑤ 西藏社会科学院编：《中国西藏发展报告（2015）》，西藏藏文古籍出版社 2015 年版，第 221—222 页。

三　西藏扶贫瞄准的三重转向

从西藏扶贫瞄准演变的过程中我们可以发现，随着不同阶段扶贫瞄准对象的变化，扶贫目标、扶贫内容以及扶贫策略都会发生相应的变化，而这些变化都是从瞄准对象开始的。具体而言，西藏农牧区扶贫瞄准有以下三重转向：

第一，扶贫瞄准的目标转向。西藏扶贫经历了从整个自治区到特定区域县，再下沉至具体乡（镇），最后细化至个别贫困户的过程，即由普遍化到区域化再到具体化的过程。从扶贫工作的运行机制来看，当前西藏扶贫工作实际上是县域瞄准、乡镇瞄准和农户瞄准三级瞄准机制在共同发挥作用，只不过在时序上西藏扶贫瞄准对象及扶贫单元正在不断向基层延伸并逐步细化。在具体配置扶贫资源的过程中，县级是主要依据，而贫困乡镇和农户是获取扶贫资金项目的主体。从历史进程的角度来看，和平解放后一直到改革开放之前，西藏扶贫工作的主要目标是解决贫苦农牧民的温饱问题，主要任务是对整个西藏地区进行全面救济，而扶贫对象是全体农牧民，并没有具体到特定区域或某一特定群体。《国家八七扶贫攻关计划》完成后，在巩固温饱成果的同时，西藏扶贫开始对特定县进行区域性瞄准。在扶持贫困县的过程中，西藏扶贫工作将县域扶贫与贫困农牧民家庭和特定贫困群体（残疾人及其他丧失劳动能力的贫困人口）扶贫结合起来。2000年之后，西藏开始将扶贫瞄准对象下沉至乡（镇），但未到行政村，这可能是考虑到了西藏自身扶贫能力不足等原因。不过从全国的实践情况来看，"与县级瞄准相比，村级瞄准的错误率更高，2001年贫困县瞄准的错误率是25%，而贫困村瞄准的错误率为48%"[①]。由此可见，贫困村瞄准并没有实现对贫困人口的精确瞄准，总体效果不佳。因此，西藏采取了整乡扶贫推进的方式，有效提高了扶贫

---

① 汪三贵、Park A.、Shubham Chaudhuri 等：《中国新时期农村扶贫与村级贫困瞄准》，《管理世界》2007年第1期。

瞄准效率。特别是进入精准扶贫阶段以来,在继续实施"整乡扶贫工作推进"的基础上,西藏将扶贫对象明确到了具体的贫困人口。

第二,扶贫瞄准的角度转向。西藏扶贫工作经历了从直接瞄准到直接与间接相结合瞄准再到间接瞄准的过程。顾名思义,所谓直接瞄准,就是将扶贫资源直接用于扶贫。这种方式可以直接作用于特定区域,也可以直接作用于贫困人口。所谓间接扶贫瞄准,则是利用非反贫困的资源与政策,在一定程度上改变贫困状况。① 在改革开放的前几十年中,西藏形成了以政府为主导的救济型扶贫工作模式。这种输血型扶贫模式的主要做法是,中央政府对西藏投入大量资金,组织广大农牧民进行农田、水利、草场等基础设施建设;发放低息、无息贷款,开展生产、生活救助;选育和引进良种,推广化肥、农药、新式农具和农牧业实用技术,改善农牧民的生产和生活条件。② 资金和物质等扶贫资源的输入,极大地改善了西藏地区的基础设施,提高了贫困人口的经济收入,而这种扶贫模式也产生了一定的负面效应,滋生了贫困人口的"等、靠、要"思想,导致贫困人口自我发展能力降低。对于西藏集中连片的地区,要实现从直接瞄准到间接瞄准的转向难度特别大,因此在《国家八七扶贫攻坚计划》完成以后,西藏并没有完全摆脱间接瞄准的扶贫方式,而是采取了"以生产扶持为主,生产与救济相结合"的方式。21 世纪后,西藏的扶贫方式开始转向间接瞄准,但依然是以直接瞄准为基础,有步骤地转向间接瞄准的扶贫方式。例如,推行新型农牧民合作医疗、社会养老保险,促进劳动力转移,开展技术培训,发放小额信贷等。在当前精准扶贫的背景下,西藏扶贫开始建立直接瞄准机制,以建档立卡的形式摸清贫困人口致贫原因及贫困程度等信息,通过扶贫资源的靶向定位,扶助贫困家庭的贫困人口直接脱贫。

第三,扶贫瞄准的资源转向。西藏扶贫经历了从瞄准经济资源到瞄

---

① 许源源、苏中英:《中国农村扶贫瞄准的历史演变》,《老区建设》2007 年第 4 期。
② 赵曦、周炜:《21 世纪西藏农牧民增收的途径》,中国藏学出版社 2004 年版,第 108 页。

准自然资源再到瞄准社会资源的过程。从时序来看,在解决西藏贫困人口温饱阶段,为了有效遏制贫困问题,中央政府给予了西藏特殊的"扶持政策",直接为贫困人口提供资金和物质等经济资源,这种典型的经济资源瞄准的目的就是要解决贫困人口缺吃、缺穿、缺住、缺劳动工具等现实问题。《国家八七扶贫攻坚计划》的实施,重点就是要解决贫困人口的温饱问题,西藏除了定期投放扶贫救济金外,更多的是加大了扶贫开发力度。研究显示,"自发解决温饱率与农业总产值增长率的相关系数为0.6,即农业总产值每增加一个百分点,绝对贫困率就下降0.6个百分点"[1]。基于农业产业发展与贫困问题高度相关的认识,西藏开始引入市场机制,加大了对第二、第三产业的开发。从现实情况来看,西藏的扶贫开发在瞄准经济资源的同时,也是在变相掠夺自然资源。在具体实践中,扶贫开发政策俨然是在变相鼓励地方政府盲目将自然资源开发变成增加地方收入的支柱产业。这种瞄准自然资源的扶贫方式大行其道,有些是地方政府政策推动的结果,有些是为了脱贫的无奈之举,但这些是不可持续发展的,直接导致了生态环境的恶化,例如森林资源被滥砍滥伐、草场资源面临着牲畜超载问题、矿产资源被过度开采等。正是为了改变这种以牺牲自然资源为代价的扶贫方式,维护生态安全,西藏的扶贫方式开始从瞄准自然资源转向瞄准社会资源,主要表现为教育扶贫、科技扶贫及卫生扶贫,如推动西藏农牧区公共服务实现均等化,促进农牧区劳动力转移,开展产业技术培训等。

通过分析西藏"扶贫瞄准"的历史性演进及转向过程我们可以看到,西藏的"扶贫瞄准"经历了一个不断细化的过程,即由治理普遍性的绝对贫困到治理区域性的局部贫困,最后到治理微观的个体贫困。在这个过程中,西藏的"扶贫瞄准"转向也进行了相应的调整,从扶贫瞄准的目标、扶贫瞄准的角度以及扶贫瞄准的资源三个方面着力解决

---

[1] 白涛:《从传统迈向现代——西藏农村的战略选择》,西藏人民出版社2004年版,第186页。

面上贫困、救济式扶贫、开发性扶贫、精准扶贫出现的一系列问题。从"扶贫瞄准"的三重转向可以看出,每一次"扶贫瞄准"调整及扶贫方式改变,都映射出扶贫政策的制定者和反贫困研究者对西藏贫困问题以及对扶贫政策内涵与框架新的认识和理解,同时还有对既有的扶贫政策所暴露出来的问题给予的回应。与此同时,西藏地区的"扶贫瞄准"也有一个动态演化的过程,在不同的扶贫阶段,每一种扶贫瞄准机制均有其对应的治理效果,但是随着贫困人口不断变动,贫困问题不断演化,扶贫瞄准机制必定会做出一定的转向与调试,以应对日益复杂的西藏贫困问题。

第二节 "建档立卡":西藏农牧区贫困户的识别与瞄准过程

"建档立卡"包括两个部分,"建档"是指建立贫困村、贫困户的电子信息档案;"立卡"是指统一填写《贫困手册》。从作用来看,"建档立卡"是扶贫精准瞄准的主要载体,同时也是当前精准扶贫政策有效实现的制度基础。为了确保政府扶贫政策不出现"脱靶"现象,实现精准扶贫对象有效识别,西藏扶贫部门建立了一整套的贫困识别方法与工作机制。笔者将从西藏农牧区的精准识别、建档立卡过程以及在贫困瞄准过程中出现的负面现象三个方面进行分析。

一 贫困户"建档立卡"工作启动

所谓的"建档立卡"就是对贫困进行精确的瞄准与识别,对贫困户进行有效的信息动态管理,以便提高扶贫工作效果。"建档立卡"作为一项重要制度,对精准扶贫政策的实施具有基础性作用。这也是政府为了摆脱以前扶贫资源浪费、扶贫对象靶向不准的有益尝试。

(一)"建档立卡"政策的建立与完善

从"建档立卡"政策演进来看,早在 2005 年国务院扶贫办就出台了

《关于进一步加强贫困人口建档立卡和扶贫活动动态监测工作的通知》（以下简称《通知》）。《通知》要求，全国各地依据国家规定的贫困线，开始对贫困人口进行有效识别，并建立有效的信息档案。但是从实践来看，由于受到扶贫资源限制，虽然建立了贫困户信息档案，但是扶贫资源并没有依据档案来进行配置，造成贫困户对政府扶贫资源的期待与现实产生了很大的落差。因此，此次对贫困户"建档立卡"并没有发挥应有的作用。2009年国务院扶贫办联合民政部门就扶贫开发政策与最低生活保障政策（简称低保），开展了有效衔接的试点工作。此次试点工作的核心内容就是通过建档立卡对全国的贫困对象进行识别，将贫困人口划分为：低保对象、扶贫对象、低保的扶贫对象。此试点工作开展后，进一步梳理了农村不同资源的受益群体，为后续地方扶贫工作的开展奠定了重要政策依据。2011年国家颁布了《中国农村扶贫开发纲要（2011—2020年）》，其中就明确规定要"建立健全扶贫对象识别机制，做好建档立卡工作，实行动态管理，确保扶贫对象得到有效扶持"。这是我国进入扶贫开发新阶段以来，中央对扶贫工作提出的新要求。因此，精准扶贫的核心要义就是要做到扶贫对象精准。笔者认为，精准扶贫的关键是明确"扶持谁"的问题，确定究竟谁才是需要帮扶的贫困者。这既是精准扶贫的重点，同时也是难点。

2013年，《中共中央办公厅国务院办公厅印发〈关于创新机制扎实推进农村扶贫开发工作的意见〉的通知》（以下简称《通知》），《通知》要求"各省（自治区、直辖市）在已有工作基础上，坚持扶贫开发和农村最低生活保障制度有效衔接，按照县为单位、规模控制、分级负责、精准识别、动态管理的原则，对每个贫困村、贫困户建档立卡，建设全国扶贫信息网络系统"。截至2013年年底，全国基本完成了对贫困户及人口的建档立卡，并将这些信息输入全国扶贫系统，同时调整了脱贫贫困户的基本信息。2014年国务院扶贫办印发了《扶贫开发建档立卡工作方案》的通知（国开办发〔2014〕24号），对贫困户、贫困村、贫困县和连片特困地区的建档立卡方法和步骤进行了明确规定。鉴于在具体的

"建档立卡"政策实施过程中,出现的贫困识别不准的问题,2015年国务院扶贫办专门开展了建档立卡"回头看"工作,要求全国各地对建档立卡的贫困户进行进一步识别,防止出现贫困识别错误,即将需要帮扶的贫困户没有纳入扶持体系,反而错误地将非贫困户纳入的现象。

从西藏精准扶贫过程中的建档立卡来看,总体而言,自治区扶贫办按照"瞄准对象,突出重点,有进有退,动态管理"的原则,完成了全区2300元以下低收入人口的建档立卡工作,建立了贫困户电子档案管理系统,及时更新了年度进退扶贫对象信息。坚持"工作到村、扶贫到户"的原则,实行差别化扶贫政策,2013年扶贫项目到户帮扶9.8万户、45万人。①

(二)行政村"建档立卡"领导小组成立

按照国务院扶贫办的要求,在对贫困户进行建档立卡工作的时候,是在"县扶贫办和乡镇人民政策指导下,按照分解到村的贫困人口规模"进行的。因此,首先从西藏自治区扶贫办开始依次至县扶贫办,分别召开了精准扶贫动员会议,会议的主要内容就是传达"建档立卡"工作的主要方式方法、步骤、时间及要求,同时拨专款用于"建档立卡"工作的支出。在西藏农牧区行政村,基本形成了以工作队队长为组长的精准扶贫领导小组的架构。以西藏林芝市朗县仲达镇W村为例,该村为了顺利推进扶贫开发建档立卡工作,帮助贫困户提高发展能力,增收脱贫,经村"两委"、朗县民政局驻W村工作队研究,决定成立W村"精准扶贫"工作领导小组。领导小组的组织架构为,设领导小组组长一名,由该村村党支部第一书记、工作队队长担任;设领导小组副组长三名,由该村的党支部书记、村委会主任以及驻村副队长担任。而小组的成员是村委副主任、村两委委员、村妇女主任以及驻村工作队队员等。一般而言,西藏农牧区村"精准扶贫"领导小组的组长或副组长比较固定,都是由驻村工作队队长、村支部书记或村委会主任担任。而领导小组的成

---

① 西藏社会科学院编:《中国西藏发展报告(2014)》,西藏藏文古籍出版社2014年版,第202页。

员则不会固定，有些村庄直接从村两委成员、驻村工作队成员或村民小组组长中筛选，也有些行政村为了使领导小组更具代表性，更加体现民意，会从村庄不同群体中遴选出小组成员。

领导小组分工比较明确，驻村干部主要是负责对政策解读，起草各种村庄扶贫工作的规定及汇报材料，同时负责与乡镇政府扶贫部门的协调与沟通，尽可能多地为村庄争取更多的扶贫名额和扶贫项目资源。而村支部书记和村主任则配合驻村干部展开精准扶贫调研以及实施扶贫项目。在调研中，我们发现，在西藏农牧区驻村干部发挥了主导性作用，而村支部书记和村主任则会尽量去配合。不过二者的关系有时候也会变得非常微妙，我们在拉萨市当雄县宁中乡调查时，与一名第一书记交流的时候，他说：

> 当初我刚大学毕业工作，单位就派我来驻村，做第一书记，刚下来那会各项工作开展特别难，一是因为没有工作经验，对各项工作都还不熟悉；二是村干部也不怎么配合。主要是他们害怕我来了对他们的位置（指权力）构成威胁。不过通过慢慢的工作接触，进一步沟通和了解，基本上跟他们建立了和谐的工作关系，村上有什么事情他们一般都来找我，老百姓也会来找我，后面的工作也就变得顺畅起来。

由此，我们发现，在精准扶贫工作开展的过程中，驻村干部或第一书记与当地村干部的关系是影响该村精准识别工作开展的重要因素。二者缺一不可，驻村干部掌握着对政策的解读和话语权，同时还是争取名额和资源的主体；村干部则控制着村庄的社会资本，通过个人威望可以调动社会资源。在农牧区问卷调查的时期，我们进村入户时，驻村干部一般都会帮我们联系村干部，因为只有他们才真正了解这个村庄。可见，西藏农牧区的驻村干部和村干部是一种和谐共生关系，而且他们在"建档立卡"工作中的分工也不同，有人负责宣传、动员，有人则入户走访、精准识别，还有人负责数据录入等。

（三）"建档立卡"的政策宣传动员

"建档立卡"工作的开展离不开贫困户的广泛参与和支持。因此，西藏农牧区基层村庄都通过多种宣传形式对"建档立卡"工作进行宣传动员。这些形式包括召开全村村民大会、发放关于精准扶贫、建档立卡的宣传材料，在村庄内部比较显眼的位置张贴标语等形式。广泛宣传动员的目的，一是使精准扶贫政策家喻户晓，深入人心；二是通过广泛宣传调动提高农牧民参与建档立卡的积极性。

1. 召开全体村民大会，传达相关政策内容。按照精准扶贫工作要求和部署，西藏农牧区各级乡镇政府，都为精准扶贫工作过程中的建档立卡工作做了要求。为了使建档立卡工作能够顺利完成，以县级为单位，西藏自治区都对负责精准扶贫的专干进行了人员培训，特别是乡镇一级的扶贫专干。村民动员大会的主要内容是对精准扶贫工作中的建档立卡的主要性质、目的、内容，以及主要方法进行说明。从工作要求来看，以西藏那曲地区班戈县为例，该县在宣传"建档立卡"时，要求做到"五清"，即一是"底数清"，通过摸清楚贫困户家庭基本状况、收入来源及水平，特别是致贫原因等基本情况，建立基础档案；二是"问题清"，主要是摸清帮助贫困户脱贫的方法以及重点需要解决的主要困难，建立问题明细卡；三是"对策清"，主要是依据贫困户面临的迫切需要解决的主要问题，寻找帮扶措施，制订帮扶计划；四是"责任清"，防止相关政府部门的相互"扯皮"，将贫困户直接与帮扶单位、帮扶干部挂钩，实行"定户定人定时定责帮扶，不脱贫不脱钩"的"四定两不"方法；五是"任务清"，确定脱贫时限，视贫困户情况，制订脱贫计划。从现实宣传动员效果来看，出现的效果呈两极化特点，一方面农牧民的积极性很高，特别是那些渴望纳入扶贫体系的贫困户，特别配合建档立卡工作；另一方面则是有些农牧民反映比较冷漠，这样的贫困户多以缺少发展潜力居多，例如五保户等。此外，在西藏农牧区农村的有些地方也会出现一定的问题，比如"建档立卡"宣传形式化，宣传不够深入。笔者在具体访谈过程中，当问及"建档立卡"工作时，出现了有些贫困户称不了解、不知道等情况。不过其中的原因也是多方面的，有些村干部就会苦恼，他们经常一脸无奈地说：

> 现在工作越来越不好开展了，不像前几年。这些老百姓聪明得很，只要一听说是发东西或者发钱，跑得比谁都快；但是一听说开会，拉都拉不过来，总会找出不来开会的理由。而且有些老百姓就会撒谎，昨天明明刚宣传过，材料都发下去了，今天一问，就直接说不知道或者干脆说没有给。还有就是，多数老百姓都挣钱去了，外出打工的很多，在家留守的都是一些老年人，汉话也不怎么会说，听又听不懂，难办呀。

2. 标语宣传动员，精准扶贫政策进村上墙。标语宣传动员一直以来是党和国家政治宣传的重要手段。"标语口号是中国共产党用以唤起民众、鼓舞斗志、指引航向的政治旗帜和政治号角。"[①] 标语与口号"将一定时期党和国家的路线、方针、政策等概括浓缩为简明扼要的句子，来引领社会发展，动员激励社会力量朝既定的方向努力，从而争取达到预期效果"[②]。通过既有的动员模式，在精准扶贫工作中，自然也不会缺少此种方法。从宣传形式来看，西藏农牧区的口号与标语一般采用朴实、通俗易懂的语言，由藏汉双语组成。从宣传内容来看，涉及西藏精准扶贫的意义，如"消除贫困改善民生实现共同富裕"；还有内容涉及精准扶贫的激励口号，如"扶贫济困靠大家温暖人心你我他扶贫攻坚推进民生工程"；也有涉及精准扶贫工作方式、方法内容的，例如"精准扶贫到户到人发展产业齐心脱贫""关爱贫困人口关心扶贫事业创新扶贫机制助推

---

① 厉有国：《政治资源建设视阈下中国共产党打造和变革标语口号的历程与经验》，《信阳师范学院学报》2011年第1期。
② 韩承鹏：《标语与口号：一种动员模式的考察》，博士学位论文，复旦大学，2007年，第1—5页。

产业发展"等。关于精准扶贫口号与标语的宣传,引起了农牧民对精准脱贫工作特别是"建档立卡"工作重要性的注意,从而为更好地动员西藏农牧区贫困户参与扶贫活动,营造了良好的社会舆论环境。

3. 确定帮扶责任人,确保"建档立卡"入户、到人。为了确保精准扶贫政策以及"建档立卡"工作顺利开展,西藏农牧区每个人都设立了扶贫责任人,要求责任人走村进户,宣传精准扶贫政策。我们通过对西藏农牧区63个行政村的调查来看,有明确责任领导人的村庄为61个,占有效样本的96.8%。有明确每户帮扶责任人的村庄为60个,占有效样本的95.2%。责任人在村公布的村庄为60个,占有效样本的95.2%。责任村坚持到户开展帮扶的村庄为57个,占有效样本的90.5%。由此可知,西藏农牧区贫困村帮扶责任落实情况较好,责任明确、政务公开。

表3—1　　　　2016年西藏农牧区贫困村灾后责任落实情况表　　　单位:个、%

有明确的责任领导人	频数	比例
是	61	96.8
否	2	3.2
总计	63	100.0
有明确每户帮扶责任人	频数	比例
是	60	95.2
否	3	4.8
总计	63	100.0
责任人在村公布	频数	比例
是	60	95.2
否	3	4.8
总计	63	100.0
责任村坚持到户开展帮扶	频数	比例
是	57	90.5
否	6	9.5
总计	63	100.0

第三章 西藏精准扶贫的瞄准机制建立

从责任人入户的频数调查来看，0次、5次以下、6-10次、11-15次、15次以上的村庄数分别为16个、31个、7个、5个、2个，其占比分别为26.2%、50.8%、11.5%、8.2%、3.3%。由上述数据可知，贫困村责任到户帮扶工作次数以5次以下为主。由此可以看出，这从根本上说明绝大多数的村庄已经开展了精准扶贫责任到户活动。

表3—2　　　　2016年西藏农牧区贫困村责任到户
帮扶工作次数情况表　　　　单位：个、%

责任到户帮扶工作次数	频数	比例
0	16	26.2
5次以下	31	50.8
6-10次	7	11.5
11-15次	5	8.2
15次以上	2	3.3
总计	61	100.0

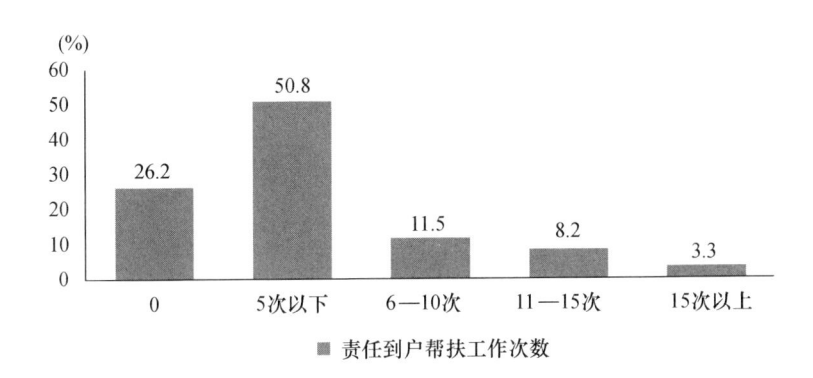

图3—1　2016年西藏农牧区贫困村责任到户帮扶工作次数情况图

总体而言，西藏农牧区"建档立卡"的前期工作共包括四个部分，分别为：成立组织、制定方案、宣传动员以及设立责任人等。如图3—2所示。

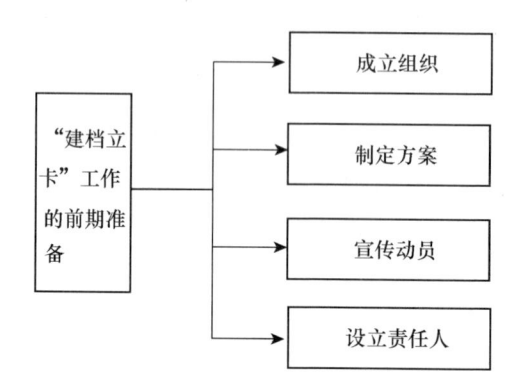

图 3—2　"建档立卡"工作前期准备内容示图

二　贫困户"建档立卡"工作全面开展

西藏农牧区"建档立卡"工作的全面开展主要包括八个环节。首先由农户提出申请，村庄精准扶贫办公室人员对提出申请的农牧民进行入户调查，依据调查情况，村庄小组评议，确定贫困户名单，并在组内公示。公示完成后，贫困户名单由村庄"两委"审核。审核完毕，再由乡镇对贫困户名单进行审核审批，最后县级扶贫办审核。由县扶贫办将审核后的贫困户基本信息录入数据库。从以上过程可以看出，西藏农牧区建档立卡工作实地开展过程中可能存在一定的差异、略有不同，但是基本内容都是包括三大主要环节，即申请、识别、审核。具体来看：

（一）抢戴"贫困户"帽子

在西藏农牧区，确定为贫困户不仅代表着贫困户可以获取一定的补贴，还享有针对不同贫困户，依据其致贫原因所给予的针对性扶贫政策，并实施特殊的项目扶持。这些是非贫困农牧民无法享受到的。更重要的是，西藏农牧区扶贫政策与其他福利性政策相配套，例如贫困户的孩子上学，就可以享受考试加分等优惠政策。这对于其他非贫困户而言，是一个非常大的诱惑。由此可以看出，在特殊扶持政策的诱导下，贫困户成了一种福利身份，而且农牧民都抢着戴"贫困户"帽子。笔者在西藏农牧区实地调研中，驻村干部跟我们讲述，改革开放之前，农牧民对贫困概念比较薄弱，而且在扶贫过程中，农牧民对收到的扶贫物资不是特别依赖，没有产生严重的"等、靠、要"思想，但是当温饱问题基本解决，特别是伴随市场经济的引入，相对贫困问题产生，国家也加大了贫困开发政策的力度。在此过程中，农牧民逐渐形成了对国家扶贫政策的依赖，对乡镇政府的依赖。因此，在农牧民申报贫困户的过程中，有些农牧民就学会了"诉苦"。笔者在林芝地区朗县半农半牧地区的农村调研时，就发现了这样一个案例。村干部带我们入户做问卷调查，调查完该村一组以后，数据采样已经基本完成，但是村干部一再强调要去该村的其余三组做问卷调查，笔者很是迷惑，就问原因，该村的村干部说：

你们必须要去，如果不去的话，下次我们村开村委会的时候，村民就不会来了，我们就没法召集村民了。你们可能不知道，现在我们村的情况是这样的，如果你去了一家走访，而没有去另外一家，村民就会直接找过来问，为什么没有去他们家，他们家也很穷，也有很多困难。他们认为这是不公平的，就算他不在家，你也要电话通知他有这样一件事情（指的是贫困户入户调查），即便是他不能及时赶回家，也要找熟悉他家情况的人帮他代转述。

由此可以看出，现在农牧民对于扶贫政策的简单认知就是"发钱""给东西"。基于这样的认识，只要是扶贫，每家每户都想从中分一杯羹，无论家庭条件或贫或富，都想利用贫困户这身份获得政策支持和物质补助。甚至在争戴"贫困户"帽子的时候，整个村庄农户与农户之间矛盾不断，有时候由农户之间的矛盾转变为村庄与乡镇政府之间的矛盾。我们在调研中，一位驻村干部就说，由于贫困户指标限制，户与户之间经济条件都相差无几，最后村民便到镇上反映情况，认为要么大家都是贫困户，要么干脆取消贫困户的认定。最后，驻村干部又开始重复做工作，才将农民的情绪平息，其中产生了一个很大的问题，贫困户指标到了村庄层面，贫困户身份便开始变异了，农牧民都会利用各种办法去争取该指标，例如利用宗族势力干预，或者"哭穷""隐瞒家庭财产"等。为了解决问题，驻村干部或者村干部都要想出各种方法予以应对。

（二）进行入户贫困识别

众所周知，"建档立卡是按照国家统计局测算的 2013 年低于纯收入 2736 元的数据，据此数据估算出全国共有 8249 万贫困人口，然后再按照各省和县的贫困发生率估算出建档立卡的名额"[①]。整体而言，当前我国对贫困户的识别采取的是"规模控制、自上而下、逐级分解"的工作方式。全国贫困人口的具体分解就是"根据 2013 年底全国农村贫困人口为基数，分配到各省，生成统计数据大于国家发布数据的基础上上浮 10% 左右；到市到县的贫困人口规模分析，依据国家统计局提供的农村人口和低收入人口发生率计算形成；到乡到村的贫困人口的规模，由于缺少人均纯收入等数据支持，依据本地实际抽取以获取的相关贫困影响因子计算本地拟定贫困发生率，结合本地农村居民年末户籍人口计算出"[②]。由此可见，我国农村精准扶贫工作是国家财政和资源配置的过程，贫困户的精准识别也是政府公共意志的实现过程。

西藏贫困户的识别在县级政府层面上都是按照国家要求的工作机制进行的，但是在乡镇与村一级却与其他地方稍有不同，采取了相对灵活的识别方法。在贫困指标规模限制的条件下，西藏农牧区村庄层面的贫困户识别，有两条基本依据，即一是国家划定的贫困线，该标准是以经济收入为主要依据；二是非经济性的家庭外在条件，例如房屋、公用机械、牛羊等。笔者在那曲班戈县调研的过程中发现，当地农村在除国家贫困线标准外，建立了"五个识贫看法"，即"一看房、二看羊、三看劳动力、四看有没有车、五看有没有读书郎"的标准确定贫困户。与那曲地区班戈县相类似，林芝地区朗县的贫困识别则是"五评""七看"的工

[①] 李小云、唐丽霞等：《论我国的扶贫治理：基于扶贫资源瞄准和传递的分析》，《吉林大学社会科学学报》2015 年第 4 期。

[②] 黄承伟、覃志敏：《我国农村贫困治理体系演进与精准扶贫》，《开发研究》2015 年第 2 期。

作机制。"五评"指的是"农牧自评、群众互评、代表测评、村级核评、乡镇审评";"七看"指的是"一看有无安全房、二看有无余粮、三看家庭收入、四看劳动力、五看有无读书郎、六看有无病残弱、七看发展环境"。根本上,西藏农牧区贫困户识别的基本依据是国家贫困线,这是最基础的,如果高于这条基本线,农牧民是无法被纳入基本扶贫对象范围的,而最终确定贫困户身份的依据则是西藏农牧区不同乡镇自行设立的识别标准,例如"五评""七看""五看"等。

确定贫困户识别标准以后,由农户户主开始提出入选贫困户的资格申请。为了避免出现"平均主义",重点识别确实存在困难的农牧民,整户入选。而后,村民小组再依据农户提供的申请材料,对农户的资格进行审查,特别是要进入农户家里全面了解贫困户实情,按照规定要求填写扶贫手册。审查无误后,村民小组对申请贫困户的农户进行评议,确定入选名单。最后,召开村民全体大会,由村民代表进行公开投票,依据投票多少确定排名的次序。投票完成,确定贫困户名单,公示。由此,完成贫困户识别。

(三) 西藏农牧区贫困户"落地"

在西藏农牧区,贫困户识别以及"建档立卡"工作的落实都是由乡镇政府组织,驻村干部及村"两委"负责具体落实。在"建档立卡"工作开展的过程中,总会遇到各种情况,使得扶贫政策处于尴尬情境之中。首先,贫困户指标太少,驻村干部和村"两委"干部左右为难。按照2013年国家2736元的贫困标准,有一些农牧区村庄绝大多数农户都可以被纳入贫困户范围中来,但是受到贫困户名额限制,村干部只能按照具体标准识别。在此过程中,虽然驻村干部和村干部基本了解村庄的贫困户,但是在村民小组投票时,面对基本条件都一样的农户,怎么投票则成了村干部很为难的事情。其次,在对候选人投票的时候,一些村民将票投给了关系好的农户。通过村民大会对候选人投票的民主评议制度已经从根本上杜绝了村"两委"干部滥用职权直接选定贫困户的现象。但是,"谁能选的上""谁评不上"就有了很大的不确定性,这时候选贫户在村庄里的影响以及与其他村民的关系就产生了作用。由于活动地域范围的限制，西藏农牧区的村庄社区主要是以情感与血缘为纽带建立的社会关系网。在一个熟人社会里，村民都会选择关系比较好的候选人。我们在那曲调研的时候就出现了这样的一个案例。驻村干部讲：

>我们村有这样一户贫困户，家里特别穷。一是家里劳动力少，同时小孩又多；二是草场上的牲畜又少，基本上属于温饱水平。我们在民主评议的时候，就将他列入了扶贫对象范围。但是到了村民大会开始投票的时候，就没有人去投他的票，所以就落选了。结果没办法，我们说了又不算，名额就那么多。最后我们只好去乡镇上去沟通，想给我们村再争取一个名额。最后，镇上的扶贫专干也没有"开这个口子"。我们想了一个办法，就从我们驻村干部的驻村资金中，专门拨出一部分，资助这一家的基本生活。这不是长久的办法，等我们这一批驻村干部结束以后，下一批是否会采取同样的方法还是未知。

最后，从"建档立卡"工作的落实来看，在贫困身份分配中，三种人表现出了截然不同的态度。一是，围观的农户除了羡慕以外，在投票的过程中以人情的形式将票投予贫困候选人，以维护和巩固彼此之间的关系纽带，并待需要帮助时要求予以回报。二是，选上的贫困户认为，这是个平等的机会，这是因为自己穷而得到的，这是"应得"。三是，对于落选者而言，抱怨在所难免。诚然，再公平的制度难免也会出现瑕疵。我们发现，民主协商、民主评议虽然在制度上可以保障农牧民在评选贫困户时发挥积极作用，克服村"两委"干部"说了算"的弊端，但是在熟人社会中，人情这样的社会资本就会控制评议过程，使得制度出现漏洞，从而造成村庄的"大家族""能人"等操控选举，最后造成"该选上的没有选上"的不公平结果。

三 贫困户"建档立卡"档案的管理及后果

在由国家主导的西藏扶贫政策框架下,贫困人口的识别最终都和扶贫资源的分配有很大的关系。这就决定了西藏农牧区贫困的识别是个政治过程。从整体来看,"建档立卡"的建档管理分为三个阶段:即"张榜公示""建档立卡"和"贫困户管理"等。

(一)"建档立卡"工作的信息管理

一是,在"建档立卡"的名单公示阶段,保障个别农牧民有对公示名单提出异议的权利。一般而言,由村民会议投票选举出来的贫困户名单交至乡镇。乡镇人民政府对名单审核无误后,在村庄村委会的全村信息公开栏进行为期一周左右的公示,接受全体村民的共同监督,如果村民对公示的贫困户名单有异议,可以在公示期间提出,核实后,如果存在暗箱操作、信息不实等情况,则会重新评议,而存在问题的贫困户则会被取消资格。二是,在贫困户"建档立卡"阶段,在贫困对象识别完成后,扶贫工作人员便对村庄贫困户进行详细的评析,包括家庭基本情况、经济收入来源、主要致贫的原因,以及帮扶贫困户脱贫的主要举措等信息都要详细记录到扶贫手册里,每户贫困户都要持卡,而且将卡片直接挂到农户家中。三是,将精准贫困户的基本信息录入全国贫困户信息管理系统。实现贫困户信息的动态管理是"建档立卡"工作的基本目的。在建立基本信息录入的同时,加强对贫困人口的动态管理,特别是当贫困户获得各种政策帮扶后的经济收入变化,保证贫困户有进有出,从而完善贫困户的退出机制。四是,依据"建档立卡"信息,实施精准导向的扶持措施。本着"一方水土养一方人"的基本原则,提高扶贫资源的精确瞄准,防止扶贫政策的"脱靶"问题。五是,扶贫人口的信息反馈。通过信息反馈,及时跟踪扶贫政策基本效果,为扶贫政策适时调整提供主要依据。

然而,在"建档立卡"工作的信息管理中,也暴露出一些问题。例如信息的泛滥问题。西藏农牧民"建档立卡"时间比较紧张。按照西藏自治区的统一部署,2015年12月开始"建档立卡"基本信息的统计,要求 2016 年 1 月就要把信息上报。所以，在非常短的时间内，将西藏所有贫困户的信息全部统计出来，本身就是一项非常艰巨的工程。由此，在突击式的信息统计中，"建档立卡"工作也比较仓促。笔者在调研中，负责扶贫公务员讲：

> 在建档立卡、信息录入期间，整个春节都没有过好，那段时间就是一宿一宿的加班，往上面（指的是上级主管部门）报各种表格。有时候我们就发现是糊弄，首先我们不懂那个管理信息网络，我们在拉萨集中学习培训了几天，培训回来的人，并没有全部掌握，所以后来在信息录入完毕以后，就出现了很多问题，比如：洛桑和扎西本来是亲兄弟，却填成了父子关系；五保户的家庭收入填入了 1 万元甚至出现 10 万元的都有。

由此可以看出，由于信息登记的仓促和瑕疵，给"建档立卡"工作带来了很多后遗症，截止到笔者调研期间，西藏农牧区精准扶贫工作者还在不断核实"建档立卡"农户的基本信息。我们在拉萨市墨竹工卡县调研时，驻村干部开玩笑讲：

> 如果将打印登记信息表格纸张的钱节省下来，基本上全村快脱贫了。上面发的表格，如果有一项填错了，按照规定不能修改，只能重新填写再打印，这样的重复性工作使得我们浪费了很多人力、物力、财力，最后老百姓疲惫不堪，我们也很疲惫。

（二）"建档立卡"工作后果

"建档立卡"工作的真正目的是实现"真扶贫""扶真贫"，切实有效地提高扶贫政策的有效性与针对性。从该角度来看，"建档立卡"工作是提高扶贫政策精准性的基础。然而在西藏农牧区基层实践的过程中，该政策却"变了形，走了样"。主要表现在：第一，扶贫对象"走样"。

精准扶贫的扶贫对象应该是扶持有脱贫能力，且具备一定发展条件的农牧民。只有瞄准这样的人群才能保证扶贫政策使贫困户能够"扶得起"，切实脱贫。但是由于扶贫名额限制，全村的贫困户按照贫困标准远超基本指标，一些村在评选中没有办法只能从最穷的开始评选，直至达到指标数量。由此，有些村就出现了"指标内"贫困户与"指标外"贫困户。所谓"指标内"贫困户指的是能够享受国家扶贫政策的"建档立卡"户，而"指标外"贫困户就是指符合国家扶贫对象标准，但是没有获得扶贫指标的贫困户。所以，这种评选方法的导向就出现了问题，农牧民评选就成了评"穷"。看谁最穷，谁越穷谁被选上的概率就越大。反而那些靠自己真实劳动获得收入的农户不如天天等政策扶持的农户。这种非激励性的政策导向直接导致了"年年扶贫，年年贫"的问题。第二，扶贫项目"走样"。精准扶贫是一个系统性工程，脱贫需要一个发展过程，不可能一蹴而就。但是在实地调研中，笔者就发现有些地方急于"脱贫摘帽"，便选择了"短、平、快"项目予以实施。所谓"短、平、快"项目就是指项目实施周期短，项目扶贫见效快的方式方法。例如，有些村，以养殖扶贫项目的形式，给贫困户每家每户一头牛或其他牲畜。再比如，给贫困户专门设立一个公益性岗位，例如护林员、护路员等这类临时性工作。从根本上讲，这种运动式的扶贫项目可持续性不强，而且并没有达到"建档立卡"工作的基本要求，反而成了"撒胡椒面"式的平均分配。

第三节 西藏农牧区扶贫对象识别与瞄准困境

通过对西藏农牧区"建档立卡"工作开展的过程分析，我们可以看出，西藏农牧区的贫困瞄准与识别是程序性的，这表现在：第一，在横向上，贫困户的识别经过了农牧民个人申请、村小组内的成员相互评议、村民大会投票、乡镇政府主管部门审核、村级公示等一系列环节；第二，在纵向上，西藏农牧区贫困户的评定经过村级、乡镇政府以及县级政府三级部门。从理论意义上来说，在理想状态下，如此严密和规范的程序，可以从根本上保证西藏农牧区贫困户识别的精准性，同时操作性也非常强。但是从西藏农牧区的基层实践来看，政策的设计与具体实践在一定程度上出现了背离。为了较为全面地认识扶贫对象瞄准的基层实践，笔者将从问题的主要表现、主要因素以及扶贫对象识别与瞄准中参与主体的行动策略三个方面进行分析。

一 扶贫对象识别与瞄准问题的表现

在制度层面，扶贫对象的识别和瞄准是通过程序来实现的。但是在现实中，精准识别政策的基层实践总是会受到多种因素的影响，进而在结果上导致精准识别出现"识而不准"的贫困户漏出现象。在精准识别的过程中，西藏扶贫对象的识别与瞄准遇到了以下几个方面的问题：

（一）在农牧民自愿申请环节

精准识别政策的目的是确保每个真正贫困户能够被识别出来，享受到国家的扶持政策。但是，前提是必须要让每户农牧民真正了解当前国家精准扶贫政策。从微观层面来看，在政策宣传动员阶段，贫困户都已经对国家精准扶贫政策有所了解。但是从动员后农牧民的行动反映来看，出现了两极化的趋势，一方面是农牧民积极地参与、争取；另一方面则是行动冷漠。这种行动冷漠则是由以往扶贫政策实施后的负面效应导致的，一般这些贫困户都是处于政府一直扶持却始终没有脱贫的状态，所以参与被动性很强。而对于行动积极的贫困户而言，则具备一定的"路径依赖"特点，遵循以往的经验，贫困户意味着可以获取更多利益资源，在利益的驱动下，一些有可能被纳入贫困体系的农牧民则会主动申请贫困户，递交材料。在村庄层面，由于发展程度不同，对于深度贫困的村庄而言，农牧民申请的积极性很高，而对于经济发展较好的村庄，农牧民申请的积极性就很差。笔者在问卷调查当中就遇到一些老人来替自己的子女做问卷，原因是子女在外地打工，不在村庄，但是他们又是"建档立卡"的贫困户，因此他们来代替子女。笔者在浪卡子县伦布雪乡调研时，×村的驻村干部就说：

我们村的主要劳动力都外出打工去了，要么到拉萨，要么就去山南地区，而且收入都比较稳定。对于精准扶贫申请而言，他们认为这都是好事儿，不过我们积极动员参加的农牧民，大部分都不在家，他们都很难专门赶回来，留守在家的都是一些老人和孩子。没办法，我们只能通过电话通知。而且我们最近在申请一个旅游项目，可以带动老百姓当地就业，据我们观察很多老百姓不愿意回，一方面收入有一定的差距，另一方面实现就业还要上岗培训，他们学不来，所以很多农牧民就不愿意参与。

可见，伴随西藏农牧区区域经济发展非均衡化，以及在新型城镇化背景下人口流动速度加快，西藏农牧区的农村发生了显著变化：一方面，一些农牧民村庄的人口不愿意流动，无法实现劳动力有效转移，使得现有的扶贫政策不能发挥治贫作用；另一方面，一些村庄受到市场化与城镇化的双重作用影响，农牧民选择"出走"，进城务工，这使得村庄空巢化问题严重，留守的老人获知政策信息的能力不足，从而导致精准扶贫政策宣传无法传达到农户。

（二）在农牧民民主评议环节

民主评议是民主决策和民主监督二者的辩证统一。民主评议是通过建立良好的沟通和协商机制，有利于决策的科学性，确保政策和决定能够体现真正的民意。在制度层面，有效的民主评议过程为精准扶贫提供了程序正义，从而为实现实质正义提供了有效保障。就西藏农牧区的贫困特点来看，绝对贫困人口较少，而相对贫困问题则特别突出，农户与农户之间的差别不是很明显，这就使对贫困户的识别与瞄准增加了难度。但是通过民主评议，农牧民可以充分表达自己的意见，这使得第一书记和驻村干部增加了对贫困户情况的了解和把握，而且获取的农牧民基本信息也更加多元，使得评选出的贫困户认同度更高。但是在具体层面实践过程中也会出现人为的不确定因素。第一，从民主评议的参与人选上，"村民代表"由哪些人组成，人数有多少？每个自然村以及村民小组的名额分配是多少？以上问题对于不同的村庄来说，人为的操作性更大一些。第二，"非理性"因素在民主评议过程中会起到决定性作用。众所周知，在民主评议过程中，只有选举投票是远远不够的。在制度还不健全、完善的前提下，民主评议就变成了形式。因此，没有制度的约束机制，"情绪的因素和实践的约束阻碍了分析的程序"，而且阻挡了理性决定的制定。① 这就直接导致了善于投机或者人缘关系好的农户评上的概率就增加了许多。

（三）在贫困户识别过程环节

如前文所言，对于贫困的认定，国家采用贫困线的方法，依据2010年的2300元为不变价格，低于该平均纯收入水平的农牧民则视为贫困户，2013年该贫困线的标准为农民人均纯收入2736元。姑且不论国家统计局是如果得出此数据线的，单从执行来看，该贫困线在农牧区农户层面操作性特别差。本身统计农户的人均纯收入很难，随着农牧民生计方式的多元化，所以农牧民的年均纯收入很难统计，笔者在调研的过程中发现，农户会刻意隐瞒自己的真实收入，一方面他们的确不理解"纯收入"的基本概念，另一方面他们平时很少会计算真实的具体数字。但是，他们会故意夸大支出。因此，如果想要得到真实的数据，弄明白农牧民一年的纯收入情况，就需要投入更多的人力、物力、财力。毕竟，扶贫工作的精准程度与基本投入成本成正比关系。在西藏农牧区贫困户的识别中，往往会采取效率与成本折中的办法，即贫困线与外在定性条件（例如房子、劳动力、牲畜、生产资料）相结合的方法。但是此方法也会带来一定的问题，西藏农牧区的区域经济发展差距特别明显，不同村庄之间的发展水平存在差异。例如，在经济发展较好的村庄评选出来的贫困户可能是经济发展条件较差村庄的中等户。因此，在具体识别过程中，不同村庄的贫困标准就存在很大的差异。笔者在林芝地区加查县洛林乡G村

---

① 格林、沙皮罗等：《理性选择理论的病变——政治学应用批判》，广西师范大学出版社2004年版，第10页。

入户调研时,我们发现由于该地区盛产虫草,平均每户收入都有1万元左右,而与之相比较,在那曲申扎县雄梅镇D村入户调研时,该村农户的农牧民收入不足5000元,居住条件也比较差,生活水平相对要低一些。

(四) 在公示和审核等环节

如前文所述,在贫困户的识别过程中,贫困户的评审是经过农牧民申请、村民小组推荐、民主评议后,确定初选名单,由村委公示无异议后,上报乡镇审核。从该过程中来看,公示与审核是扶贫对象瞄准与识别的最后环节,从实践审核来看,负责扶贫的工作人员都进行了入户调查,同时把被识别出来的"建档立卡"贫困户分别进行了公示,而且在每个村委会的宣传栏里,张贴了精准扶贫的"明白墙",将评选出来的贫困户详细信息贴在墙上,例如,家庭信息、收入情况、致贫原因以及扶贫的基本措施与方法。不过,这虽然在程序上是符合精准扶贫工作要求的,但是从实效性来看,并没有达到预期目标。一方面,村委宣传栏张贴的精准扶贫信息内容,村民甚至包括贫困户都不知晓;另一方面,该环节纯粹变成了形式,对于准贫困户落选的善后工作也很少有人去说明,这造成了一定程度的矛盾积压。其中,审核和公示虽然是针对已经确定的"建档立卡"贫困户,但是公示的对象是全体村民,其中包括参与评选却没有被选上的贫困户,如何对这一群体进行情况说明特别重要,反之,后续"闹访"情况就会频发,现实是很多扶贫干部往往忽视了这一点。

二 扶贫对象识别与瞄准问题的原因

西藏农牧区扶贫对象的瞄准与识别是一个具体的技术层面工作,应在具体实践中体现精准扶贫的基本理念、战略和原则,即具体识别与瞄准中较为准确回答"谁应该是贫困者""贫困者在哪里"以及"贫困的表现以及主要原因是什么"等一系列问题,但是在实践层面出现的各种问题,主要是由以下几个方面原因所导致的:

(一) 精准瞄准与识别的技术原因

一是贫困户评定的量化不能有效把握度,精准识别标准处于两难境地。如前文所述，如果按照国家贫困线标准评定的话，这一标准很难在西藏农牧区进行量化与把控。如果一定按照标准执行的话，虽然在经济数字上可以实现政策目标，但是需要耗费大量的瞄准与识别成本。为了解决这一问题，西藏农牧区许多村庄采取"五看"的衡量标准，这一标准虽然在外在形式上，抓住了"建档立卡"贫困户的贫困程度外在表现，弥补了数据量化的不足与缺陷，但是也带来了一定的随意性，以"劳动力质量和家庭负担成为了贫困户识别最关键的指标"[1]，如此一来，本土化的贫困标准虽然契合了西藏农牧区实际情况，但是又降低了贫困户瞄准和识别的精准度。加之，当前农牧民相对贫困问题突出，如何妥善解决处于"临界农户"或者"指标外贫困户"的问题就更加棘手。在调研中，笔者发现农牧区特别贫困的农户较好识别，往往最难识别的就是一般贫困户，这些贫困户的共同特征就是临近贫困线，而且户与户之间收入水平大体相当，由此造成"建档立卡"贫困户就很难评定。

二是，规模约束下的农户排斥。为了防止瞒报、虚报、假报贫困人口的现象，同时节约扶贫对象的识别成本、提高识别效率，西藏农牧区的建档立卡和精准识别都是采取自上而下、逐级分解的工作方法。具体表现为扶贫对象瞄准和识别的垂直双向运动的方式，即依据贫困发生率，自治区测算县一级的贫困人口数量，各地区县再将贫困指标下放至乡镇一级，最后由乡镇将贫困指标划分各行政村，由行政村评定，再由行政村逐级向上申报贫困名单并审核。从程序和政策实践来看，受到识别成本的约束，县、乡（镇）一级负责扶贫的公务员是无法一一识别每个贫困户的。这样的工作只能由村干部和驻村干部承担，在此过程中，基于认识上的不统一，通过程序识别出来的贫困户无法通过经济指标进行横向比较，因为每个村庄的评比标准不一样，理解"好与坏"的认识也有差别。由此造成了，识别出来的贫困户多于指标数的"倒排队"现象和一些贫困户缺少符合指标被排斥的现象。

---

[1] 唐丽霞等：《精准扶贫机制实施的政策和实践困境》，《贵州社会科学》2015年第5期。

(二) 精准瞄准与识别的社会原因

西藏农牧区扶贫对象的瞄准与识别之所以会出现偏离问题，除了对扶贫政策本身的反思外，还要与社会结构相联系。社会背景因素对扶贫对象的识别与瞄准产生了比较深刻的影响。当前西藏农牧区乡村治理处于急剧转型之中，村庄老龄化、空心化以及贫富两极分化日趋严重。这主要表现在：一是，随着市场化不断推进，西藏农牧区村庄发生了很大的变化，对村庄社会基本结构形成了双面效应。一方面，在当地政府劳动力转移就业的政策引导下，受到经济利益刺激，许多青壮年劳动力开始向城市转移，从事外出务工行业，导致了村庄农牧业生产以及村庄建设主体的缺失与弱化，进而衍生出了村庄扶贫工作无法持续进行的问题；另一方面，一些村庄的农牧民因为不能适应现代市场经济生活，滞留于村庄里，形成传统农牧业的固守者，无论是制定什么样的扶贫政策，都不会刺激到该群体的脱贫意愿，这种逆市场化的行为使得本已经落后的村庄，因缺乏融入现代化的动力机制，变得更加贫困，即便投入大量的物质资源，也只能使农牧民暂时脱贫。

二是，村庄内部贫富差距进一步拉大。贫富差距拉大是当前西藏农牧区村庄的基本特征之一。在贫富两极进一步分化的背景下，农村精英获得了更多参与贫困对象识别与瞄准的机会。而且相对富裕的农户获得贫困指标机会更大，有研究结果表明，在扶贫收益过程中，富裕户的收益比为33%，而贫困户只有16%，是贫困户的近两倍，绝大部分的项目资源被中等户和富裕户捕获。[1] 村庄精英对贫困户名额指标的俘获，使得西藏农牧区扶贫对象瞄准与识别带有偏袒和裙带关系，而且这种识别"大大降低扶贫工作的正义性和合法性，客观上扭曲了扶贫工作的初衷，使得扶贫工作本应以来的民心与民意基础不断地受到削弱"[2]。

---

[1] 李小云、张雪梅、唐丽霞：《我国中央财政扶贫资金的瞄准分析》，《中国农业大学学报》（社会科学版）2005年第3期。

[2] 邢成举、赵晓峰：《论中国农村贫困的转型及其对精准扶贫的挑战》，《学习与实践》2016年第7期。

(三) 精准瞄准与识别的制度原因

在制度层面，西藏农牧区的对象识别被"科层制的权力关系、利益关系与'压力型体制'所绑架，背离扶贫瞄准与识别的动机，使得扶贫瞄准与识别成了塑造政绩、实现领导意志的动机和初衷"[①]。这主要表现在：第一，"干部脱层皮，老百姓脱贫"的政绩诉求，在一定程度上使得各级政府在贫困对象识别与瞄准的过程中，加班加点的"运动式"推进。另外，在识别标准的灵活度上，不同的干部在执行过程中，不愿意承担出错的风险与责任，就坚决贯彻执行上级的要求和计划，有些村庄出现了扶贫对象识别与瞄准"一刀切"的现象。

第二，扶贫主体与扶贫对象之间的信息非对称性。众所周知，在具体扶贫实践中，"由于贫困问题的复杂性和贫困信息的丰富性，中央层面掌握的贫困户信息只能是汇总性的、抽离化的；从中央往下，越接近基层，掌握的信息越具体"[②]。由此，"委托—代理"关系成为扶贫对象识别与瞄准过程中中央层面与基层政府的基本关系。同样，基层政府又会委托村庄完成具体的识别与瞄准工作。在此过程中，基层政府与村庄，处于国家与农民链条的关键层级。在委托与代理中，精准扶贫中贫困识别与瞄准的关键则取决于本级代理人的利益以及上级委托者的监督实践。现实中，西藏农牧区的贫困识别与瞄准涉及千家万户，而自上而下的科层制结构只能通过委托—代理方式才能触及不同的农户。鉴于贫困问题的多维性、相对性以及复杂性，使得贫困识别的标准难度很大，这直接造成了在扶贫过程中，委托—代理关系的信息不对称问题。具体表现为：基层政府为了识别出符合自己意愿的"贫困户"会利用掌握充足信息的优势去规避上级政府的监管，同样面对政府，村庄也会利用自己的信息优势去识别符合自己利益的"贫困户"。由于信息不对称导致的贫困识别，直接导致精准扶贫制度的瞄准偏离。

---

① 许汉泽：《扶贫瞄准困境与乡村治理转型》，《农村经济》2015年第9期。
② 陆汉文：《落实精准扶贫战略的可行途径》，《国家治理》2015年第38期。

三 扶贫对象识别与瞄准问题中的主体行为逻辑

扶贫政策作为国家干预农牧民经济生活的主要手段，对基层政府以及农牧民行为动机产生了重要影响。扶贫政策"是对全社会的价值做有权威的分配。一项政策的实质在于通过那项政策不让一部分人享有某些东西而允许另一部分人占有它们"[①]。这也意味着扶贫政策的执行会产生特定利益的重新分配。由此，扶贫政策本身就演变成了政策制定者、执行者以及接受者三者之间的一种博弈。这也就是说"不同层级行动主体的利益分殊是导致贫困户识别偏离的根本力量"[②]。从西藏农牧区扶贫对象的识别与瞄准过程来看，不同行动主体在此过程中均采取了不同的行动策略。

（一）贫困户与非贫困户之间的博弈[③]

从理性人角度出发，作为一种身份象征，每个农牧民在条件符合的情况下，都想争取到政府扶贫的指标。因此，贫困户与非贫困户就政府特殊的政策与资金扶持开展博弈。在博弈过程中，不论是贫困户还是非贫困户都是理性人，且按照自己利益最大化采取相应的策略，具体如图3—3的博弈矩阵所示。

		非贫困户	
贫困户	博弈策略	争取	不争取
	争取	H-K,H-K	H-K,0
	不争取	0, H-K	H,0

图3—3 贫困户与非贫困户博弈策略分析图

[①] 戴维·伊斯顿：《政治体系：政治学状况研究》，商务印书馆1993年版，第23页。
[②] 陆汉文：《信息不对称条件下贫困户识别偏离的过程与逻辑——以豫西一个建档立卡贫困村为例》，《中国农村经济》2016年第7期。
[③] 本节所运用的博弈论分析模型借鉴了徐龙顺、李婵等作者在《精准扶贫中的博弈分析与对策》（载《农村经济》2016年第8期）一文中建立的分析模型与方法，下文无特殊说明外，其他部分均采用了此分析模型与方法。

如上面的博弈矩阵所示，农牧民通过争取扶贫名额而获取扶贫资源的效用为 H，而为了争取名额所需要花费的成本为 K（K<H），因此，当贫困户争取名额时的效用为 H-K，而不争取时的效用为 0，或者 H。同时，非贫困户也会遇到相同的情况。因此，在扶贫对象识别与瞄准过程中，贫困户与非贫困户都会自愿提出申请。在忽视道德的情况下，经济利益诉求会促使贫困户与非贫困同时采取积极争取贫困户名额的策略。而当村庄特别富裕的情况下，不论是贫困户还是非贫困户对扶贫名额都比较冷漠，从而导致双方都不争取，因此，贫困户获得收益为 H，非贫困户则为 0。但是在贫困户规模控制的影响下，非贫困户就会通过家族势力、个人势力等手段去争取贫困户名额，获得的收益为 H-K，而贫困户因则会放弃争取，收益为 0。在存在政府监管的情形中，贫困户争取的收益为 H-K，而非贫困户则会采取不争取策略，收益为 0。

（二）上级政府与地方政府之间的博弈

贫困对象识别与瞄准的目标是找准扶贫对象，为后续开展有效的贫困干预奠定基础。但是，在实践过程中，西藏农牧区基层政府会考虑两方面内容：一是如何保质保量地完成上级政府交付的识别任务；二是什么样的识别结果才能使基层政府能够获得上级政府更多的政策资金支持。特别是在较为贫困的地区，基层政府将以上行为考量带进了贫困识别与瞄准的过程中。由此可以看出，基层政府与上级政府博弈的过程中，基层政府通过对基层信息资源的优势转为与上级政府博弈的主要工具。在争取更多政策与资金支持的动机下，西藏较为贫困地区的基层政府有时候会将扶贫对象的识别与瞄准变成行为策略而非直接政策目标追求。由此会造成，基层政府为了识别与瞄准符合上级要求的满足贫困标准的贫困户，随之出现各种"削足适履"的现象，即专门为了满足贫困标准而去识别贫困户。因此，在上级政府监督不足的情况下，农牧区基层贫困户的识别与瞄准就转变了性质，即基层政府与上级政府要求的精准识别产生了误差，进而导致代理问题，从某种意义上来看，最后的博弈结果是地方政府的消极识别是一种理性选择,详见下面博弈矩阵。

	上级政府		
基层政府	博弈策略	监督	不监督
	符合规定	E,F-B	E,F
	不符合规定	-A,-B	C,-D

图3—4 上级政府与基层政府博弈策略分析图

上面的博弈矩阵可以看出,我们假设上级政府和地方政府在贫困识别与瞄准上进行博弈,同时地方政府中规中矩地执行上级政府规定,进行贫困识别与瞄准的正面效应是 E,而不符合规定识别的正面效应是 F(F>E)。但是如果上级监督的话,一旦发现地方政府在贫困户识别与瞄准上存在违规行为便会对其进行严厉惩罚,由此地方政府产生的负面效应为 -A,上级政府的监督成本是 B。如果上级政府不监督的话,地方政府按照规定对贫困对象进行识别,上级政府就不必耗费监督成本,由此而产生的正面效应为 F(F>B)。但在上级政府不监督的情况下,地方政府却不合规定地对贫困户进行有效识别时,上级政府就会责罚地方政府,由此产生的负面效应为 -D(一般而言,相关扶贫部门收到的责罚肯定要大于监督需要付出的成本,即D>F)。由以上博弈矩阵可以看出,当上级政府对扶贫户的瞄准与识别进行监督时,地方政府肯定会按照相关规定进行,但是一旦地方政府按照规定进行识别,上级政府的合理选择是放弃监督。然而,上级政府放弃监督,地方政府则不会严格按照规定进行贫困户的有效识别。由此可见,地方政府和上级政府在贫困识别与瞄准中的博弈并不存在纯策略的纳什均衡。

(三)基层政府与贫困户之间的博弈

在扶贫对象的识别与瞄准过程中,基层政府采取的策略是监督与不监督。这主要是看监督识别的程序是否合法、评选的扶贫对象是否符合要求。在此过程中,农牧民的基本策略则是积极申请与消极申请两种策略。假设农牧民与基层政府就贫困指标的申请与分配进行博弈,而且二者均采取理性的行动策略,其中农牧民申请贫困名额而获取收益为 A,而农牧民积极申请的成本是 B(B＜A)。如果获得扶贫名额的农户一旦被地方政府发现虚假申请,则会受到惩罚,被取消名额,而政府因对扶贫对象的有效识别所获得的收益为 U(主要是政治收益、社会收益等),政府进行监督所付出的成本为 D(D＜A)。

西藏农牧区农户

基层政府	博弈策略	积极申请	消极申请
	监督	U-A-B, A-B	U-D, 0
	不监督	U-A, A-B	U-A, A

图3—5 西藏农牧区农户与基层政府博弈策略分析图

具体如上面的博弈矩阵所示,在基层政府采取监督的情况下,农牧民所获得的收益为正值,即(A－B)＞0,所以农牧民会选择积极申请贫困名额;当政府不监督时,农民则会选择消极申请,因为 A＞(A－B)。与此相对应,如果农牧民积极申报,基层政府则会采取不监督的策略,因为(U－A)＞(U－A－B);反之,如果农牧民消极申报,由于(U－D)＞(U－A),则地方政府会采取监督的策略。我们在调研中发现,由于缺乏必要的基层政府监督,农牧民就会出现"上有政策,下有对策"的消极申报情况,例如在牧区,为了获取贫困户名额,一些农牧民会采取"分家"的方式,因为新分出的家庭没有牲畜、草场等生产资料而变成贫困户;此外还有农户为了获取贫困户资格,而采取"假离婚"等。

综上所述,西藏农牧区在现有扶贫对象的瞄准与识别制度下,基层政府面临了"上与下"两个方面的压力,"上"是指上级政府的工作压力,"下"是指农牧民为了获取更多的政策与利益扶持,而采取的各种应对方法,例如"分家""假离婚"等,这使得当前西藏农牧区的精准识别出现了诸多问题。

第四章　当前西藏农牧区精准扶贫：模式与实践

"精准贫困怎么扶"是目前西藏农牧区精准扶贫工作的重心。为彻底解决贫困问题，西藏建立了"五位一体"的扶贫体系，即"产业扶贫、援藏扶贫、专项扶贫、政策扶贫、金融扶贫"。为了展现西藏农牧区精准扶贫实践，本章将从以下三种典型精准扶贫的措施入手，进行具体分析。

第一节　西藏农牧业特色产业精准帮扶的模式分析

"一方水土，养一方人。"产业是贫困人口摆脱贫困的重要物质基础。通过农业产业化方式，带动农民脱贫致富是我国在扶贫开发阶段，最为典型的扶贫方式。基于此，产业扶贫对于西藏地区而言是一个老话题，但是在精准扶贫的背景下，如何结合西藏农牧业特色产业，对农牧民进行精准帮扶，又是一个新课题。我们需要对该模式的运行机理，做进一步深入研究，这对西藏农牧区扶贫工作创新具有很强的实践意义。

农牧业特色产业指的是具有独特的资源条件，明显的区域特征，特殊的产品品质和特定的消费市场的农牧业产业。建立在农牧业特色产业基础上的精准帮扶模式，其本质是挖掘民族地区发展的内生性机制，变"输血式扶贫"为"造血式扶贫"。因此，农牧业特色产业精准帮扶是产业扶贫的有效实现形式,是立足特定地域农牧业特色优势,以市场为导向,并借助特殊政策等外部条件,通过功能区聚集、特色养殖以及农牧业产业链延伸的方式,将农牧业特色资源优势转化为产业优势,一方面吸纳劳动力,另一方面盘活有效资源,提升资源的配置效率,进而带动贫困户增收的扶贫方式。在精准扶贫背景下,2015年《中共中央国务院关于打赢脱贫攻坚战的决定》(简称《决定》),明确指出要"发展特色产业脱贫",努力推行农村特色产业扶贫模式。同时,学界也对特色产业扶贫模式以及运行机制进行了广泛研究。有学者指出,特色产业扶贫与以往产业扶贫的根本区别在于"精准"。这既是特色产业扶贫的特点和要求,同时也是发展该模式的难点。除了精准理念外,特色产业扶贫还要"选准特色产业、培育新型主体、完善利益机制",避免由政府主导的产业扶贫项目,因缺乏完备的运行机制而导致"扶贫目标偏移,村庄内部贫富差距拉大以及村庄原子化溃败"等产业扶贫"脱嵌"问题。同时还应防范农牧区基层的各种因素(权力结构及运作方式等)对特色产业扶贫功能的影响。基于以上认识,笔者将重点考察西藏农牧区精准扶贫帮扶模式的组织形式及运行机制,同时指出其存在的不足,为西藏农牧区精准扶贫工作推进提供必要的政策依据。

一 西藏农牧业特色产业的基本特征

区域特色资源是发展农业特色产业的基础。整体而言,西藏资源丰富,特色农牧业产品较多,产业各有特色,其发展规模和市场前景不同而异。根据农牧业资源的特点、生产现状进行划分,西藏农牧业具有地域特色和开发潜力的主要农牧产品包括:种植业中的优质青稞、油菜和无公害蔬菜,草原畜牧业的牦牛、藏系绵羊和绒山羊,城郊和农区畜牧业中的黄牛、猪、禽、农区绵羊和饲草料,林业和林下产品中的食用菌、干果、水果和茶叶,优势生物资源保护与开发的藏药材、虫草、藏猪和藏鸡。从空间分布来看,经过不断的发展,西藏农牧区基本上形成了"七区七带"的特色产业分布格局(如图4—1所示)。

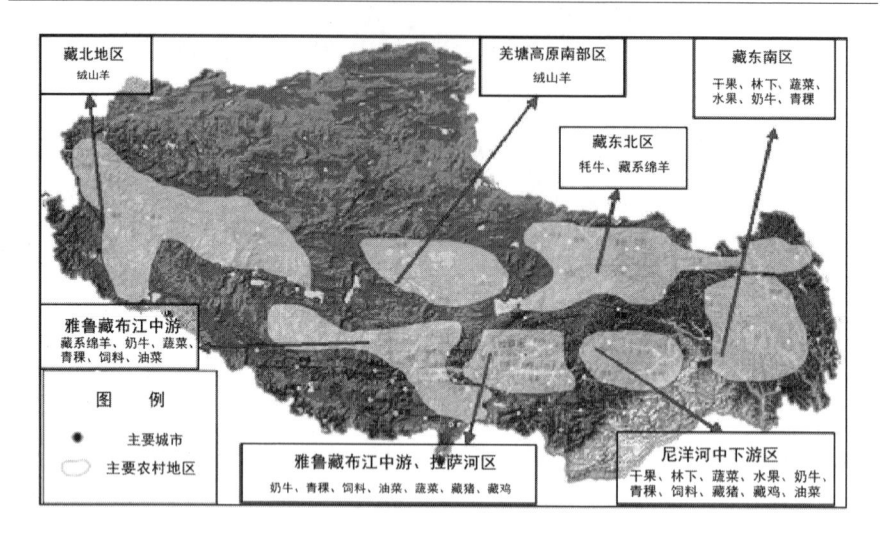

图4—1 "七区七带"特色农牧业产业布局图①

长期以来，西藏农牧业特色产业发展受到了国家各级政府的高度重视，特别是改革开放以来，国家对西藏农村实行了"宽、优、特"政策。这为西藏农牧业特色产业注入了新的发展动力。2003年西藏自治区颁布了《西藏自治区农牧业特色产业发展规划》，并于2004年开始实施。规划的实施为西藏特色农牧业产业的形成奠定了重要基础。2011年西藏自治区人民政府编制《西藏自治区"十二五"时期农牧业发展规划》，该规划明确要求要进一步优化西藏农牧业产业布局，构建"七区七带"农业产业格局。2016年西藏自治区编制《西藏自治区"十三五"时期国民经济和社会发展规划纲要》，该规划提出，在"十三五"期间，西藏要"着力发展高原特色农牧业及加工业，大力发展天然饮用水、藏医药、清洁能源、民族手工业、高原特色食品等特色优势产业"。自此，西藏农牧业特色产业在国家政策的引导下，取得了快速发展，且初具规模。据统计，"从2004—2014年十年间，西藏政府整合涉农资金，累计投资达20.94亿元，在全区7个地市74个县（市、区）实施了无公害蔬菜、牦牛、绒山

---

① 图片来源：《西藏自治区"十二五"时期农牧业发展规划》。

羊、藏猪、藏鸡、奶牛及藏系绵羊育肥、水果、林下资源等12类农牧业特色产业项目，同时建设了农牧业特色产业生产基地200多个，项目累计建设牲畜圈舍及暖棚256.5万平方米、蔬菜大棚10200栋，累计产出短期育肥绵羊232万只、山羊绒1135吨、藏香猪18万头、鸡鸭519万羽、马铃薯55万吨、蔬菜50.6万吨"[①]。

二 西藏农牧业特色产业精准帮扶的组织形式

目前，西藏农牧业特色产业已经发展为多分成、多层次、多形式的农牧业特色产业化体系，主要包括："基地+农户"一体化经营型、"公司+农牧户"一体化经营型、"公司+农牧户+基地"产业化经营型等。通过借助农牧业特色产业的产业化带动，西藏精准扶贫的组织形式呈现出多样化的特征。

"村集体+双联户+村民"的组织模式。L村距离林芝市62公里、米林县县城23公里、羌纳乡政府13公里、林芝机场高等级公路互通桥旁，平均海拔2950米，具备良好的地理优势和良好的社会经济基础。朗多村属于藏族聚居村，是羌纳乡重点贫困村，可耕种土地面积688.8亩。全村有75户363人。2015年年底人均纯收入10976元，现金收入9000元。朗多村全村扶贫"建档立卡"户14户61人，其中一般贫困户9户42人，低保户2户16人，五保贫困户3户3人。朗多村为了增加农牧民可持续收入，实行第一产业和第三产业融合，以点带面，结合L村精品客栈、花卉观赏、生态农业观光，打造集餐饮住宿和采摘旅游体验为一体的产业发展经营模式，L村建成了占地200亩，种植红富士苹果树苗6000株的村集体水果基地。该基地投入建设资金33万元，农牧民投工投劳10余万，原荒地进行土地平整和改良后，新建引水管道、蓄水池、网围栏，相应的基地配套设施建设基本完善。建成的水果基地管理模式采

---

① 《西藏十三五规划初稿成型　构建高原特色产业体系》，《上海证券报》，http://money.163.com/15/1116/11/B8HOTFEC00252G50.html。

取"集体+双联户+村民"进行管理,制定水果基地管理奖惩机制,将多有果树分到5个双联户和村民具体管理,水果基地日常管理任务和利润分红细化到每户,使管理任务和利润分红挂钩,从而带动农牧民群众的积极性,建立水果基地良性发展的长效机制。

"基地+村集体+村民饲养"的组织模式。S村东接米林镇,西连丹娘乡,北与林芝县隔江相望,南靠墨脱县,距羌纳乡政府1.5公里、距林芝市76公里、距米林县县城41.6公里,平均海拔2950米。S村为羌纳乡重点贫困村,土地少且贫瘠,可开垦荒地不多,全村总耕地面积1217亩。全村共83户347人,其中五保贫困户7户7人,低保户6户18人,一般贫困户10户40人,共计23户65人。在米林县2016年要率先完成全县脱贫攻坚的任务目标下,经乡党委和村两委商议决定,S村以养殖产业为重点,在S村投资100万元建设总面积1000平方米、牛棚400平方米、饲料储藏间80平方米、拥有犏牛60头的规模化犏牛养殖基地。为购买品质优良、适应本地繁育生长的犏牛品种,乡政府、村两委派专人在自治区寻找牛源,最终在山南隆子县购得。犏牛养殖采用"村集体+村民饲养"管理的方式,让每头牛都有人看、有人养、有人管,通过村集体犏牛养殖的饲养水平不断提高。犏牛养殖所生产的奶制品一方面可供给自己食用,另一方面可在市场上进行售卖,犏牛养殖及副产品进一步增加了村民的可支配性收入。

"政府补贴+村集体+能人+贫困户"的组织形式。L村为了提高人民生活水平,增加农牧民收入,让农牧民吃上"旅游饭",实现农牧民增收脱贫,羌纳乡在L村实行"政府扶持+村集体+能人+贫困户"的组织模式(即政府补贴、群众集资、能人带动、贫困收益的经营模式)打造了精品客栈。精品家庭客栈由群众自筹50万元,群众投工投劳10万元和争取县财政配套资金170万元,建成客房12间,占地600平方米,集餐饮、文化、旅游服务、休闲娱乐、林果产品销售一体的精品客栈。运营后,由村集体与能人签订出租合同,在3—5年内,能人负责打造品牌,条件成熟后交由村集体经营,在这5年内,政府、农牧民、能人、贫困户按资金投入比例划分股份，红利按股份分红，收入的30%给村集体，每年向村集体缴纳土地租金12万元。县政府所得红利按照一定比例辐射带动"建档立卡"贫困户增收。

"公司+农户"的组织形式。拉萨市城关区高标准奶牛养殖中心项目是2014年城关区政府重点建设的净土产业建设项目之一，建设地点位于城关区蔡公堂乡白定村二组，饲养规模达2000头，项目总投资14401万元，包括基建8401万元，购买优质奶牛6000万元，分两期建设，截至目前，项目一期已经完成，从陕西引进优质黑白花奶牛1400头，其中600头于2014年8月28日运输到位，在过渡牛场过渡饲养，目前饲养情况稳定。根据全面深化农村改革工作的相关要求，项目用地通过租赁的方式进行流转，实行"公司+农户"的生产化经营模式，由拉萨城关区净土公司就地运行管理。项目实施运营后，将收益利润将按7∶3的比例进行利益分配，即70%用于公司扩大再生产，30%用于流转土地户主的二次分红。项目的实施为城关区区直部门、学校、寺庙提供新鲜牛奶，并与圣吉雪奶牛加工工厂等项目紧密结合，形成了"优质奶源—深产品加工—特色产品销售"的一体化模式，进一步增强了农牧民特别是贫困户依靠科技发展奶牛养殖业的积极性与主动性，进一步提高了贫困农牧民的科技素质，增强了科技致富能力。

三 西藏农牧业特色产业精准帮扶的运行机制

西藏农牧业特色产业精准帮扶的"精准"体现在"扶真贫""真扶贫"，为确保项目能够入户，将"谁来扶""扶持谁""怎么扶"的问题贯穿始终。这种扶贫方式以农牧业为依托，借助具体的帮扶手段，在组织参与机制、利益联结机制、自我发展机制等多种机制的综合作用下，使得具有一定劳动能力的贫困群体得以脱贫。具体来看，该模式的主要运行机制为：

第一，组织参与机制。伴随着西藏市场化经济不断深入推进，农牧民的经济利益诉求越发明显,在当前生产资料所有制结构下,农牧民生产方式越发原子化,同时抵御市场风险的能力日益弱化。因此,在此背景下,紧靠贫困户自身"单打独斗"是无法摆脱贫困问题的,农牧业特色产业帮扶在一定程度上既满足了贫困农牧民求富意愿,又增强了贫困农牧民自我发展的综合实力。可见,通过农牧业特色产业化的带动,"可以在一定程度上依靠扎根于小农家庭的共同体力量,形成有秩序的应对策略,抵御因城乡隔离、单个人、单个家庭进入市场的风险和通常所说的现代性的负面影响"。因此,在新型经营方式的影响下,西藏农牧区也建立了新型经营组织,例如新型农牧区经济合作社等。农牧民新型生产组织的出现,有力地提升了贫困农牧民在产业链中的参与能力和就业能力,同时贫困农牧民的组织化程度也得以提高。

第二,利益分配机制。发展西藏农牧业特色产业的根本目的是解决农牧民的增收问题,重点是贫困农牧民的收益问题。在西藏农牧业特色产业发展过程中,建立完善的利益联结机制,确保农牧民能够获得稳定的收益,其中的关键是要树立共享理念。通过建立灵活多样的利益初次分配与再分配,保证利益分配的公平,可以有效防止贫困户的二次返贫。从西藏农牧业特色产业精准帮扶的过程来看,土地等资源股份制、供销订单制等方式被灵活应用。以订单制形式而言,贫困户与新型经营组织(企业、经济合作社等),建立"风险共担、利益共享"的利益联结机制,一方面通过产业链的延伸,确定共同开发,共同受益的利益联结;另一方面贫困户以劳动力参与的方式,被有效整合进西藏农牧区特色产业的发展过程中。这样既可以调动贫困户参与的积极性,又可以有效防止贫困户被边缘化。

第三,自我发展机制。个人可行能力提升是西藏农牧民摆脱贫困的关键。"授人以鱼,不如授人以渔。"实现贫困农牧民"内源式"发展的前提是人力资本的不断累积。从西藏农业特色产业的精准帮扶过程来看,贫困农牧民在产业链的延伸过程中,提高了生产技术能力,同时贫困农牧民的经营意识也在改变,即"破除了自给自足的观念,强化了市场经济意识；破除了因循守旧观念，强化了争先致富意识；破除了温饱即安观念，强化了发展意识"。可见，贫困农牧民在农牧业特色产业有效帮扶中提升了综合素质。这种精准帮扶更加效率优先、兼顾公平，在改变以往平均主义、"撒胡椒面"的基础上，特别注重激发贫困户的主动性，鼓励更多的贫困农牧民去自我创业，走能力脱贫之路。

四 主要经验与不足

当前，随着西藏农牧业特色产业精准帮扶的深入开展，贫困农牧民收入不断增加，贫困地区的经济能力有所增强，同时这也带动了贫困地区一系列相关行业、产业项目的发展，为西藏农牧民彻底摆脱贫困打下了坚实的基础。从实践来看，西藏农牧业特色产业精准帮扶形式，既积累了丰富的经验，同时也暴露了一些不足。具体来看：

首先，主要经验。在精准扶贫背景下，西藏农牧业特色产业精准帮扶的主要经验为：第一，帮扶特色产业的选择精准。农牧业特色产业是精准帮扶的基础和前提。本着"靠山吃山，靠水吃水"的原则，大力发展西藏农牧区种养殖业和民族手工业，因地制宜地发展特色产业的规模和形式。在满足市场需求的前提下，推行满足地方特色的产业发展形式。第二，农牧业特色产业帮扶经营方式精准。经营方式是特色产业精准帮扶的关键，选择何种经营方式直接影响到农牧民的增收情况。从西藏农牧区发展经验来看，市场带动型、主导产业带动型、龙头企业带动型以及中介组织联动型都取得了良好的成效。因此，积极探索形式多样的经营方式对贫困农牧民增收影响深远。第三，农牧业特色产业帮扶方式精准。在扶持方式上，必须从产业项目、支撑体系以及融资方式三方面入手，结合贫困户自身特点，实施有针对性的扶贫措施，"对症下药"。由此可以看出，产业精准选择是前提，经营方式精准选择是保障，帮扶方式精准是支撑。可见，作为西藏农牧业特色产业精准帮扶的主要内容，这三者是一个整体，彼此影响，相互促进。

其次，主要不足。不容否认，西藏农牧业精准产业帮扶在实施过程中，暴露出一些不尽如人意的地方：一是，贫困户"生存伦理"与产业扶贫趋利导向的冲突。如上文所述，虽然贫困农牧民在主观意识上有脱贫求富的意愿，但是现实中，诸多贫困农牧民在意识到潜在的市场风险时，更愿意采取规避风险的行为。因此，当贫困农牧民在信息获取、参与能力、经营能力等方面先天不足时，更容易选择更加保守的生存策略。虽然农牧业特色产业的发展从整体上带动了整个区域经济的发展，但是由于保守行为使得贫困户陷入被"边缘化"的困境。因此，趋利导向与农牧民自身脆弱性之间的张力，告诉我们不能忽视他们的能动性，即主动应对市场的自我保护行为。二是，基层行政人员行为动机与农牧业特色产业精准扶贫目标的偏离。从基层政府角度而言，积极推进西藏农牧业特色产业精准帮扶工作，容易打造精准扶贫工作中的亮点，突出政绩。[①] 同时，受压力型体制影响，基层政府总是趋向于借助多样化的行动策略应对政策指令或谋求生存空间。[②] 因此他们往往会采取行政动员的方式，省时省力，见效也快。但是"当农牧业特色产业扶贫政策与基层政府施策能力、施策动力不匹配时，农牧业特色产业帮扶政策的扶贫目标与基层干部的施策行为动机就会相互龃龉"[③]，从而精准帮扶的时效性就被掩盖在行政命令之下。三是，西藏农牧业特色产业精准帮扶的示范性与贫困户参与积极性的背离。在行政吸纳新型组织的过程中，政府一般都会出台一些激励政策和扶持措施，然而这种"政绩工程"形成了对"资本"的路径依赖，权钱合谋的"效益"反过来成为路径依赖的拉力，从而结成了国家和社会"强势者"的更深次的合谋。[④] 这将直接导致贫困户逐渐失去对政府以及其他扶贫主体的信任，随之参与性降低，

[①] 向家宇：《贫困治理中的农民组织化问题研究》，博士学位论文，华中师范大学，2014年，第90—91页。

[②] 王蒙、李雪萍：《行政吸纳市场：治理情景约束强化下的基层政府行为——基于湖北省武陵山区W贫困县产业扶贫的个案研究》，《中共福建省委党校学报》2015年第10期。

[③] 尼玛次仁、吴春宝：《西藏农牧业特色产业精准帮扶模式探析》，《西藏大学学报》2016年第4期。

[④] 孙兆霞：《脱嵌的产业扶贫——以贵州为例》，《中共福建省委党校学报》2015年第3期。

继而贫困户的发展目标与产业发展的内在生产基础就会遭到破坏。[1]

第二节 援藏扶贫：缘起、演进与运行机制

"治国必治边，治边先稳藏。"援藏扶贫既体现了当前党中央"治边稳藏"的治藏方略，又提高了西藏扶贫工作的精准性与有效度。经过不同时期的发展与演变，援藏扶贫已经建构起较为完善的组织协调机制、资金投入机制和扶贫创新机制，并促进了西藏扶贫工作的开展与推进。作为西藏扶贫体系中的重要扶贫方式，援藏扶贫政策还应进一步优化，以弥补其存在的缺陷与不足。

一 西藏援藏扶贫工作的缘起与演进

"西藏人口虽不多，但国际地位极重要。"[2] 自西藏和平解放以来，中央关心西藏，全国支援西藏。为了彻底改变西藏贫困落后的面貌，中央先后六次召开西藏工作会议，举全国之力支援西藏发展。在援藏过程中投入的财政资金、人才智力、项目设施等诸多生产要素，为西藏地区的持续全面发展提供了根本保障。据统计，1952—2013 年中央对西藏的各项财政补助达 5446 亿元，占西藏地方公共财政支出的 95%。[3]

（一）中央帮扶中的西藏扶贫工作

西藏地处我国西部边陲，具有独特的自然环境与人文特征。和平解放之前，政教合一的封建农奴制度在西藏延续了几百年。高寒缺氧、环境脆弱等恶劣的自然条件、落后的生产方式与政治制度使得西藏长期处于封闭萎缩、贫困落后的状态，"世世代代停滞，劳动者封闭无知，劳动

---

[1] 王春光、孙兆霞、曾芸：《社会建设与扶贫开发新模式的探求》，社会科学文献出版社 2014 年版，第 162—165 页。

[2] 编写组：《毛泽东西藏工作文选》，中央文献出版社、中国藏学出版社 2001 年版，第 6 页。

[3] 国务院新闻办公室：《西藏白皮书：西藏发展道路的历史选择》，http://news.xinhuanet.com/2015-04/15/c_1114974653.htm。

生产率很低"①。在"三大领主"的统治之下，西藏已经与世界发展潮流背道而驰。西藏和平解放以后，中央人民政府便开始有针对性地帮助西藏发展地方经济建设。在这一时期，物资供给是中央政府支援西藏的主要方式，除此以外还包括资金、智力支援等。1952 年 5 月，中央首次向西藏发放无息农贷 30 亿元旧币，到 1958 年共发放无息贷款 270 万银圆。同时，中央投资 2.6 亿多元修筑了康藏、青藏公路②，两条公路的建设密切了西藏与内地之间的社会经济文化交流。1955 年，中央人民政府通过了《关于帮助西藏地方进行建设事项的决定》，决定拨款并派遣技术人员，由国务院各个部门负责帮助西藏地方进行经济建设。

　　1959 年 3 月 10 日，西藏上层反动集团悍然发动叛乱，为了维护国家稳定统一，中央政府迅速平定叛乱并进行了民主改革。1960 年完成的民主改革彻底改变了西藏地区的政治经济制度，农奴制被废除。在此背景下，西藏地方政府在中央的支援下进行了第一次有组织的、大规模的扶贫济贫工作。③ 据 1959 年 10 月 13 日的《西藏日报》报道，先后从祖国各地到拉萨支援西藏建设的各专业技师干部达 417 名。1959 年 11 月 25 日新华社报道："西藏农牧民已获得国家无偿拨给的 366957 件铁质农牧生产工具，平均每户可得到 1.5 件。" 1960 年 1 月 7 日的《西藏日报》报道：全国各地大力支援西藏，一年来从内地运来各种物资，其中茶叶达 2000 吨，布匹达 1800 多吨。④ 1962 年，筹委会又利用 98 万元贷款扶助了 13000 多户贫苦农牧民，同时还向他们发放了 282 万斤种子和口粮，帮助他们购买了 1630 多头牲畜，下拨了 800 多吨农用钢材。⑤ 1960 年至 1966 年的 6 年间，银行向西藏贷款 700 余万元，信用合作社发放贷款 300 余万元，与民主改革前的 1952 年到 1959 年共发放 271 万元农牧业贷款相

---

① 《列宁全集》第 20 卷，人民出版社 1972 年版，第 297 页。
② 赵曦、周炜：《中国西藏扶贫开发战略研究》，中国藏学出版社 2004 年版，第 11 页。
③ 罗绒战堆：《西藏的贫困与反贫困问题研究》，中国藏学出版社 2002 年版，第 2 页。
④ 黄万纶：《西藏经济概论》，西藏人民出版社 1991 年版，第 331 页。
⑤ 多杰才旦：《西藏经济简史》，中国藏学出版社 2002 年版，第 648—660 页。

比，大幅度增长。①

在中央政府直接支援下，发展和稳定成为西藏社会经济的主题，西藏农牧业生产水平明显提高，治穷致富也同时调动了农牧民的生产积极性。据统计，西藏粮食总产量由1959年的1.8亿公斤增加到了1966年的3.15亿公斤，平均每年增长8.3%，畜牧从1959年的955.6万头（只）发展到1966年的1817.5万头（只），增长90.2%②，西藏地区赤贫现象得到进一步遏制，农牧民的生产生活得到了初步改善。

（二）全国援藏中的西藏扶贫工作

"文化大革命"时期，国家整体经济受到了巨大冲击，因此依靠中央支援而进行的西藏扶贫工作一度停滞。但毋庸置疑的是，中央政府的支援为以后西藏扶贫工作的开展奠定了良好的基础。依据1978年下半年的"第七次全国民政工作会议"精神，西藏自治区在全区内进行了贫困状况调查。调查结果显示，全区共有贫困户92478户，贫困人口470308人，分别占全区农牧民总户数和总人口的31%和30.2%，其中特困户和特困人口分别为65888户和320077人，占全区农牧民总户数和总人口的22%和20.7%。③可见，当时西藏地区的扶贫形势异常严峻，扶贫任务非常繁重。

1980年3月，中央召开第一次西藏工作座谈会，形成了《西藏工作座谈会纪要》（下文简称《纪要》），明确了西藏面临的主要任务及需要解决的方针和政策问题，要求从西藏实际出发，实行"放、免、减、保"④。《纪要》同时指出："中央各部门也要加强对西藏工作的正确指导，并且根据实际需要和可能条件，组织全国各地积极给他们以支持和

---

① 编写组：《西藏自治区概况》，西藏人民出版社1984年版，第511—512页。
② 赵曦、周炜：《中国西藏扶贫开发战略研究》，中国藏学出版社2004年版，第15页。
③ 《西藏自治区民政厅文件"17年扶贫扶优省内工作的情况介绍"》，转引自罗绒战堆《西藏的贫困与反贫困问题研究》，中国藏学出版社2002年版，第3页。
④ "放"即放款政策，尊重队、组、户的自主权；"免"即免征农牧税，取消一切形式的派购；"减"即减轻群众负担，废除一切形式的摊派任务；"保"即保证农牧民群众必要的供给。

帮助。"这标志着中央将西藏作为一个整体进行全面支援,并以制度的形式对支援工作进行了规范。1983年8月,国务院作出了"在坚持全国支援西藏的方针下,由四川、浙江、上海、天津四省(市)重点对口支援西藏"的决定。① 经过认真的讨论与协调,最后确定了10个对口支援单位,落实了50多个对口支援合作项目。② 1984年第二次中央西藏工作座谈会召开,标志着全国援藏工程建设的开始。会议对中央各部委和全国各地援藏工作作出了部署,决定由北京、上海、天津、浙江、江苏、四川、广东、山东、福建9省(市)及农牧渔业部、水电部、国家建材局等有关部门,重点帮助西藏建设43项工程(又称"交钥匙工程"),总面积23.6万平方米,共投资4.8亿元。

第一、第二次西藏工作会议推出的一系列政策表明,中央已经将西藏作为特殊的区域进行综合开发,集全国的人力、物力、财力支持其发展。数据显示,1991年西藏农业总产值达到20.46亿元,比1952年增长3.4倍,粮食产量达到5.8亿斤,平均亩产达到224公斤,比1952年增长了一倍多,1992年人均占有粮食达到290.5公斤,比1952年提高1.2倍。畜牧产品产量大幅度增长,1991年全区农牧民人均纯收入为455元,扣除物价上涨因素,比1979年的159元增长了1.6倍。同时,农牧民家庭拥有了数量可观的生产资料,平均每户拥有的生产性固定资产价值6021元、牲畜75头(只),每百户拥有汽车9辆、大小拖拉机6台,机动脱粒机3台,马车12辆。③ 这一时期,西藏社会经济发展较为快速,贫困落后的面貌得到进一步改观,但全区整体与全国平均发展水平相比还存在较大差距。

(三)对口援藏中的西藏扶贫工作

1994年4月15日,国务院印发《国家八七扶贫攻坚计划》,计划要

---

① 贺新元:《中央"援藏机制"的形成、发展、完善与运用》,《西藏研究》2012年第6期。
② 中共西藏自治区委员会党史研究室编:《中国共产党西藏历史大事记(第一卷)》,中央党史出版社2005年版,第398页。
③ 赵曦、周炜:《中国西藏扶贫开发战略研究》,中国藏学出版社2004年版,第22页。

求"从1994年到2000年,集中人力、物力、财力,基本解决目前全国农村8000万贫困人口的温饱问题"。在此背景下,1996年西藏自治区出台并实施了《西藏自治区扶贫攻坚计划》,开始全面开展西藏的扶贫开发工作。当时西藏自治区有18个贫困县,其中国家确定的贫困县5个。13个区定贫困县有贫困户3.6万户20.5万人,1995年这20.5万人的人均收入为436.41元,人均生产粮食550.5斤,菜油籽26.8斤,肉75.6斤,奶109.6斤。此外,加上分布于面上的27.5万贫困人口,贫困人口总数高达48万人,占全区总人口的23%,而我国1994年开始扶贫攻坚战时,全国贫困人口数占总人口数的比例为6.67%。此外,西藏仅赤贫人口(人均纯收入低于300元)就有10万人左右,占全区总人口的4.76%。[①]进入21世纪以来,截至2010年年底,根据我国划定的年收入2300元的贫困线新标准,西藏贫困人口为83.3万人,占西藏农牧区总人口的34.42%,贫困发生率在全国最高。[②] 由此可见,虽然经过几年发展,西藏社会经济有所进步,但是扶贫工作依然举步维艰。

在西藏的发展脉络中,第三次(1994年)、第四次(2001年)中央西藏工作会议具有里程碑式的意义。经过这两次会议,援藏体系框架基本形成,援藏格局也基本稳定。第三次中央西藏工作会议提出了"对口援藏"的政策,即"分片负责、对口支援、定期轮换"。此次会议还作出了全国支持西藏的决定,14个省市对口援助西藏7个地市,援藏任务具体下达到每个省份。同时,会议还确定了西藏社会经济的发展目标:国民生产总值年均增长10%左右,到2000年力争国民生产总值比1993年翻一番,粮油肉基本实现自给,基本完成脱贫任务。第四次中央西藏工作会议又进一步明确了西藏工作的目标,即"一个中心、两个促进";对口援藏时间在原有十年的基础上再延续十年;扩大支援范围,把西藏其他原来未建立支援关系的29个县全部纳入进来。援助主体除了四川省不

---

① 罗绒战堆:《西藏的贫困与反贫困问题研究》,中国藏学出版社2002年版,第5—6页。
② 唐朝杨:《西藏预计年内减贫10万人》,2015年11月27日,http://finance.ifeng.com/a/20151127/14095252_0.shtml。

再担任对口援藏任务外，原来担任援助任务的其他 14 个省份对口支援关系不变。同时增加重庆市援助昌都地区、黑龙江省和吉林省援助日喀则、安徽省援助山南地区，以及增加部分大型国有企业参加干部援藏工作。① 第五次（2010）中央西藏工作会议继承了原有的援藏方式，并加大了支援力度，在实现"大稳定、小调整"的基础上，进一步完善了对口援藏的工作格局。

在高强度的援助下，西藏取得了引人注目的发展。② 西藏与内地发展差距逐步缩小，现代化水平不断提高，贫困落后的面貌得以改变，各族人民的生活条件与生活质量也得到了切实保障。据统计，1980—2011 年，中央政府共给予西藏财政补助 2957.6 亿元，同时还先后投入 1800 多亿元资金在西藏援建了"一江两河"开发工程、"117 项工程""180 项工程"（实际实施 188 项工程）等重大援藏项目；1994—2014 年，国家各部委、18 个省市、17 个中央企业等对口援藏单位累计援助项目 8310 个，落实援藏资金 296 亿元。③ 但是，在援藏扶贫的过程中，贫困人口的自我发展能力不足、贫困的代际传递以及贫困人口对扶贫资源的惯性依赖等问题也日益凸显出来。

综上所述，通过梳理不同阶段援藏扶贫工作的演变历程我们会发现，援藏扶贫已经由原来依靠中央的物力、人力、财力为主的"输血式"支援扶贫，逐渐转变为以援藏干部为纽带、以项目为依托、以资金为抓手的"造血式"开发扶贫；援藏扶贫内容从单一的物质给予扶贫转变为以提供项目、智力、技术、资金等多元化生产要素为主，成为一种旨在提升西藏自我发展能力的组团式扶贫。

---

① 王小彬：《经略西藏——新中国西藏工作 60 年》，人民出版社 2009 年版，第 308 页。
② 国务院新闻办公室：《西藏和平解放 60 年》，2011 年 7 月 11 日，http://news.xinhuanet.com/politics/2011-07/11/c_121652482.htm。
③ 陈沸宇、韩俊杰、扎西：《跨跃 50 年：截至 2014 年底累计实施援藏项目八千多个》，2015 年 9 月 4 日，http://news.xinhuanet.com/politics/2015-09/04/c_134589517.htm。

二 西藏援藏扶贫的运行机制

援藏扶贫机制是对口援藏制度中的重要组成部分,也是中央治藏方略创新的重要体现。经过长期实践,西藏基本建构起了具有"中国特色、西藏特点"的扶贫体系,形成了以援藏扶贫、产业扶贫、项目扶贫、政策扶贫以及社会扶贫为主体的"五位一体"扶贫格局。作为扶贫格局中的重要组成部分,援藏扶贫将产业项目、技术人才以及扶贫资金等源源不断地输入西藏贫困地区,推动了西藏扶贫工作的开展,并提升了扶贫工作的有效性。数据显示,2013年西藏贫困人口减少了12.8万人,全区扶贫对象占农牧区总人口的比例已由2012年年底的23.97%下降到了18.73%。[①]目前,运行良好的援藏扶贫工作主要建立了以下几种机制:

(一) 组织协调机制

援藏扶贫工作的开展离不开强有力的组织保障。从宏观援藏组织结构来看,在中央层面,国家设立了西藏问题最高决策机构,即"中央西藏工作领导小组",组长由全国政协主席担任,副组长为国务院秘书长,其他成员涉及统战部、发改委、财政部、国家宗教局、公安部、政法委、西藏自治区党委以及武警负责人,该组织全面统筹西藏工作的各个方面。在援助方层面,援助部委以及各个省市一般都设立了"援藏工作小组",作为支援西藏地方的统筹协调组织机构,组长主要由省委常委担任,主要成员是具体职能部门的负责人。同时,西藏还设立了"前方指挥部",该指挥部受援方与援助方的双重领导,专门负责项目的沟通与协调工作。地市级也参照省部级援藏工作领导小组设立了相应组织。在受援方层面,由经济技术合作办公室统筹,西藏自治区各职能部门、各地区及所辖县级市、各事业单位和国有企业都成立了"受援办"[②]。总体来看,援藏扶

[①] 张京品:《中国对口援藏助力西藏"五位一体"大扶贫格局》,2014年8月19日,http://news.xinhuanet.com/local/2014-08/19/c_1112136909.htm。

[②] 谢伟民、贺冬航、曹尢:《援藏制度:起源、演进和体系研究》,《民族研究》2014年第2期。

贫已经形成了中央全面统筹领导、多元主体对口的协调机制。

从微观援藏扶贫机制来看，一般援助单位都设立了与扶贫工作相对应的组织机构，专门负责扶贫项目的模式的选择、项目的规划、操作规程的设置及对应的考评与反馈机制的建构等。以援藏的央企为例，大部分参与援藏的央企在企业内部都建立了协调统筹机制，如设立援藏工作领导小组、扶贫援藏工作领导小组及办公室、扶贫及公益慈善事业领导小组、对口支援及扶贫工作领导小组等协调小组。① 这些专门的扶贫机构除了负责处理援助事务外，还专门负责西藏扶贫开发过程中所需的资金、项目、人才、政策的落实以及工作的衔接等具体问题。

（二）资金投入机制

就扶贫效果而言，长期稳定的、有效的资金投入是西藏扶贫工作不断发展的助推力量。自 1994 年以来，对口援藏省市、国家部委和企业先后投入援藏资金 260 亿元，实施援藏项目 7615 个。② 第五次中央西藏工作会议明确指出，援藏省市应安排上一年度地方财政一般预算收入的千分之一用于支援西藏发展。"十二五"期间，中央财政扶贫开发规划资金 33 亿元，但实际投入 33.13 亿元，已经超出了原规划额度。在此基础上，第六次中央西藏工作会议明确指出，要"继续执行援藏省市对口援助资金政策"。除此以外，针对西藏这样的连片特困地区，中央还将"加大投入力度，采取特殊政策，推进西藏、四省藏区和新疆南疆四地州脱贫攻坚"。基于国家对口援藏资金投入的稳定性及长期性，自 2013 年以来，西藏结合自身扶贫工作特点，开始鼓励援藏资金参与到扶贫工作中来，形成了"专项扶贫引导、行业扶贫跟进、社会扶贫支持、援藏扶贫倾斜的大扶贫格局"。

就援藏扶贫资金的倾向性而言，援藏扶贫资金主要是向特定区域——西藏农牧地区倾斜，其次是向关键的民生领域倾斜。西藏近 80%

---

① 杨明洪：《市场化背景下的央企对口援藏制度研究》，《中国藏学》2015 年第 3 期。
② 王军、黄兴：《对口援藏 20 年：近 6000 人进藏工作累计投入资金 260 亿元》，2014 年 8 月 24 日，http://news.xinhuanet.com/fortune/2014-08/24/c_1112204692.htm。

的人口集中在农牧区，而绝大多数贫困人口也主要分布在这些区域，因此农牧区是援藏扶贫的核心地带。西藏农牧区地广人稀，公共产品的有效供给不足是长期以来制约西藏农牧民增加收入、摆脱贫困的关键因素。扶贫资金锁定农牧区和民生领域，可以有效提升援藏扶贫的精准度和工作效率。就援藏扶贫资金使用方式而言，援藏扶贫通过实施大骨节病区深度治理、农牧民安居工程、溜索改桥等专项扶贫工程，在满足贫困农牧民基本民生需求的同时，有效抑制了贫困人口的返贫与贫困的代际传递。然而需要提到的一点是，虽然当前援藏扶贫工程是民心工程和造血工程，但援藏资金的低效益与浪费一直被诸多学者所诟病。如何全面发挥援藏资金在扶贫工作中的杠杆撬动效应，已经成为当下援藏扶贫亟须解决的主要问题。

（三）扶贫创新机制

发挥比较优势是援藏扶贫的关键所在。"一方水土养一方人"，支援方与受援方彼此之间的地域、文化、社会经济发展水平的差异性相对明显，要发挥支援方的自身优势，制定符合西藏地区区情特点的扶贫方式，就需要建立援藏扶贫的创新机制，主要应做好三个方面的创新：

第一，创新援藏扶贫理念，变"授之以鱼"为"授之以渔"，将扶贫重点放置在贫困人口的自我能力提升上，加强对西藏农牧区人力资本的投资，特别是对贫困家庭子女教育的重点资助与扶持，同时在扶持方式上坚持物质扶贫与智力扶贫相结合。第二，创新援藏扶贫方式，提升贫困人口的参与能力。从扶贫方式来看，援藏扶贫已经由最初的"交钥匙"，转变为"交钥匙"和"交支票"相结合，积极有效地吸纳当地政府以及农牧区贫困人口参与到管理中。第三，创新援藏扶贫项目遴选机制，积极探索从"输血"到"造血"的发展路径。援藏扶贫的关键是实现由向贫困人口"输血"转变为激发贫困人口自身"造血"，因此在项目遴选上要突出有效的民主协商机制，下放事权——包括项目初审权、项目知情权、项目参与权以及项目评议权等——至西藏农牧区基层，以此充分了解贫困人口的基本诉求。在项目遴选上还要围绕贫困人口的自我发展能力以及当地社会经济条件，因地制宜地构建符合自身基础和市场需求的评选机制，同时还要兼顾支援方自身的特点与突出优势。

援藏扶贫的创新机制提高了扶贫项目的适应性与有效性，但是与其他扶贫方式相比还存在一些明显缺憾，例如缺乏必要的统筹协调机制，不同援藏扶贫主体之间存在各自为政的现象；再如由于贫困治理的合作机制不健全，援藏干部在援藏扶贫工作中扮演的角色有偏差等。

作为典型的、具备西藏区域特色的精准扶贫模式，援藏扶贫的核心要素是长期以来中央政府在西藏地区实施的差异化的区域性政策。首先，该模式的产生与演变根源于西藏特殊的社会历史背景，从该角度来看，援藏扶贫的政治价值远超其存续的社会经济价值。因此，这也就决定了该模式的可复制性不强。其次，该模式的主要方式是建立在援助基础上的，援助扶贫的对象不仅包括特定的贫困群体，同时还包括特定的区域。就援助内容而言，援藏主体在给予特定贫困群体物质与资金支持的同时，还在进一步加强和改善特定区域的公共设施建设，例如提供通路、通电、通水、通信号等基础设施建设服务。由此可见，援藏扶贫又具有典型的普惠性特征。最后，援藏扶贫目标是弥合西藏与内地其他省份在社会经济方面的差距，提升自我发展能力，应秉承"依法治藏、富民兴藏、长期建藏、凝聚人心、夯实基础"的重要原则，进一步完善"经济援藏、教育援藏、就业援藏、科技援藏、干部援藏"等多层次、宽领域、全方位的援藏体系，拓展西藏地区精准扶贫的工作空间，为保障西藏地区如期顺利实现脱贫目标，奠定坚实的物质与制度基础。

第三节 农牧民经济合作组织扶贫：价值与限度

当前我国扶贫工作进入全面攻坚阶段，西藏作为全国贫困集中连片地区之一，是精准脱贫攻坚的重点地区，积极探索切实有效的精准扶贫模式，对西藏精准扶贫工作的顺利开展大有裨益。农民组织化是目前破解精准扶贫主要问题的关键所在，而且农牧民的组织化程度直接影响着精准扶贫工作的成效。2011年中共中央、国务院颁布的《中国农村扶贫开发纲要（2011—2020年）》（下文简称《扶贫开发纲要》）明确提出："要促进产业结构调整，通过扶持龙头企业、农民专业合作社和互助资金组织，带动和帮助贫困户发展生产。"2014年国务院扶贫办在《关于印发〈建立精准扶贫工作机制实施方案〉的通知》（国开办发〔2014〕30号）中进一步指出："鼓励引导社会组织、个人等社会扶贫参与主体，到贫困地区开展形式多样的扶贫帮扶活动。"2015年西藏自治区政府颁布了《关于进一步动员社会各方面力量参与扶贫开发的实施意见》，指出"要建立和完善广泛动员全社会力量参与扶贫开发的制度，构建包括定点扶贫、援藏扶贫、驻藏部队扶贫以及企业、社会组织、各民主党派、工商联和无党派人士参与的中国特色西藏特点的社会扶贫工作体系"。因此，在精准扶贫的大背景下，探索农牧民专业合作社在西藏扶贫工作中的作用机制，深入探究存在的不足与局限，对西藏全面脱贫目标的实现具有重大现实意义。

从学术研究的角度来看，关于农民专业合作组织参与扶贫的文献不多，现有文献的研究内容大多是在探讨农民专业合作组织在扶贫中如何发挥积极效能，一般认为农民专业合作组织"实现了科技扶贫和自主扶贫相结合，在提高贫困农民经济收入的同时，也帮助其缓解了能力贫困和权利贫困"[1]。在社会资本扶贫层面上，农民专业合作组织有利于推动农村社会资本的转型与形成，这主要体现在"有利于修复与拓展农村社会关系网络、扩大农村贫民的人际信任半径，并强化公共治理的制度性和规范性"等诸多方面。[2] 同时，作为引领农民参与市场竞争的现代经营组织形式，农民专业合作组织是产业发展的黏合剂，对贫困农民收入及劳动技能的提高具有推动作用。[3] 在农业产业化过程中，农业专业合作组

---

[1] 李红玲：《农民专业合作组织的多元扶贫逻辑与公共治理》，《贵州社会科学》2014年第7期。

[2] 李红玲：《农民专业合作组织的社会资本扶贫逻辑》，《贵州社会科学》2013年第3期。

[3] 袁立彪、肖保楚：《农民专业合作组织在扶贫开发工作中的作用》，《湖湘三农论坛》2009年第1期。

织在一些地区解决了贫困问题的根源。① 然而,从具体实践来看,农民专业合作组织在扶贫过程中也存在诸多不足,例如缺乏能人带动、制度组织程度不高、综合市场竞争力不强等。② 因此,除了加大政府扶持力度,采取积极措施培育农民专业合作组织以外③,更应该重点研究参与式扶贫与农民合作社的互动关系,探索"整村推进+农民专业合作社"等类型的反贫困模式④,实现贫困地区的脱贫目标。

综上所述,农民专业合作组织在扶贫中发挥了非常重要的作用,而且也得到了国家层面的高度重视,但是关于扶贫与农民专业合作组织二者间关系的学理探究及实践经验的总结却并未引起当前学界的足够关注,相关理论与实证研究略显不足。作为较新的研究问题,农牧民专业合作组织参与西藏扶贫工作的诸多方面都值得进一步研究和探讨。而且,这种研究和探讨既需要引入具有代表性的理论成果与先进理念,同时更需要保持西藏实践的本土特色,探讨因地制宜的实际措施,并以此为重要借鉴,推动我国精准扶贫工作的全面提升。

一 西藏农牧民专业合作社参与扶贫工作的价值

农民专业合作社是在家庭联产承包责任制的基础上建立的一种农业生产经营组织。根据2006年《中华人民共和国农民专业合作社法》的规定,农民专业合作社是"在家庭承包经营基础上,同类农产品的生产经营者或者同类农业生产经营服务的提供者、利用者,通过自愿联合,实行民主管理、民主决策的一种利益互助式的经济组织"。农民专业合作社是在"小生产、大市场"的现实背景下出现的。为了适应农牧业产业化、

---

① 吴定玉:《农业合作社:新世纪反贫困的组织支撑》,《农村经济》2000年第8期。
② 余茂辉:《贫困地区发展农民合作经济组织的实证研究——以安徽省霍山县农民合作经济组织的调查为案例》,《南开经济研究》2005年第4期。
③ 苏晓云:《贫困地区农民合作经济组织实证研究——基于广西凤山县的调查与思考》,《毛泽东邓小平理论研究》2012年第5期。
④ 韩国民、高颖:《西部地区参与式扶贫与农民专业合作社发展的互动研究》,《农村经济》2009年第10期。

组织化的发展需要,西藏政府通过政策扶持、资金补贴等方式培育农牧民专业合作组织生长,2009年西藏自治区人民政府专门颁布了《西藏自治区关于加快发展农牧民专业合作经济组织的意见(试行)》。近几年来,西藏农牧民专业合作组织的发展经历了从无到有、经营规模与数量迅速扩大的过程,农民专业合作组织的专业化程度不断提高,运行机制进一步完善。据统计,截至2014年年底,西藏自治区各类农牧民合作社的数量已经达到2937家,注册资金20.46亿元。[1] 西藏农牧民专业合作组织的蓬勃发展不仅推动了西藏农牧业的现代化发展,而且对农牧民生产的组织化水平以及收入的提高发挥了不可替代的作用。就贫困治理而言,西藏农牧民专业合作社的价值主要体现在以下三个方面:

(一) 在西藏扶贫工作体系建设方面

西藏的扶贫工作长期采取政府自上而下单向度的财政转移支付或者"运动型治理"的方式[2],这两种方式对解决以实现温饱为主要目标的贫困问题效果非常明显。但是《扶贫开发纲要》中明确指出:"我国农村扶贫开发从以解决温饱为主要任务的阶段,转入巩固温饱成果、加快脱贫致富、改善生态环境、提高发展能力、缩小发展差距的新阶段。"显然,原有的治理手段已不能适应当前阶段新的扶贫工作目标。伴随农牧区贫困目标的重塑,政府能力面临诸多考验,如财政保障、资源整合、制度保障以及贫困治理专业化知识储备等[3],因此合理转换贫困治理范式是西藏现阶段实施精准扶贫的关键。在新治理范式下,西藏的扶贫工作应该是国家、市场、社会按照新的互动方式,合力应对扶贫问题的动态性、多样性以及复杂性。多元合作的扶贫工作模式主张扶贫主体的非单一性,即扶贫的主体不应该只有政府一家,而应该是由政府、社会组

---

[1] 王菲:《西藏农牧民专业合作组织已达到2937家》,《西藏日报》,2015年4月1日,第6版。

[2] 何绍辉:《从"运动式治理"到"制度性治理"——中国反贫困战略的范式转换》,《湖南科技学院学报》2012年第7期。

[3] 王昶、王三秀:《农村贫困治理目标重塑与政府能力建构:困境与出路》,《湖北社会科学》2016年第2期。

织、市场组织以及个人等多元主体互动形成的网状结构。因此，在西藏扶贫工作过程中，政府应与社会各方共同参与，多元合作，从而建立多中心秩序。多元扶贫主体通过发动和参与、对话与沟通、反馈与纠错、原则与变通等多重机制对扶贫对象、扶贫标准、扶贫措施等内容进行具体协商[①]，以达到合理配置扶贫资源、有效减少贫困、提高社会公平度的目标。

西藏农牧民专业合作社作为新兴市场主体参与扶贫，有力地推动了多中心贫困治理格局的形成。虽然西藏农牧民专业合作社的运行模式和组织形式不尽相同，但是总体而言，互惠与互助是农牧民专业合作社参与扶贫工作的基本功能，由合作而形成的互惠使得农牧民专业合作组织成员都能够受益。农牧民专业合作社的合作主要是合作社内部成员之间的合作，即核心社员、普通社员及贫困户之间的合作，此外还包括农牧民专业合作社与外部各个主体之间的合作，主要是指与政府及其他社会主体之间的合作，例如政府和农牧民专业合作社合作，进行特色产业项目的推广、种养殖技术的培训等。农牧民专业合作社的互助是在组织范围内，合作社向不同参与主体提供生产技术、生产资料以及市场信息等方面的支持。在贫困治理过程中，互利互惠使得政府、农牧民专业合作社以及其他社会主体之间实现了共赢。[②]

（二）在西藏农牧区资源配置方面

作为一种新的扶贫机制，农牧民专业合作社参与扶贫存在由政府、社会推动扶贫的比较优势，这些比较优势包括资源利用效率高、投资收效好、运作灵活性强、竞争激发活力、精确瞄准贫困对象、适应快速变化的需求、具有扶贫可持续性。[③] 在扶贫的实践中，资源是有限的，也是

---

① 吴晓燕、赵普兵：《农村精准扶贫中的协商：内容与机制》，《社会主义研究》2015年第6期。

② 许军海：《贫困治理中的合作经济组织参与研究》，博士学位论文，华中师范大学，2015年，第47—48页。

③ 向德平、黄承伟：《中国反贫困发展报告（2015）——市场主体参与扶贫专题》，华中科技大学出版社2015年版，第69页。

稀缺的，要提高资源利用率，就必须合理有效地对资源进行配置。从西藏传统的贫困治理方式来看，"输血式"往往是配置扶贫资源的主要方式，即政府依据地区经济的发展程度及贫困人口数量进行资源分配。这种资源分配方式虽然可以体现资源分配的公平性，但是过分的平均化导致扶贫效果甚微。过分强调扶贫资源的均等分配，既消磨了贫困农牧民脱贫的动力和积极性，使其形成了"等、靠、要"的惰性思维，又造成了扶贫资源的浪费，不能保证"好钢用在刀刃上"。因此，广覆盖的资源分配方式因缺乏激励机制而为诸多学者所诟病。

为了消除这种弊端，西藏农牧民专业合作组织依托市场调节机制，充分发挥了"资源调配器"和"资源转化器"的功能。一是发挥了"资源调配器"的功能。作为连接农户与市场、农户与政府之间的纽带，西藏农牧民专业合作组织成为市场资源与扶贫资源的调配器，通过对土地、资金以及技术等生产要素的整合与重组，促进了扶贫资源的合理流动，更好地发挥了这些扶贫资源的扶贫效益。二是发挥了"资源转化器"的功能。在资源配置过程中，西藏农牧民专业合作社在充分利用国家优惠政策和其他社会组织帮扶的基础上，通过发挥组织优势，将贫困农牧民吸纳进专业合作社，充分挖掘他们的潜能，以资源汲取及内生能力再造为主要途径，实现了"物质资本—人力资本—社会资本"的转变。在物质资本转化过程中，专业合作社通过生产经营带动，将种养殖技术、市场经营理念传授给贫困农牧民，提升了农牧民的经营能力、种养殖技术以及市场交往能力等综合能力，人力资本的积累使贫困农牧民获得了摆脱贫困的"可行能力"。

总之，西藏农牧民专业合作社通过配置扶贫资源，彻底改变了农牧民封闭落后的思想观念，使其逐步融入市场经济活动中。通过加入合作社，一方面改变了农牧民因不会消费、储蓄计划，一发钱发物就彻底消费的行为；另一方面农牧民加入合作社，耳濡目染地学会了一些生产技术，特别是了解了市场规则内容，懂得了市场销售和经营方法，逐步融入商品经济社会当中。①

（三）在西藏贫困农牧民的增收方面

"在藏区的专业合作社并不是小商品生产者的联合体,当地的商品经济发展水平和社会文化赋予了它'相互依靠开展商品生产的共同体'的内涵。在这里,宗教文化的社会观念将合作社实现小生产者利益最大化的经济功能削弱了,尤其是另外附加了济贫的功能。"② 西藏农牧民专业合作社实现贫困户增收的主要路径为:

一是提高贫困农民的组织化程度,有效规避市场风险。伴随西藏市场经济的发展,贫困农牧民将面临更多的市场风险,还包括自然风险、制度和政策层面的风险以及技术风险等。分散且日益原子化的家户式经营不但无法适应市场竞争,而且更难以抵御各种风险。农牧民专业合作社则可以将农户、市场和企业有效组织起来,实现小农户与大市场之间的对接,从而增强贫困农牧民抵御风险的能力,有效规避由各种风险造成的不确定性,保障贫困农牧民的最低收入。

二是降低生产交易成本,稳定贫困农牧民收入。获取稳定收益是贫困农牧民参加经济合作社的直接动机。作为贫困农牧民合法利益的代言人,专业合作社通过统一采购物资、生产标准、销售流通等环节,降低了交易成本,保证了贫困农牧民的稳定收入。总之,农牧民专业合作社保障了贫困农牧民在生产中的主动性及对农牧产品的所有权和支配权,同时也为规避风险提供了经济保障,节约了交易成本。

三是创新生产模式,提高产品市场竞争力。农牧民专业合作社在运作和发展过程中出现了多种农牧业生产模式,实现了农牧业生产的专业化、标准化、规模化,引领贫困农牧民参与到了市场竞争之中。同时,农牧民专业合作经济组织作为农牧民进入市场的桥梁和纽带,具有信息传播功能、科研转换功能以及要素组合功能,对于特色农牧产品市场竞

---

① 齐莉梅:《藏族地区农民专业合作社发展的独特性——以日喀则农村合作组织为例》,《中国农民专业合作社》2010年第5期。

② 同上。

争力的提高及农牧民收入的增加发挥着重要作用。①

二 西藏农牧民专业合作社参与贫困治理的经验：个案观察

实践证明，西藏农牧民专业合作社的发展能够促进减贫，但是与其他贫困地区相比，西藏有着特殊的自然环境与文化环境，所以农牧民专业合作社成长与发展的路径又有其典型性。因此，笔者认为进一步探讨西藏农牧民专业合作社发展的典型性经验，有利于探索更加有效的农牧民专业合作社发展路径，进而促进西藏农牧区扶贫工作机制的优化。

（一）基本情况

香茂乡农牧民专业合作社位于那曲地区那曲县，地处交通枢纽地段，有着较为便利的交通条件，其合作模式为农牧民入股自愿、退股自由、民主管理、盈利返还的模式。该合作社成立于2002年，建筑面积约1000平方米，投入资金17万元（其中国家贷款5万元），注册资金5000元，目前有酸奶加工销售厂房3间、鲜肉加工销售厂房2间、冷藏库房1间。合作社建立初期，有15户75名农牧民入股，后来又发展到260户1.6万名农牧民，对香茂乡、罗马乡、那么切乡及古露等地的农牧民脱贫工作产生了一定的带动作用。合作社主要经营酸奶、拉拉、退、奶茶、酥油、风干肉等畜产品及手工艺品，年销售总额400万元，盈利60余万元，为每户农牧民增加收入6000—20000元不等。专业合作社出资形式为合作社每名成员依据经济条件，现金出资50—500元不等，部分社员出力，还有部分社员提供奶源、肉、手工艺品以及皮毛等。合作社现有理事长1名、副理事长1名、管理人员2名、技术人员4名。

（二）组织运行

在组织建设方面，专业合作社建立了"政府引导、农牧民广泛参与、市场化运作"的机制。就规章制度而言，本着"入股自愿、退股

---

① 彭春凝、倪邦贵：《西藏农牧业专业合作社的发展与思考》，《西藏研究》2008年第6期。

自由"的经营模式,专业合作社对农牧民采取"引导不参与,支持不干预,服务不包办"的方法,按照合作社章程共同进行生产经营。就资金投入而言,采取"国家投一部分、地方政府帮一部分、农牧民出一部分"的办法,为专业合作社提供资金支持。为了调动农牧民参与专业合作社的积极性,那曲县政府和县工商局针对农牧民商品意识淡薄、旧观念牢固的实际情况,引导农牧民在畜产品加工销售的过程中树立面向市场的意识,在组织广泛宣传的同时,开展农牧民技能培训,组织村干部和致富带头人等到拉萨、日喀则、山南以及青海省农牧区进行参观考察。此外,政府组织专业合作社及制度带头人开展市场调研,收集当地主导畜牧产品的市场信息,做好农副产品产、供、销渠道的衔接工作,不断增强专业合作社组织人员的创新意识,着力拓宽牧区经济发展渠道。

在组织监管方面,为了实现规范化管理,香茂乡政府专门安排人监督专业合作社的日常工作,负责收集和整理合作社的月收入、经营、质量数据,对销售渠道进行管理。在此基础上,地县两级工商、安监、卫生、质检等部门定期到专业合作社进行全面检查,以保证产品质量。同时,县乡两级人民政府引导专业合作社进行组织建设,完善制度,规范管理,进一步提高专业合作社自我规范、自我管理、自我积累、自我服务的能力和参与市场竞争、拓展经营领域、增强经济实力的能力。那曲县扶贫办、工商局等部门还专门对专业合作社进行有关合作社法律法规和政策的宣传,并为其提供产品销售信息等。

在生产经营方面,专业合作社使分散的劳动力组织化,为劳务输出创造条件,推动较为单一农牧业经营模式向多元化经营模式转变。此外,合作社实行按劳分配制度,多劳多得,激发了农牧民从事牧业生产的积极性,进一步发挥了组织辐射作用,带动尚未脱贫的会员农牧民走上了共同致富的道路。在利润分配方面,合作社从起初的每户现金收入几百元增加至现在的 6000—20000 元不等,还充分利用现有奶制品加工点、沙场以及牧家乐等多种渠道,为 23 户贫困户每户分配 20 只绵羊,共计 20

多万元，并且给予60多户350人低保户物质帮扶，向他们赠送了9万余元的生活物资（包括大米、面粉、砖茶、酥油等）。

（三）成效与不足

从专业合作社的发展过程来看，香茂乡农牧民专业合作社促进了农牧民进入市场的组织化程度，变分散经营为集中经营，有效提高了畜产品的商品率，降低了农牧民寻找市场的压力和进行市场交易的盲目性，同时培育了农牧民的市场观念、协商意识和合作意识，提高了农牧民的自身素质。但是，香茂乡农牧民专业合作社毕竟仍处于探索阶段，依然存在诸多不足，例如专业合作社带头人文化素质低、合作层次不高、辐射带动能力较差，缺乏对市场行情的了解和把握。同时，专业合作社与成员的利益联结机制还不成熟，合作意识仍显不足，加之自身实力较弱，信息反馈速度较慢，使农牧产品销售存在一定的盲目性，从而增加了专业合作社的组织管控风险与市场风险。

三 西藏农牧民专业合作社参与贫困治理的限度

通过深入分析西藏农牧民专业合作社参与扶贫工作的框架建立办法、资源配置方案以及提高贫困农牧民收入的方式，我们发现农牧民专业合作社虽然在推动农牧业产业化、提升农牧民生产组织化等方面发挥了积极作用，但不容忽视的是，农牧民专业合作社在扶贫中仍存在诸多不足，在今后发展中仍需不断完善，因此我们很有必要去厘清一些问题。

（一）关系不顺：农牧民专业合作社在扶贫工作中错位

近几年来在地方政府部门、农牧民生产大户、资本等因素的多维合力作用下，西藏农牧区各类专业合作组织发展迅猛，但是在数量扩张的背后，农牧民专业合作社的发展却隐藏着诸多问题。当前农牧民专业合作社普遍存在"经营规模小、服务层次低、规范化程度不高、带动能力不强"等问题①,这些问题直接影响着农牧民专业合作组织参与扶贫的效果。

从国家与合作社的关系视角来研究少数民族贫困地区的扶贫,可以较为全面地发现扶贫工作进程中存在的问题。扶贫的过程本应该是合作社与国家彼此依存、相互依赖的良性互动过程,但是当前农牧民专业合作社和政府的关系边界不清晰,这已经成为导致农牧民专业合作社治贫效果差的直接诱因。

在西藏扶贫过程中,农牧民专业合作社和地方政府应该是合作关系,二者建立合作关系的缘由是"其背后有政府的立法和经济政策的支持与保护,使合作社获得了诸如反垄断、税收等方面的优惠"②。基于此,西藏绝大多数农牧民专业合作组织都是依靠政府发动而发展起来的。政府将农牧民专业合作社作为实现贫困农牧民增收的有效载体,利用合作社推进西藏农牧业产业结构调整,实现了西藏农牧业产业化,从而带动贫困农牧民摆脱贫困。同时,农牧民专业合作社充分利用政府给予的资源优势改善外部经营环境,协调外部关系,实现了靠自身力量难以实现的发展目标。

但是在具体实践中,西藏农牧民专业合作组织与国家的互动呈现非对称性特征,而且二者也并未建立起顺畅的互动关系,政府仍然占据着绝对的支配地位,拥有极大的主导权,可以通过管控扶贫资源分配,直接干涉农牧民专业合作社的内部管理。这使得农牧民专业合作社参与贫困治理的能力非常有限,也造成了农牧民专业合作社的发育与成长高度依赖地方政府的资源与政策,直接导致农牧民专业合作社组织规模小而零散,形不成独立体系,从而对扶贫的影响微不足道。

(二)机制不全:农牧民专业合作社欠缺自身组织治理机制

一般而言,农牧民专业合作社在贫困治理中的绩效与自身的组织治

---

① 仝志辉:《农民专业合作社的增长之忧:急剧扩张致质量不足》,《农产品市场周刊》2013年第35期。

② 苑鹏:《中国农村市场化进程中的农民合作组织研究》,《中国社会科学》2001年第6期。

理机制密切相关。有学者通过大量的数据研究指出,合作社股权结构、牵头人情况和理事会结构三大因素对合作社绩效具有较大的影响。[①] 整体而言,西藏农牧民专业合作社大多存在组织内部管理制度不健全的现象。从组织治理结构的角度来看,西藏农牧民专业合作社按照相关政策要求都订立了合作社章程,确立了社员(会员)大会制度,并通过选举成立了理事会与监事会。管理制度虽然"上了墙",但实际运行操作却不尽如人意,大多数规章制度形同虚设,直接导致农牧民专业合作社难以有效整合全体社员,更不能从根本上维护贫困户的主体性地位。这种情况严重影响了农牧民专业合作社参与扶贫的效果,具体而言:

一是农牧民专业合作社与社员之间的关系日益松散。由于西藏农牧民专业合作组织未实现真正的组织化,合作社的正常运行只能依靠核心成员或者能人的个人威望,合作社成员在合作社中缺少相应的权利和义务,进而导致出现了产权模糊、责任不明的问题。农牧民专业合作社内部不存在对社员有强制约束力的法律和规章制度,因此出现了专业合作社成员"搭便车现象",农牧民成员只享受合作社提供的优惠政策和公共服务,却并未承担相应的义务和责任,而且农牧民的社员身份只有在与合作社产生交易关系时才会真正体现出来。甚至有时农牧民专业合作社都无法统一部分社员的经济行为,例如当市场行情好的时候,农牧民就会直接把农牧产品转卖给出价高的收购商,造成了组织效益的低下,而在市场看跌的情况下,合作社核心成员为了降低市场风险,减少自身损失,则会压低收购农牧产品的价格,在很大程度上影响了社员的积极性。

二是贫困户在农牧民专业合作组织的主体性无法直接体现。一般而言,贫困户因其脆弱性而成为需要特殊照顾的对象,农牧民专业合作社会在福利分配、资金扶持方面专门给予其适当倾斜,但是这并不应当抹

[①] 徐旭初、吴彬:《治理机制对农民专业合作社绩效的影响——基于浙江省526家农牧民专业合作社的实证分析》,《中国农村经济》2010年第5期。

杀贫困户在农牧民专业合作社中的主体地位。实际情况是，在组织参与合作社的过程中，贫困户成了专业合作社发展过程中的附属物，只能简单地被动跟从大户、能人的决策，而无法充分参与生产、经营、管理等各个环节，也就无法发挥自身在合作社中的能动性。这使得农牧民专业合作社的治贫功能转变成对贫困户暂时的不可持续的物质救济。

（三）治贫不足：农牧民专业合作社参与扶贫陷入利益困境

在众多经济组织形式中，合作经济以其独特的制度安排和运行机制，成为人们尤其是弱势群体通过互助达到自助的一种重要组织手段。[1] 在多元主体参与西藏扶贫的背景下，农牧民专业合作社通过调动贫困户的参与积极性，激发贫困户内源发展活力，以期最终实现贫困农牧民脱贫的目标。但是在现实中，西藏农牧民专业合作社却因为利益分配问题而深陷治贫困境。从现阶段的情况来看，农牧民专业合作社治贫不足主要有以下两方面原因：

一是存在"大户吃小户"的现象。农牧民专业合作社是政府部门、资本、生产大户等重要主体优势资源的有机结合，"由于扶持资金是有限的，扶持大户建立大户领办型合作社比建立普惠制的扶持机制或建立一个严密的遴选机制，其行政成本会低很多"[2]，所以西藏农牧民专业合作社的产业运行模式多为"专业大户＋农户""合作社＋农户"以及"公司＋基地＋农户"等，在这些运行模式下，合作社"内部人"凭借自身的资源优势成为农牧民专业合作社的实际掌控者。在很多情况下，生产大户联合贫困户建立农牧民专业合作社最主要的目的是套取国家财政扶持资金和优惠政策，导致农牧民专业合作社一开始就背离了带动贫困户脱贫的初衷。有学者在藏区调研中发现："甚至一些以村委会名义或者在政府部门扶持下成立的农牧民专业合作社并没有起到把农牧民组织起来，提高其市场谈判地位，谋求更好的产品销售价格的作用，反而成为农村

---

[1] 傅晨：《"新一代合作社"：合作社制度创新的源泉》，《中国农村经济》2003年第6期。
[2] 仝志辉、楼栋：《农民专业合作社"大农吃小农"逻辑形成与延续》，《中国合作经济》2010期第4期。

干部低价收购村民农牧产品、谋求个人更大经济利益的工具。同样，在这种情况下，这些社会精英会将努力放在寻租行为上，而不是削减成本、改进服务以赢得竞争上。"① 这俨然就形成了"大户吃小户"的逻辑框架，而且这种逻辑的延续还存在很强的路径依赖。②

二是合作社内部多元主体之间的利益关系难以协调。毋庸置疑，在市场经济条件下，多元主体参与农牧民专业合作社的直接动机都是为了追求经济利益，因此经济利益分配便成为合作社日常运行中最重要的职能，涉及内部核心社员、普通社员以及贫困户之间的直接利益关系。目前，在合作社内部利益分配过程中，收入盈余主要倾向于核心成员，而且"多数合作社盈余分配程序不规范，大部分合作社没有依法核算和返还可分配盈余，部分合作社国家财政补助没有按要求进行财务处理，合作社公积金和专项基金都没有量化到成员"③。此外，由于受自身生产能力及生产资料的限制，贫困户仅能获取少量的交易量（额）惠顾返还④利润及股利分红，但这些收益并不能让贫困户脱贫并实现自我发展。

---

① 王洛林、朱玲：《如何突破贫困陷阱——滇青甘农牧藏区案例研究》，经济管理出版社2010年版，第78—79页。

② 学者仝志辉经过研究认为"大户吃小户"逻辑的具体表现为："政府部门从中获利的同时体现了其扶持专业合作社发展的公益性目标，资本在营利的同时获得了扶农的美誉；而带有企业性质的大农一边盘剥小农，一边向政府部门要钱；小农在这个过程中也许分到了一杯羹，但是比起应得的却少得可怜。"具体详见其论文《资本和部门下乡与小农户经济的组织化道路——兼对专业合作社道路提出质疑》，《开放时代》2009年第4期；《农民专业合作社"大农吃小农"逻辑形成与延续》，《中国合作经济》2010年第4期。

③ 邓军蓉、祁春节、汪发元：《农民专业合作社利益分配问题调查研究》，《经济纵横》2014年第3期。

④ 任大鹏、于欣慧：《论合作社惠顾返还原则的价值——对"一次让利"替代二次返利的质疑》，《农业经济问题》2013年第2期。

第五章　西藏农牧区精准扶贫效果评估：贫困户的视角

"扶持的怎么样"是精准扶贫政策与措施效果评估的直接表述，对精准扶贫政策进行及时而有效的评估，有利于政策调整与改善。从公共政策评估来看，在20世纪70年代末80年代初期，许多学者开始批评由上而下的模式。郝恩与波特（Hjern & Porter, 1981）指出："以韦伯、威尔逊和泰勒理论为基础的古典行政模式，企图构建广博的、理性的、功能一致的与阶层结构相似的组织，而这种组织形态容易出现孤独组织症候群。因此，多元行动者追求目标的策略，他们朝向目标的行动往往偏离了中央的计划。"[①] 基于以上认识，避免以往政策评估出现的信息失真，同时为了较为全面地了解精准扶贫效果，笔者采取贫困户视角，试图通过"自下而上"的方式，对西藏农牧区精准扶贫效果进行评估。

第一节　西藏农牧区精准扶贫政策落地

为了整体观察西藏农牧区精准扶贫政策的落实情况，笔者将从"建档立卡"、扶贫责任落实、扶贫资金的投入与分配以及2016年村庄层面减贫情况四个方面分析。本书所利用的数据均来自笔者的问卷调查，其

[①] 转引自李允杰、丘昌泰《政策执行与评估》，北京大学出版社2008年版，第55页。

中建档立卡贫困户问卷共发放1200份，收回909份有效问卷，有效比为75.75%，此外还包括100份贫困村的村庄问卷，有效问卷为65份，有效率65%。

一 西藏农牧区贫困户的建档立卡

西藏农牧区贫困户建档立卡基本情况，如表5—1所示，属于建档立卡贫困户的样本数有890个，占比为99.33%，非建档立卡贫困户的样本数有5个，占比为0.67%，由此可知，绝大多数农民是建档立卡贫困户。

表5—1　　　　　　　　贫困户建档立卡情况　　　　　　　单位：个、%

是否建档立卡	样本	占比
是	890	99.33
否	6	0.67
合计	896	100.00

有效样本：896个；缺失值：13。

贫困户中有一成为低保户。笔者考察建档立卡贫困户的构成情况，结果发现，其中是低保户的贫困户占比为10.96%，约占一成；剩余89.04%的贫困户都是非低保户。由此可得，建档立卡贫困户中大约有一成是低保户。

表5—2　　　　　　　　低保户建档立卡的情况　　　　　　　单位：个、%

是否为低保户	样本	占比
是	97	10.96
否	788	89.04
合计	885	100.00

有效样本：885个；缺失值：24。

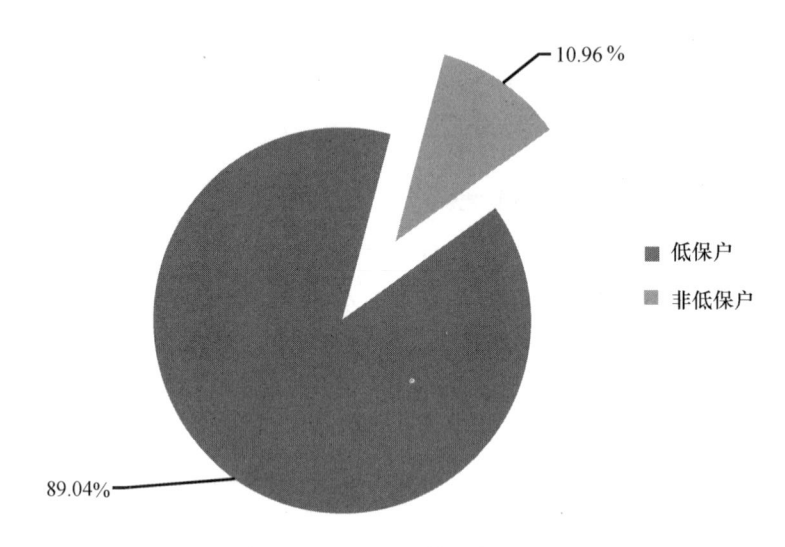

图 5—1 低保户建档立卡的情况

约七成建档立卡贫困户是文盲。对建档立卡贫困户的受教育水平进行考察,有 628 个贫困户表示没有接受过教育,占样本总数的 69.47%;另外 30.53% 的贫困户反映受过教育,仅超三成。由此可得,约七成的建档立卡贫困户是文盲。

表 5—3 贫困户文化程度构成的情况 单位:个、%

教育水平	样本	占比
文盲	628	69.47
有文化①	276	30.53
合计	904	100.00

有效样本:904 个;缺失值:5。

---

① 本表中"有文化"农民指的是受过小学及以上教育的农民;"文盲"农民指的是不识字并且不会写字的农民。

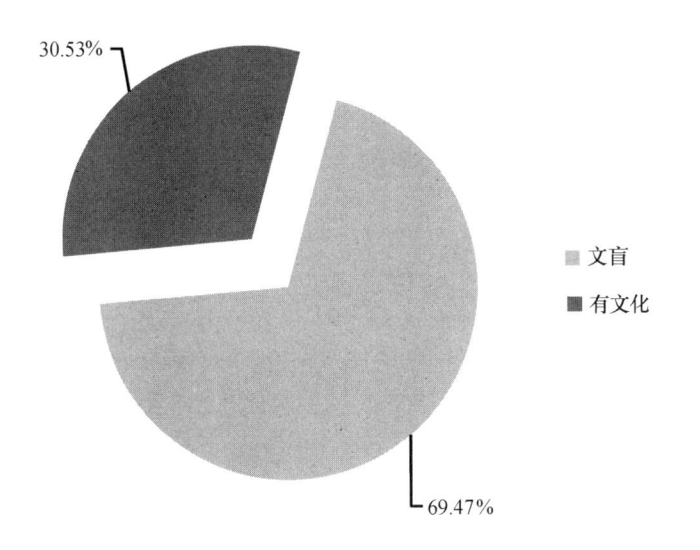

第五章 西藏农牧区精准扶贫效果评估：贫困户的视角　　167

30.53%

■文盲
■有文化

69.47%

图 5—2　贫困户文化程度构成的情况

二　西藏农牧区帮扶责任落实

九成以上贫困村都有明确的帮扶责任领导人。从帮扶责任领导人的设置情况来看，63 个贫困村中，设有明确责任领导人的贫困村有 61 个，占比为 96.83%；3.17% 的贫困村反映没有，所占比重不足一成。由此可得，九成以上贫困村都有明确的帮扶责任领导人。

表 5—4　　　　　贫困村是否有明确的责任领导人情况　　　　单位：个、%

是否有明确的责任领导人	样本	占比
是	61	96.83
否	2	3.17
合计	63	100.00

有效样本：63 个；缺失值：2。

绝大多数贫困村明确了每户挂扶责任人。由表 5—5 可知，在 63 个有效样本村庄中，有 60 个表示明确了每户挂扶责任人，占比 95.24%；

4.76%的村庄没有明确，所占比重不足一成。由此可得，绝大多数贫困村明确了每户挂扶责任人。

表5—5　　　　　　贫困村是否明确每户挂扶责任人情况　　　　单位：个、%

是否有明确每户挂扶责任人	样本	占比
是	60	95.24
否	3	4.76
合计	63	100.00

有效样本：63个；缺失值：2。

绝大多数贫困村的每户帮扶责任人在村公布。由表5—6可知，在63个有效样本村庄中，95.24%的贫困村中每户帮扶责任人在村公布；未在村公布的贫困村比重为4.76%。由此可得，绝大多数贫困村的每户帮扶责任人在村公布。

表5—6　　　　　　每户帮扶责任人是否在村公布的情况　　　　单位：个、%

是否有明确每户挂扶责任人	样本	占比
是	60	95.24
否	3	4.76
合计	63	100.00

有效样本：63个；缺失值：2。

九成以上贫困村的每户帮扶责任人坚持到户开展帮扶。调查显示，63个受访贫困村中，责任人坚持到户开展帮扶的有57个，占比为90.48%；9.52%的贫困村中责任人没有坚持到户开展帮扶，比重不足一成。由此可得，九成以上贫困村的每户帮扶责任人坚持到户开展帮扶。

表 5—7 贫困村帮扶责任人是否坚持到户开展帮扶的情况　　单位：个、%

是否坚持到户	样本	占比
是	57	90.48
否	6	9.52
合计	63	100.00

有效样本：63 个；缺失值：2。

三　西藏农牧区帮扶资金的投入与分配

至少一半的贫困村没有帮扶到村资金投入。考察帮扶到村累计资金投入的情况，数据显示，村庄获得的帮扶到村累计资金的均值为899101.69 元，其中，帮扶到村累计资金的最小值为 0 元，最大值为15000000 元，存在较大差异。另外，众数和中位数为 0 元。由此可见，贫困村之间帮扶到村累计资金投入的差异明显，而且至少一半的贫困村还没有帮扶到村资金投入。

表 5—8　　　　　　帮扶到村累计资金投入情况　　　　　单位：个、元

有效样本	均值	中位数	众数	最小值	最大值
59	899101.69	0	0	0	15000000

有效样本：59 个；缺失值：6。

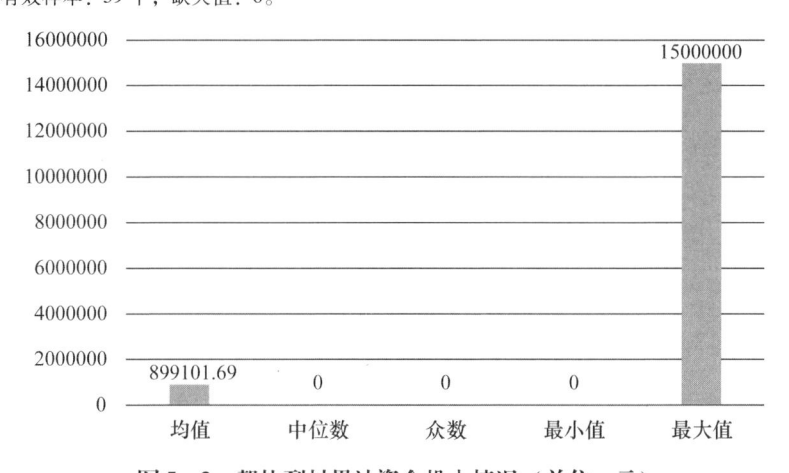

图 5—3　帮扶到村累计资金投入情况（单位：元）

半数村庄未获得帮扶到户资金且帮扶到户资金投入两极分化严重。考察帮扶到户累计资金投入的情况，数据显示，帮扶到户累计资金均值为335305.06元，中位数为1000元。另外，帮扶到户累计资金投入的最小值为0元，最大值为12000000元。同时，帮扶到户累计资金投入的众数为0元，有50%的村庄未获得帮扶到户资金。由此可见，半数村庄未获得帮扶到户资金投入，同时，帮扶到户累计资金投入两极分化严重。

表5—9　　　　　　帮扶到户累计资金投入情况　　　　　　单位：个、元

有效样本	均值	中位数	众数	最小值	最大值
62	335305.06	1000	0	0	12000000

有效样本：62个；缺失值：3。

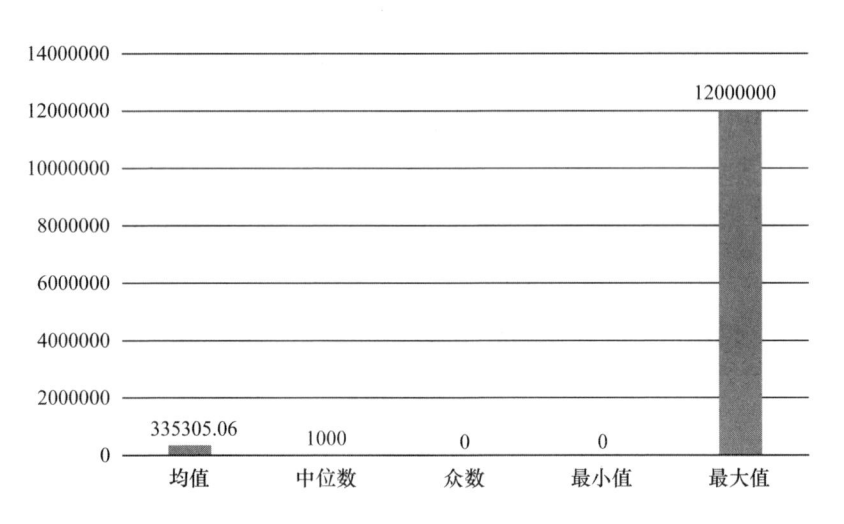

图5—4　帮扶到户累计资金投入情况（单位：元）

至少一半的贫困村帮扶生活和生产资金投入为0元。考察帮扶生产和生活资金投入的情况，数据显示，帮扶生产资金投入的均值为81016元，帮扶生活资金投入的均值为234901.86元，后者约为前者的3倍。同

时，生产资金和生活资金的最小值均为0元，生产资金投入的最大值为600000元，生活资金投入的最大值为12000000元。另外，中位数和众数均为0元，可以看出，至少一半的贫困村帮扶生活和生产资金投入为0，帮扶生产资金和生活资金向贫困村的投入度偏低。

表5—10　　　　　帮扶生产资金和生活资金投入情况　　　单位：个、元

统计量	帮扶生产资金投入	帮扶生活资金投入
均值	81016	234901.86
中位数	0	0
众数	0	0
最小值	0	0
最大值	600000	12000000
有效样本	61	59

有效样本：61个；缺失值：4。

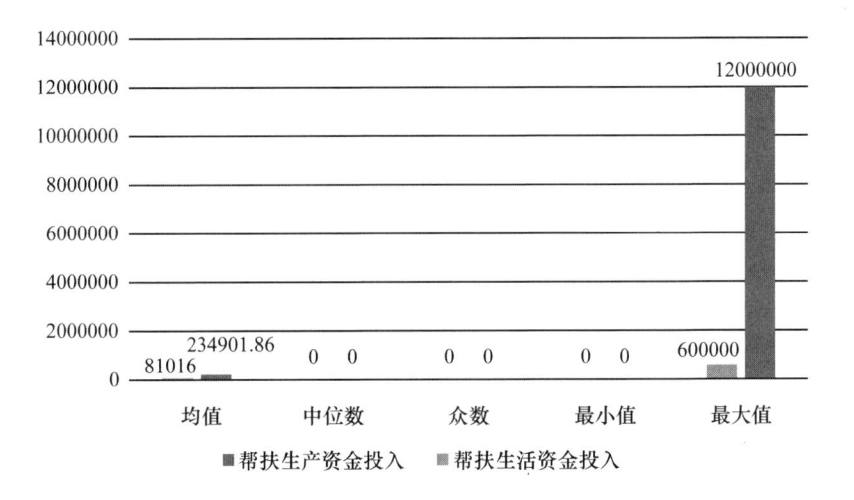

图5—5　帮扶生产资金和生活资金投入情况（单位：元）

资助子女读书资金投入较少且村际投入差异明显。考察资助子女读书资金投入的情况，数据显示，资助子女读书投入的均值为5882.26元，最小值为0元，最大值为200000元，差距较为明显。另外，资助子女读书的资金投入的中位数为0元，可以看出，资助子女读书资金投入多集中在0元附近，可以推测，教育问题未能得到重视，资助子女读书资金投入比较少且村际差异明显。

表5—11　　　　　资助子女读书资金投入情况　　　　单位：个、元

有效样本	均值	中位数	众数	最小值	最大值
62	5882.26	0	0	0	200000

有效样本：62个；缺失值：3。

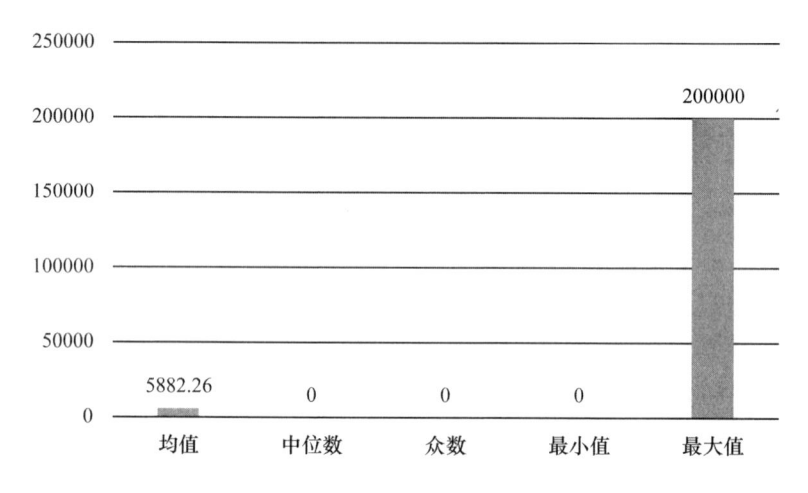

图5—6　资助子女读书资金投入情况（单位：元）

一半农民获得的资助低于500元。考察贫困户得到的产业扶贫项目资金情况，如表5—12所示，贫困户得到的生产性产业扶贫项目资金的平均值为2777.78元，众数和中位数均为500元，其中，最小值为100元，最大值为30000元，内部差异很大。可以看出，贫困户获得的产业扶贫项目资助偏低，一半农民获得的资助低于500元。

表5—12　　　　　贫困户获得产业扶贫项目数额情况　　　单位：个、元

有效样本	均值	中位数	众数	最小值	最大值
18	2777.78	500	500	100	30000

有效样本：18个；缺失值：3。①

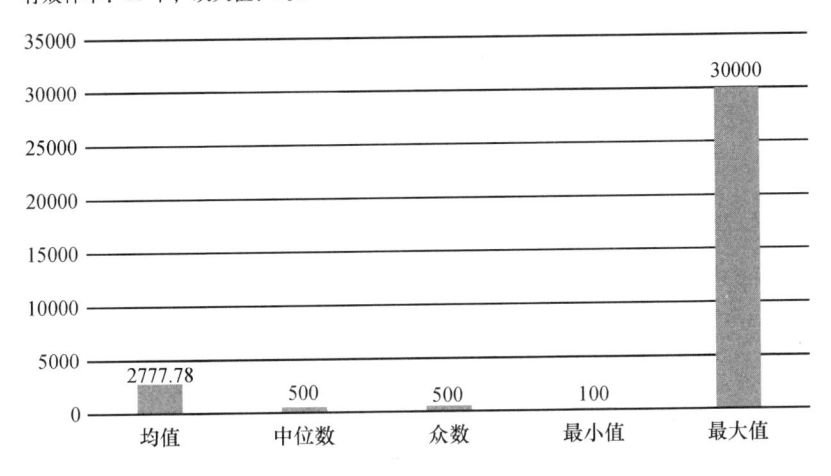

图5—7　贫困户获得产业扶贫项目资助情况（单位：元）

综合以上分析，我们可以看出，西藏农牧区绝大部分已经完成了贫困户的建档立卡工作。在建档立卡贫困户中，一般贫困户占主体，低保贫困户以及五保贫困户占比较少，同时建档立卡的贫困户受教育程度普遍较低，以文盲为主。从扶贫责任落实情况来看，在村庄层面，西藏农牧民扶贫责任人落实基本到位，并经过公示后，已经开展帮扶活动。从扶贫资金项目的分配来看，在生活帮扶、生产项目投入以及教育资助等方面，村际之间以及村庄内部贫困户之间差异明显。从脱贫情况来看，由于西藏农牧区精准扶贫活动开展起步较晚，导致2016年度脱贫人数总体偏低，脱贫效果不尽如人意。

---

① 农民得到的产业扶贫项目数额是以获得产业扶贫项目为逻辑前提，获得产业扶贫项目的贫困户为21个，因此该部分有效样本与缺失值之和为21。

四 2016 年基于村庄数据的西藏农牧区减贫

各村建档立卡贫困户的数量分布差异较大。考察西藏地区各贫困村建档立卡贫困户数量的分布情况，如表5—13所示，在64个有效样本中，各贫困村建档立卡贫困户数量的均值为38.73人，中位数为30.50人，众数为32人，其中，最小值为3人，最大值为134人，内部差异比较大。从中可以看出，各村建档立卡贫困户的数量分布差异较大。

表5—13　　　　各村建档立卡贫困户数量分布情况　　　单位：个、人

有效样本	均值	中位数	众数	最小值	最大值
64	38.73	30.50	32	3	134

有效样本：64个；缺失值：1。

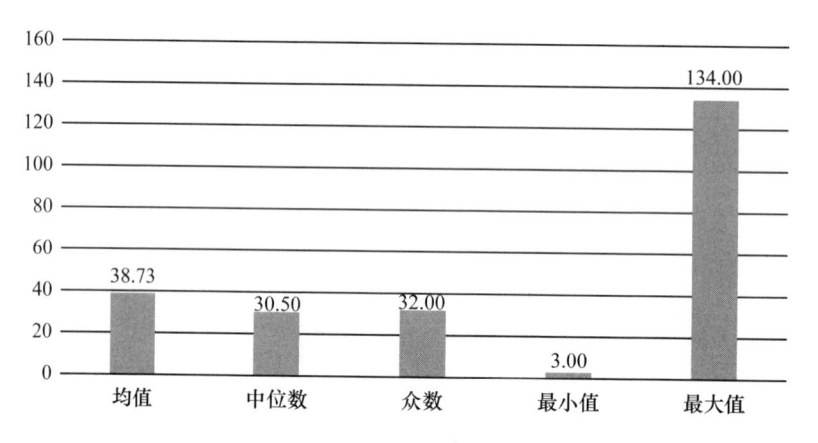

图5—8　各村建档立卡贫困户数量分布情况（单位：人）

至少一半贫困村的脱贫率为0。考察西藏地区贫困村的脱贫情况，如表5—14所示，在63个有效样本中，各村脱贫率的均值为21%，中位数和众数均为0，其中，最小值也为0，最大值为100%。由此可见，整体上来说，各贫困村的脱贫率比较低，且至少一半的村庄脱贫率为0。

表5—14　　　　　　　　各村脱贫率情况　　　　　　　单位：个、%

有效样本	均值	中位数	众数	最小值	最大值
63	21.00	0.00	0.00	0.00	100.00

有效样本：63个；缺失值：2。

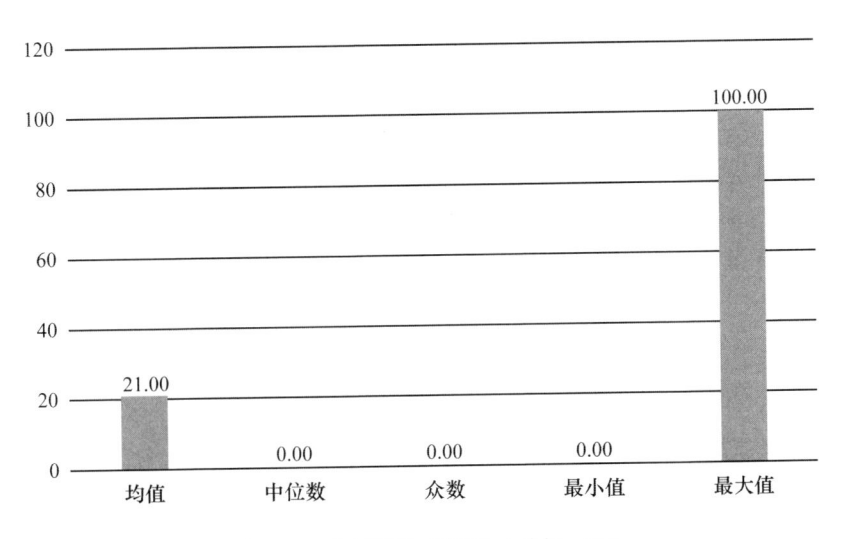

图5—9　各村脱贫率情况（单位：%）

西藏地区各贫困村脱贫总人数偏低。考察西藏各贫困村脱贫总人数的情况，如表5—15所示，在65个有效样本中，各村脱贫总人数的均值为42.51人，中位数为0人，众数为0人，其中，最小值为0人，最大值为360人，从中可以看出，由于西藏地区扶贫工作开展较晚，脱贫总人数偏低。

表5—15　　　　　　　各村脱贫总人数情况　　　　　　　单位：个、人

有效样本	均值	中位数	众数	最小值	最大值
65	42.51	0	0	0	360

有效样本：65个；缺失值：0。

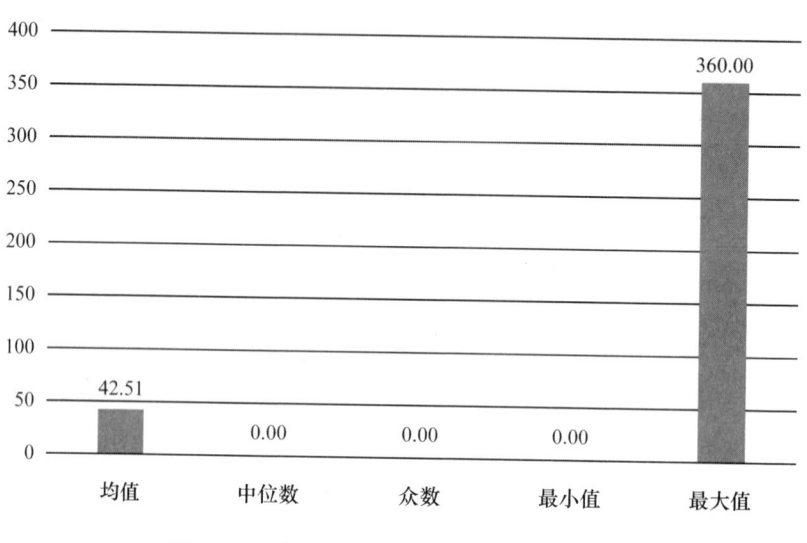

图 5—10 各村脱贫总人数情况（单位：人）

2016年脱贫人数为0的贫困村数量较多。考察西藏地区各贫困村2016年脱贫人数的情况，如表5—16所示，在58个有效样本中，各村脱贫人数的均值为68.62人，中位数为24.50人，众数为0人，其中，最小值为0人，最大值为360人。由此可见，由于西藏地区的扶贫工作刚开始不久，2016年脱贫人数为0的贫困村数量较多。

表 5—16　　　　　　各村 2016 年脱贫人数情况　　　　　单位：个、人

有效样本	均值	中位数	众数	最小值	最大值
58	68.62	24.50	0	0	360

有效样本：58个；缺失值：7。

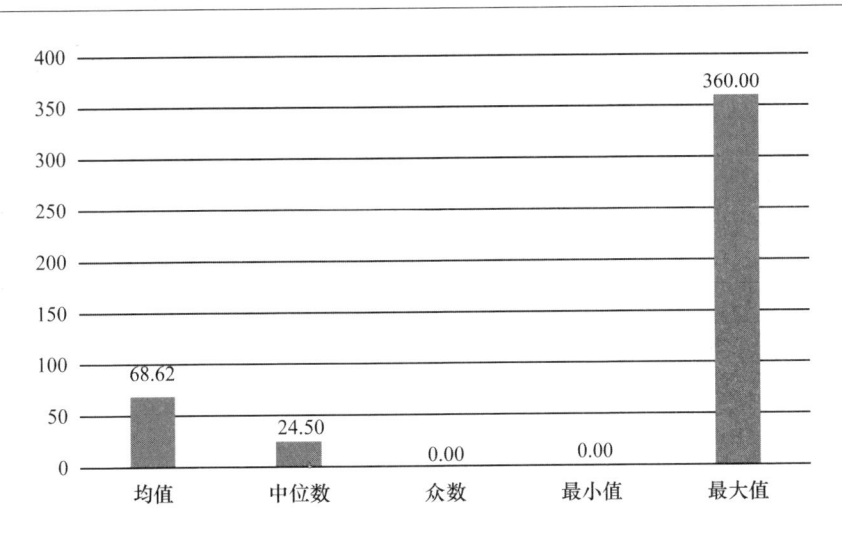

图 5—11　各村 2016 年脱贫情况（单位：人）

第二节　西藏农牧区精准扶贫的农牧民参与

农牧民参与程度既是反映精准扶贫政策有效性的主要指标，同时也是反映贫困农牧民主体性的重要方面。一般而言，参与分为主动参与和被动参与，从行为结果来看，无论何种参与都反映了贫困户的一种脱贫意愿。基于此，本书将从农牧民对扶贫活动参与，以及对扶贫项目的信息知晓、内容讨论、方式选择等方面进行数据分析。

一　西藏农牧民对扶贫活动的参与

大多数贫困户都没有参加扶贫活动。从扶贫活动的参与情况来看，863 位受访贫困户中，有 753 位表示没有参加过扶贫活动，占比 87.25%；12.75% 的贫困户反映参加过扶贫活动，所占比重不足两成。由此可得，大多数贫困户都没有参加扶贫活动。

林区贫困户对扶贫活动参与度更高。从表 5—18 中可以看出，不论是何种自然区域类型，没有参加过扶贫活动的贫困户均超过七成，其中，林区贫困户参加过扶贫活动的占比最高,达 28.57%;最低的为牧区,仅有 8.38%;农业区和半农半牧地区贫困户的参与比重分别为 10.24% 和 25.71%;由此可见,相较于其他自然区域类型,林区贫困户对扶贫活动的参与度更高。

表 5—17　　　　　贫困户对扶贫活动的参与情况　　　单位:个、%

是否参加某项扶贫活动	样本	占比
是	110	12.75
否	753	87.25
合计	863	100.00

有效样本:863 个;缺失值:46。

表 5—18　　不同自然区域类型贫困户对扶贫活动的参与情况　单位:%、个

自然区域类型分组	是否参加过某项扶贫活动 是	是否参加过某项扶贫活动 否	合计
农业区	10.24	89.76	100(547)
牧区	8.38	91.62	100(167)
半农半牧地区	25.71	74.29	100(105)
林区	28.57	71.43	100(42)

有效样本:861 个;缺失值:48;P = 0.000。

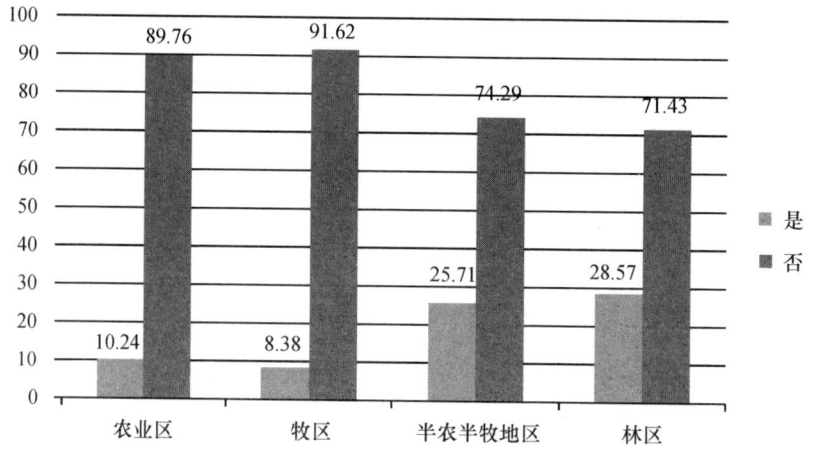

图 5—12　不同自然区域类型贫困户对扶贫活动的参与情况(单位:%)

有文化贫困户对扶贫活动的参与度更高。由表5—19可见，接受过教育的贫困户的扶贫活动参与率相对较高，为16.34%，但仍不足两成；文盲贫困户参与扶贫活动的占比较低，仅为10.95%。从整体上看，文化程度较高的贫困户对扶贫活动的参与度更高，但是从绝对值来看，贫困户的参与度普遍偏低。

表5—19　　　　不同教育水平贫困户对扶贫活动的参与情况　　　单位：%、个

教育水平分组	是否参加过某项扶贫活动 是	是否参加过某项扶贫活动 否	合计
文盲	10.95	89.05	100（603）
有文化	16.34	83.66	100（257）

有效样本：860个；缺失值：49；P=0.029。

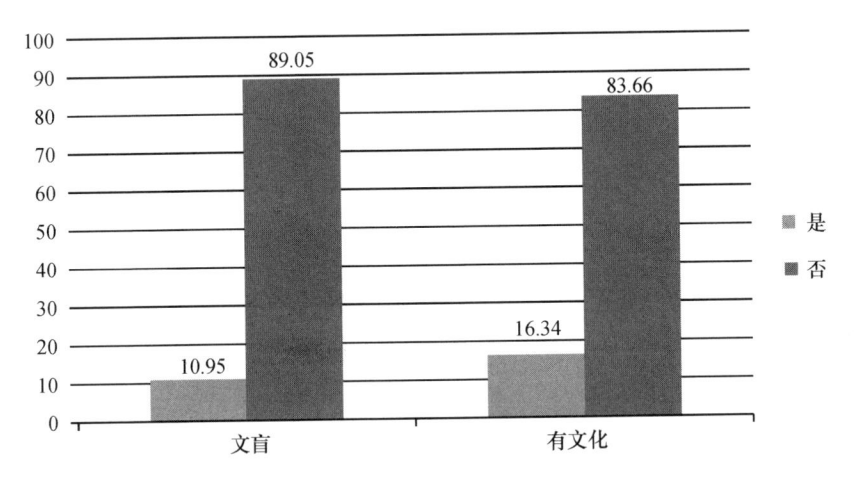

图5—13　不同教育水平贫困户对扶贫活动的参与情况（单位：%）

牲畜资产型收入在中等偏上水平及以上的贫困户参与率较高。从表5—20中可以看出，随着牲畜资产型收入水平的提高，贫困户对扶贫活动的参与比重依次为13.20%、7.27%、9.18%、13.81%、20.36%，牲畜资产型收入在高水平的贫困户参与率最高，牲畜资产型收入在中等偏下水平的贫困户参与率最低。由此可知，牲畜资产型收入在中等偏上水平

及以上的贫困户参与率较高。

表5—20　　不同牲畜资产型收入贫困户对扶贫活动的参与情况　单位：%、个

牲畜资产型收入分组①	是否参加过某项扶贫活动		合计
	是	否	
低水平	13.20	86.80	100（197）
中等偏下水平	7.27	92.73	100（220）
中等水平	9.18	90.82	100（98）
中等偏上水平	13.81	86.19	100（181）
高水平	20.36	79.64	100（167）

有效样本：863个；缺失值：46；P=0.003。

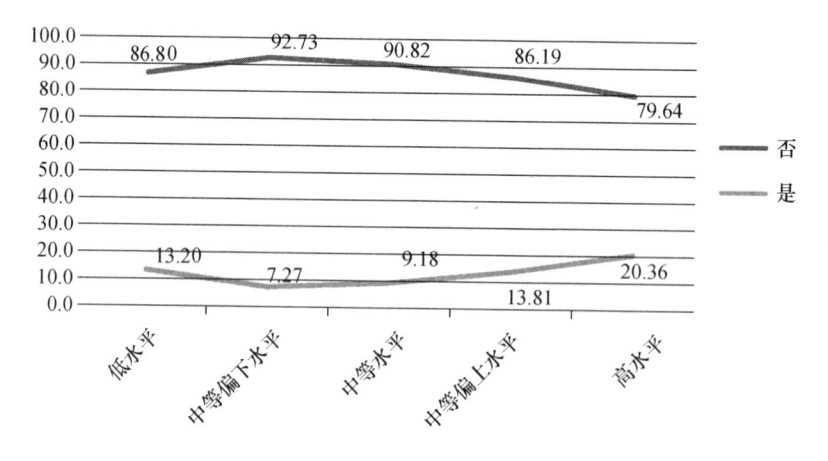

图5—14　不同牲畜资产型收入贫困户对扶贫活动的参与情况（单位：%）

低保户的扶贫活动参与度更高。调查结果显示，低保户参与扶贫活动的比重为22.11%，不足三成，非低保户的参与率为11.65%，两者相差10.46%。由此可见，低保户对扶贫活动的参与度更高。

---

① 西藏自治区农牧民的主要资产和收入源于牲畜养殖，笔者将牲畜资产性收入定义为西藏农牧民的主要收入，通过五分法将其分为"低水平""中等偏下水平""中等水平""中等偏上水平""高水平"，分别对应的实际收入范围为"0—10000元""10001—30000元""30001—46000元""46001—100000元""100001元以上"。

表 5—21　　低保户与非低保户对扶贫活动的参与情况　　单位：%、个

是否为低保户	是否参加过某项扶贫活动		合计
	是	否	
是	22.11	77.89	100（95）
否	11.65	88.35	100（747）

有效样本：842 个；缺失值：67；P = 0.004。

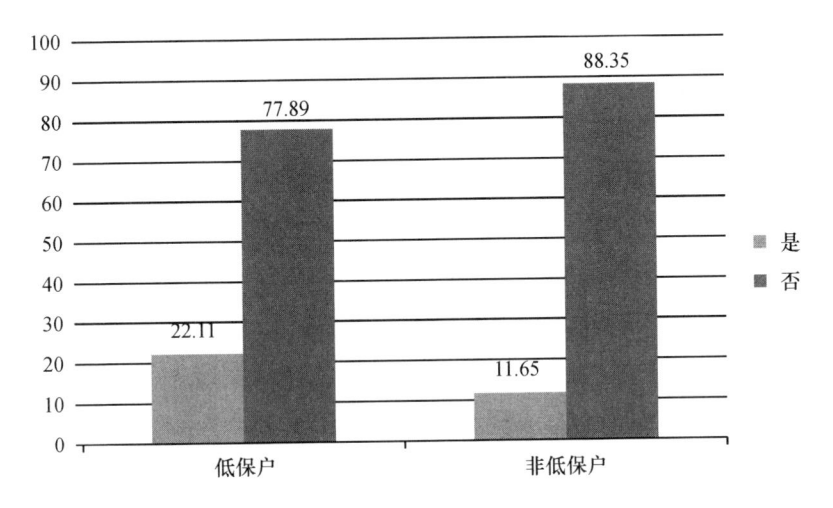

图 5—15　低保户与非低保户对扶贫活动的参与情况（单位：%）

综上所述，由于扶贫工作的进度不同，西藏农牧区精准扶贫活动的开展情况也有差别，从数据来看，因为大多数村庄精准扶贫活动没有开展，直接导致建档立卡贫困户无法参与扶贫活动。但是从参与过扶贫活动的建档立卡贫困户来说，在林区生产生活的贫困户、受过一定教育程度贫困户、家庭收入中等的贫困户以及低保贫困户四种类型的贫困户参与度比较高。

二　西藏农牧民对扶贫项目内容的知晓[①]

七成以上贫困户知道扶贫活动的项目内容。从对扶贫项目的了解情

[①] 考察贫困户对扶贫项目内容的知晓情况是以贫困户参与过扶贫活动为前提，参与过扶贫活动的贫困户为 110 个，因此该部分的有效样本与缺失值之和应为 110。

况来看，83位受访贫困户中，62位表示知道项目内容，占比为74.70%；25.30%的贫困户反映不知道项目内容。可以看出，七成以上受访贫困户知道扶贫活动的项目内容。

表5—22　　　　　贫困户对扶贫活动的知晓度　　　　单位：个、%

是否知道项目内容	样本	占比
是	62	74.70
否	21	25.30
合计	83	100.00

有效样本：83个；缺失值：27。

林区贫困户对扶贫项目内容的知晓度最高。从表5—23可以看出，林区贫困户对扶贫项目内容的知晓度最高，占比为100%；最低的为半农半牧地区，仅有45.83%；农业区与牧区的知晓度占比基本持平，分别为83.78%和80%。由此可见，林区贫困户对扶贫项目内容的知晓度最高。

表5—23　　　　　不同的自然区域类型下贫困户
　　　　　　　　　　对项目内容的知晓度　　　　　　单位：%、个

自然区域类型分组	是否知道项目内容		合计
	是	否	
农业区	83.78	16.22	100（37）
牧区	80.00	20.00	100（10）
半农半牧地区	45.83	54.17	100（24）
林区	100.00	0.00	100（12）

有效样本：83个；缺失值：27；P=0.001。

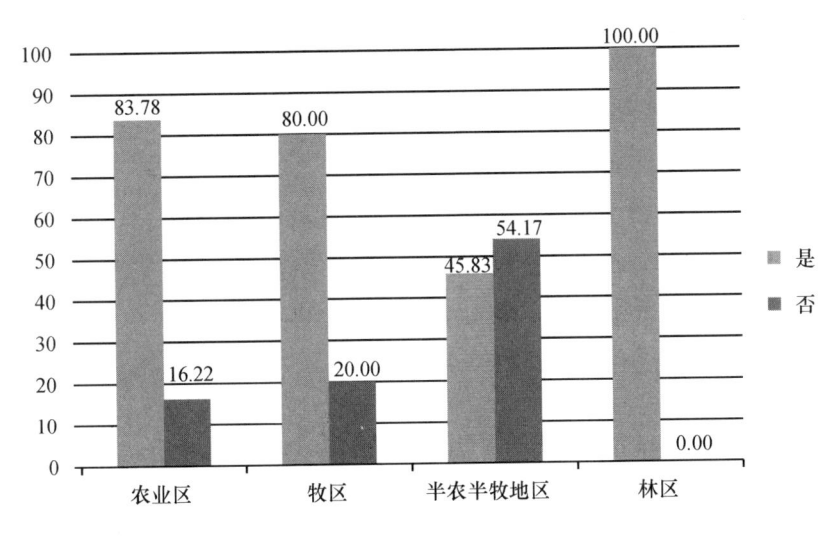

图 5—16　不同的自然区域类型下贫困户对项目内容的知晓度（单位：%）

文盲贫困户对项目内容的知晓比重更高。由表 5—24 可见，文盲贫困户的项目内容知晓度比有文化的贫困户高出 4.12%，前者为 76.00%，后者为 71.88%，两者均高于七成。由此可见，文盲贫困户对项目内容的知晓比重更高。

表 5—24　　　　不同的教育水平下贫困户对项目
内容的知晓度　　　　　　　单位：%、个

教育水平分组	是否知道项目内容		合计
	是	否	
文盲	76.00	24.00	100（50）
有文化	71.88	28.13	100（32）

有效样本：82 个；缺失值：28；$P=0.676$。

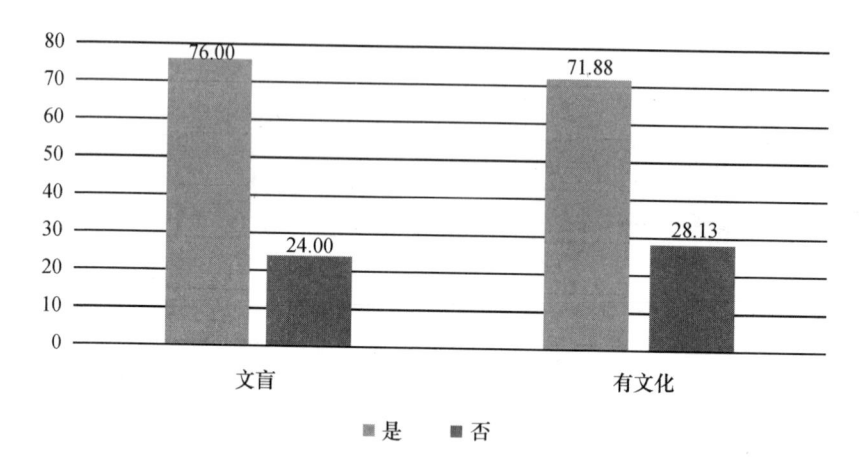

图 5—17 不同的教育水平下贫困户对项目内容的知晓度（单位：%）

牲畜资产型收入在中等水平及以下的贫困户知道扶贫项目内容的比重较高。从表 5—25 中可以看出，牲畜资产型收入在低水平、中等偏下水平、中等水平、中等偏上水平、高水平的贫困户对项目内容的知晓度分别为 100%、93.33%、100%、70%、51.72%，呈现波动递减趋势，其中，牲畜资产型收入低水平与中等水平的贫困户知晓度相等，高达 100%。由此可见，牲畜资产型收入在中等水平及以下的贫困户知道扶贫项目内容的比重较高。

表 5—25　不同的牲畜资产型收入下贫困户对项目内容的知晓度　　单位：%，个

牲畜资产型收入分组	是否知道项目内容		合计
	是	否	
低水平	100.00	0.00	100（13）
中等偏下水平	93.33	6.67	100（15）
中等水平	100.00	0.00	100（6）
中等偏上水平	70.00	30.00	100（20）
高水平	51.72	48.28	100（29）

有效样本：83 个；缺失值：27；$P=0.002$。

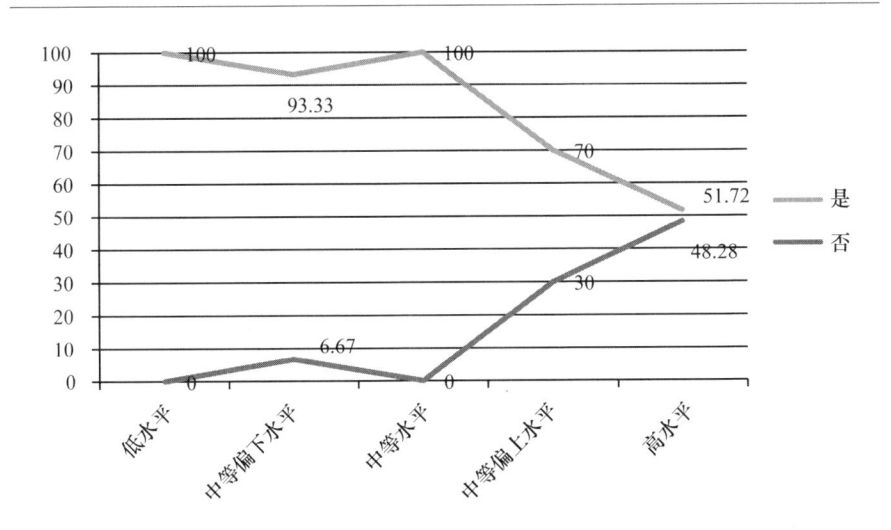

图5—18　不同的牲畜资产型收入下贫困户对项目内容的知晓度（单位：%）

低保贫困户的知晓度相对较高。整体来说，低保贫困户知道项目内容的占比为75.00%，略高于非低保贫困户的知晓度，后者为74.60%。由此可知，低保贫困户的知晓度相对较高。

表5—26　低保贫困户与非低保贫困户对项目内容的知晓度　　单位：%、个

是否为低保户	是否知道项目内容		合计
	是	否	
是	75.00	25.00	100（20）
否	74.60	25.40	100（63）

有效样本：83个；缺失值：27；P=0.972。

村民会议、村委会的公开告示或通知是贫困户获取项目内容的主要信息渠道。从表5—27可以看出，贫困户获取项目内容的信息渠道，大部分是通过村民会议、村委会的公开告示或通知，占比为98.39%；除此之外，仅有1.61%的贫困户通过其他村民的口头交流了解项目内容。由此可见，村民会议、村委会的公开告示或通知是贫困户获取项目内容的主要信息渠道。

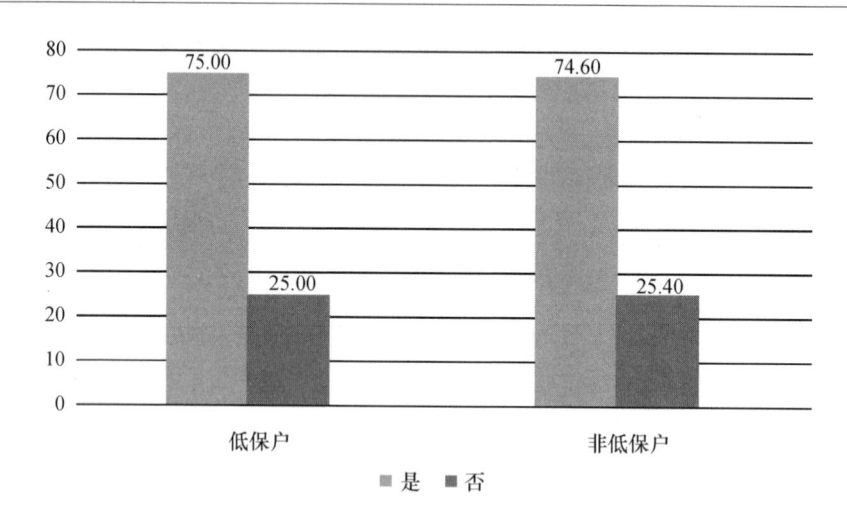

图 5—19　低保贫困户与非低保贫困户对项目内容的知晓度（单位：%）

表 5—27　　　　　贫困户获取项目内容的信息渠道　　　　单位：个、%

如何知道项目内容	样本	占比
村民会议、村委会的公开告示或通知	61	98.39
本身是村干部，个别通知	0	0.00
通过其他村民得知	1	1.61
其他途径	0	0.00
合计	62	100.00

有效样本：62 个；缺失值：0。

综合以上分析，参与扶贫活动的农牧民大多数知晓项目的基本信息，而且相关信息主要是通过村民会议途径获知，其中生活在林区的贫困户、文盲贫困户、收入水平偏低的贫困户以及低保贫困户对扶贫项目信息的反应程度更加灵敏。

三　农民对扶贫项目内容讨论的参与①

两成贫困户没有参与扶贫活动项目内容的讨论。在 60 位参加过扶贫

---

①　考察贫困户参与扶贫项目内容讨论的情况是以贫困户知道扶贫项目内容为前提，知道项目内容的贫困户共 62 个，因此该部分有效样本与缺失值之和始终为 62。

活动的贫困户中,有 12 位表示没有参与扶贫项目内容讨论,占比为 20%,占两成;参与扶贫项目内容讨论的占比为 80%。可见,两成贫困户没有参与扶贫活动项目内容的讨论。

表5—28　贫困户是否参与扶贫项目内容讨论的情况　　　单位:个、%

是否参与扶贫项目内容讨论	样本	占比
是	48	80.00
否	12	20.00
合计	60	100.00

有效样本:60 个;缺失值:2。

林区贫困户对扶贫项目内容讨论的参与度最高。从表5—29可以看出,所有受访的林区贫困户都参与了扶贫项目内容讨论;牧区贫困户的参与度最低,为 71.43%,农业区与半农半牧地区贫困户参与扶贫项目内容讨论的占比分别为 76.67% 和 72.73%。由此可知,林区贫困户对扶贫项目内容讨论的参与度最高。

表5—29　不同自然区域类型下贫困户参与扶贫项目内容讨论情况

单位:%、个

自然区域类型分组	是否参与扶贫项目内容讨论		合计
	是	否	
农业区	76.67	23.33	100（30）
牧区	71.43	28.57	100（7）
半农半牧地区	72.73	27.27	100（11）
林区	100.00	0.00	100（12）

有效样本:60 个;缺失值:2;$P=0.273$。

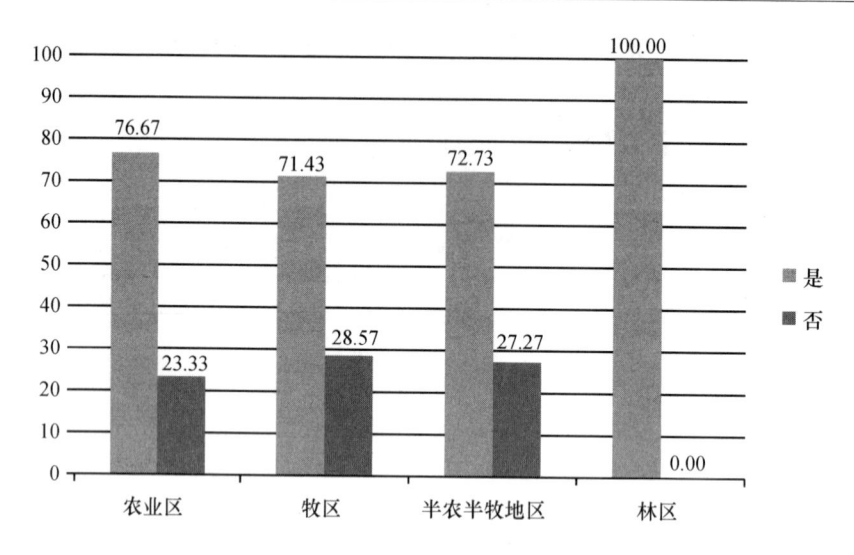

图 5—20　不同的自然区域类型下贫困户参与扶贫项目内容讨论的情况（单位：%）

文盲贫困户中参与扶贫项目内容讨论的比重更高。由表 5—30 可见，文盲贫困户对扶贫项目内容讨论的参与比重较高，为 83.78%，而有文化的贫困户参加讨论的比重为 72.73%，两者相差 11.05%。整体上看，文盲贫困户中参与扶贫项目内容讨论的比重更高。

表 5—30　　　　不同的教育水平贫困户参与扶贫项目内容
讨论的情况　　　　　　　　　　单位：%、个

教育水平分组	是否参与扶贫项目内容讨论		合计
	是	否	
文盲	83.78	16.22	100（37）
有文化	72.73	27.27	100（22）

有效样本：59 个；缺失值：3；P=0.308。

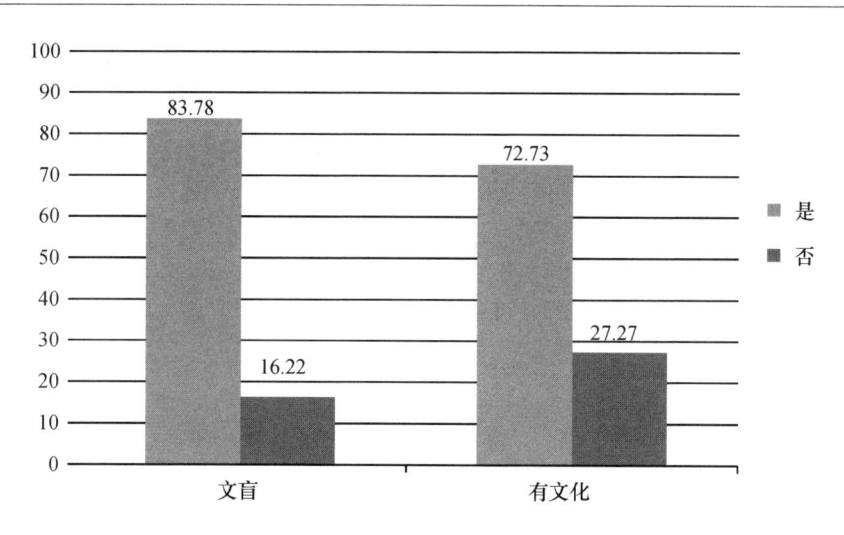

图 5—21　不同教育水平的贫困户参与扶贫项目内容讨论的情况（单位：%）

牲畜资产型收入水平在中等及以下水平的贫困户对扶贫项目内容讨论的参与度更高。从表5—31中可以看出，牲畜资产型收入在低水平、中等偏下水平、中等水平、中等偏上水平和高水平的贫困户参与扶贫项目内容讨论的比重依次为92.31%、92.31%、100%、71.43%、57.14%，明显呈现波动递减趋势。由此可见，牲畜资产型收入水平在中等及以下水平的贫困户对扶贫项目内容讨论的参与度更高。

表5—31　　　　不同的牲畜资产型收入下贫困户参与
扶贫项目内容讨论的情况　　　　单位：%、个

牲畜资产型收入分组	是否参加过某项扶贫活动		合计
	是	否	
低水平	92.31	7.69	100（13）
中等偏下水平	92.31	7.69	100（13）
中等水平	100.00	0.00	100（6）
中等偏上水平	71.43	28.57	100（14）
高水平	57.14	42.86	100（14）

有效样本：60个；缺失值：2；P=0.057。

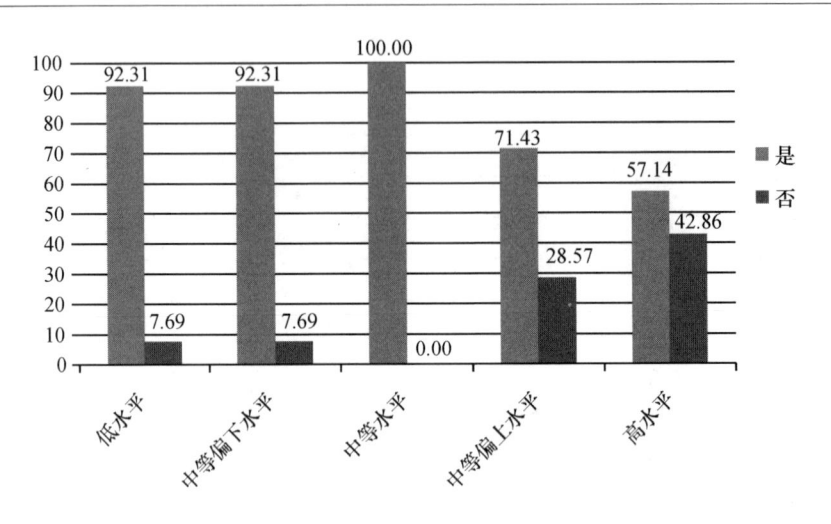

图 5—22　不同的牲畜资产型收入下贫困户参与
扶贫项目内容讨论的情况（单位：%）

所有低保贫困户均参与扶贫项目内容讨论。低保贫困户参与扶贫项目内容讨论的占比较高，为 100%，明显高于非低保贫困户，后者为73.91%。综上可得，全部低保贫困户均参与了扶贫项目内容讨论。

表 5—32　　　低保户与非低保户参与扶贫项目内容讨论的情况　　单位：%、个

是否为低保户	是否参与扶贫项目内容讨论		合计
	是	否	
是	100.00	0.00	100（14）
否	73.91	26.09	100（46）

有效样本：60 个；缺失值：2；P = 0.033。

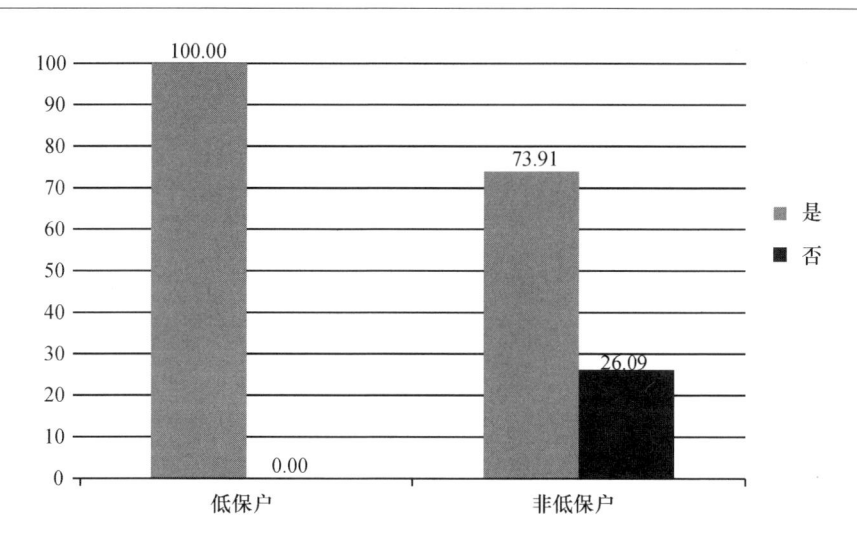

图 5—23 低保户与家庭年非低保户参与扶贫项目内容讨论的情况（单位：%）

综合以上分析可见，对于项目内容讨论而言，调查数据显示，大多数建档立卡贫困户都参与了项目内容的讨论，其中，所有低保户参与率高于非低保户，而且生活在林区的贫困户、文盲贫困户以及中等收入以下的贫困户参与项目讨论的比率最高。由此可知，项目实施的透明度以及参与度较好，最大程度上体现了贫困农牧民在精准扶贫项目中的主体性。

四 西藏农牧区对扶贫项目内容的选择[①]

近四成贫困户无法自主选择扶贫项目内容。在 53 个有效样本中，反映扶贫项目内容是自己选择的贫困户有 34 个，占比 64.15%；表示项目内容不是自己选择的贫困户占比为 35.85%。由此可知，近四成贫困户无法自主选择扶贫项目内容。

[①] 考察贫困户是否自己选择扶贫项目内容是以贫困户知道扶贫项目内容为前提，知道项目内容的贫困户共 62 个，因此该部分有效样本与缺失值之和始终为 62。

表5—33 项目内容是否是您自己选择的情况 单位：个、%

项目内容是否自主选择	样本	占比
是	34	64.15
否	19	35.85
合计	53	100.00

有效样本：53个；缺失值：9。

农业区贫困户自主选择项目内容的比重最低。考察不同自然区域类型下贫困户自主选择扶贫项目内容的情况，调查发现，农业区贫困户自主选择项目内容的占比为51.85%，比牧区贫困户（66.67%）低出14.82个百分点；所有林区贫困户都是自主选择项目内容，半农半牧地区贫困户中自主选择扶贫项目内容的占60%。由此可知，相较于其他自然区域类型，农业区贫困户自主选择项目内容的比重最低。

表5—34 不同的自然区域类型下贫困户选择扶贫项目内容的情况

单位：%、个

自然区域类型分组	项目内容是否自主选择 是	项目内容是否自主选择 否	合计
农业区	51.85	48.15	100（27）
牧区	66.67	33.33	100（6）
半农半牧地区	60.00	40.00	100（10）
林区	100.00	0.00	100（10）

有效样本：53个；缺失值：9；$P=0.059$。

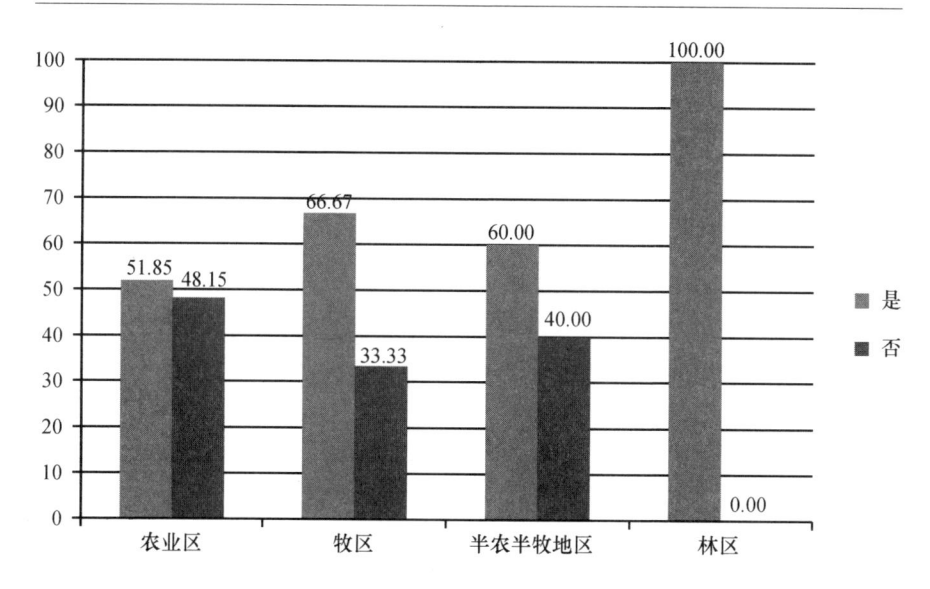

第五章　西藏农牧区精准扶贫效果评估：贫困户的视角　　193

图5—24　不同的自然区域类型下贫困户选择扶贫
项目内容的情况（单位：%）

文盲贫困户自主选择扶贫项目的比重更高。就不同教育水平而言，文盲贫困户自主选择扶贫项目的占比较高，为69.23%；有文化贫困户的自主选择率较低，为62.50%，两者相差6.73%。总体来看，文盲贫困户自主选择扶贫项目的比重更高。

表5—35　　不同的教育水平贫困户选择扶贫项目内容的情况　　单位：%、个

教育水平分组	项目内容是否自主选择		合计
	是	否	
文盲	69.23	30.77	100（13）
有文化	62.50	37.50	100（40）

有效样本：53个；缺失值：9；P=0.660。

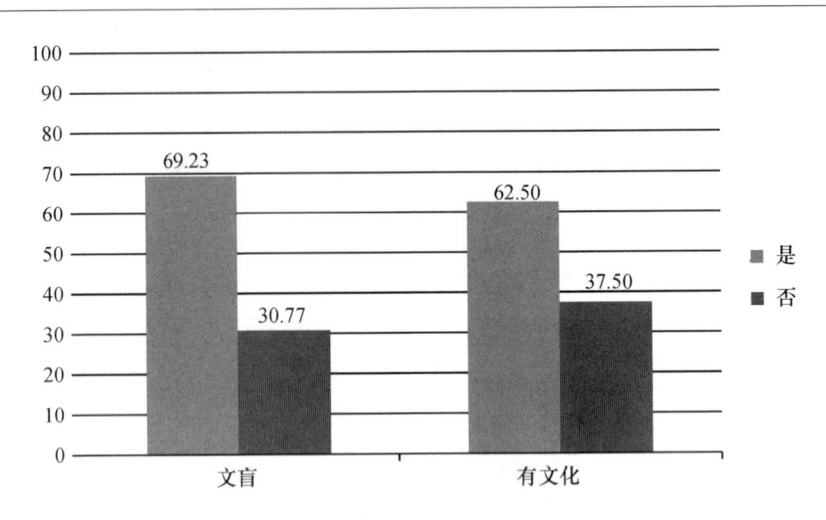

图 5—25 不同的教育水平贫困户选择扶贫项目
内容的情况（单位：%）

牲畜资产型收入在中等及以下水平的贫困户对扶贫项目自主选择的比重更大。调查显示，牲畜资产型收入在低水平、中等偏下水平和中等水平的贫困户自主选择项目内容的占比分别为 69.23%、80% 和 100%；中等偏上和高收入水平的贫困户自主选择度依次为 61.54% 和 33.33%，相对于其他分组来说较低。由此可见，牲畜资产型收入在中等及以下水平的贫困户对扶贫项目自主选择的比重更大。

表 5—36　　　　不同的牲畜资产型收入下贫困户选择
扶贫项目内容的情况　　　　　　单位：%、个

牲畜资产型收入分组	项目内容是否自主选择		合计
	是	否	
低水平	69.23	30.77	100（13）
中等偏下水平	80.00	20.00	100（10）
中等水平	100.00	0.00	100（5）
中等偏上水平	61.54	38.46	100（13）
高水平	33.33	66.67	100（12）

有效样本：53 个；缺失值：9；P=0.060。

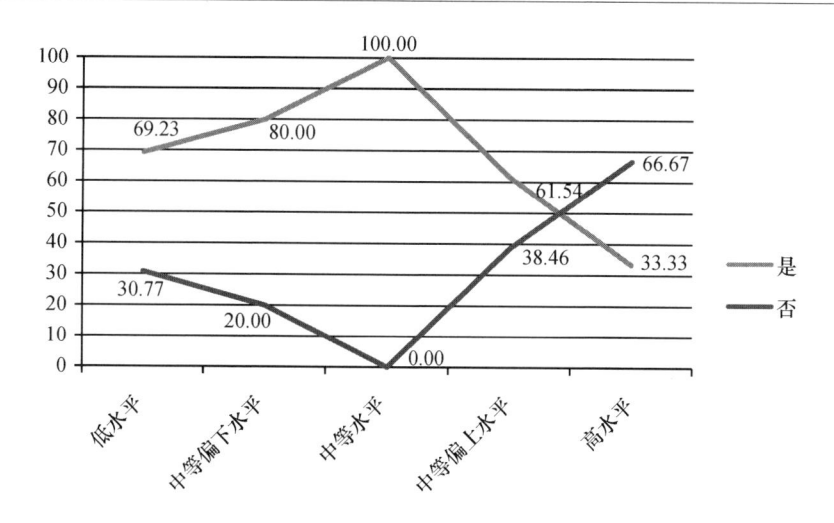

第五章 西藏农牧区精准扶贫效果评估:贫困户的视角 195

图 5—26 不同的牲畜资产型收入下贫困户选择扶贫
项目内容的情况（单位：%）

低保贫困户对项目内容的自主选择度更高。整体来说，低保贫困户自主选择项目内容的占比更高，为 69.23%；非低保贫困户的自主选择度稍低，为 62.50%，两者相差 6.73%。由此可见，低保贫困户对项目内容的自主选择度更高。

表 5—37 低保贫困户与非低保贫困户选择扶贫项目内容的情况　　单位：%、个

是否为低保户	项目内容是否自主选择		合计
	是	否	
是	69.23	30.77	100（13）
否	62.50	37.50	100（40）

有效样本：53 个；缺失值：9；P = 0.660。

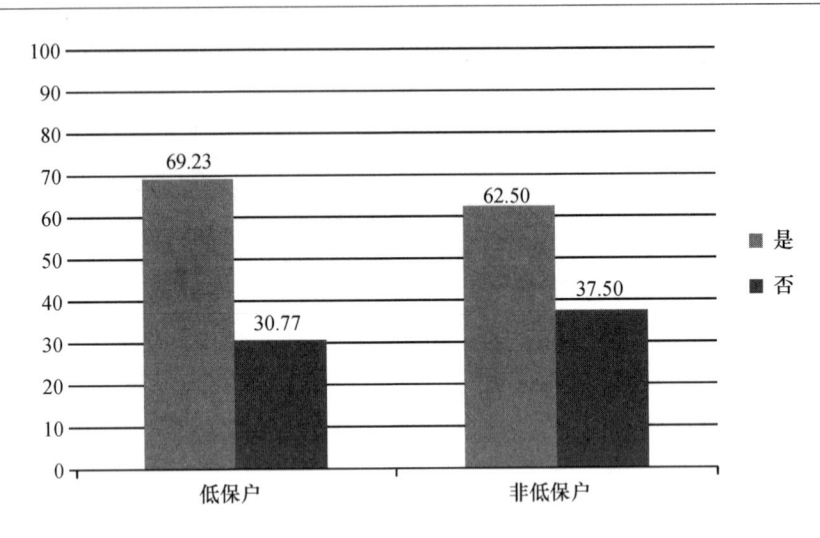

图 5—27　低保贫困户与非低保贫困户选择扶贫
项目内容的情况（单位：%）

综上数据分析可见，就项目内容选择性上，仅有一半左右的建档立卡贫困户可以自主选择项目内容。其中，农区的贫困户自主选择率低，与之相比较，文盲贫困户、收入中下水平的贫困户以及低保贫困户的自主选择度相对较高。

五　农民对扶贫项目讨论和制定的参与[①]

近一半贫困户没有参加扶贫项目实施方式的讨论和制定。考察贫困户对扶贫项目讨论和制定的参与度，可以发现，53.66%的贫困户参加了扶贫项目的讨论和制定，仅比未参加的贫困户比重46.34%高出7.32个百分点。由此可知，近一半贫困户没有参加扶贫项目实施方式的讨论和制定。

---

① 考察贫困户对扶贫项目内容实施方式讨论和制定的参与度是以贫困户知道扶贫项目内容为前提，知道项目内容的贫困户共62个，因此该部分有效样本与缺失值之和始终为62。

表5—38　　　　　贫困户对扶贫项目讨论和制定的参与度　　　单位：个、%

是否参与	样本	占比
是	22	53.66
否	19	46.34
合计	41	100.00

有效样本：41个；缺失值：21。

农业区贫困户对扶贫项目实施方式讨论和制定的参与度最低。从不同自然区域类型来看，87.50%的林区贫困户参与了扶贫项目实施方式的讨论和制定，比重最高；农业区贫困户的参与比重最低，为33.33%；牧区、半农半牧地区贫困户参与的比重分别为66.67%和55.56%。综上，农业区贫困户对扶贫项目实施方式讨论和制定的参与度最低。

表5—39　　　　　不同自然区域类型农民对扶贫项目
讨论和制定的参与度　　　单位：个、%

自然区域类型	是否参与 是	是否参与 否	合计
农业区	33.33	66.67	100（18）
牧区	66.67	33.33	100（6）
半农半牧地区	55.56	44.44	100（9）
林区	87.50	12.50	100（8）

有效样本：41个；缺失值：21；P=0.069。

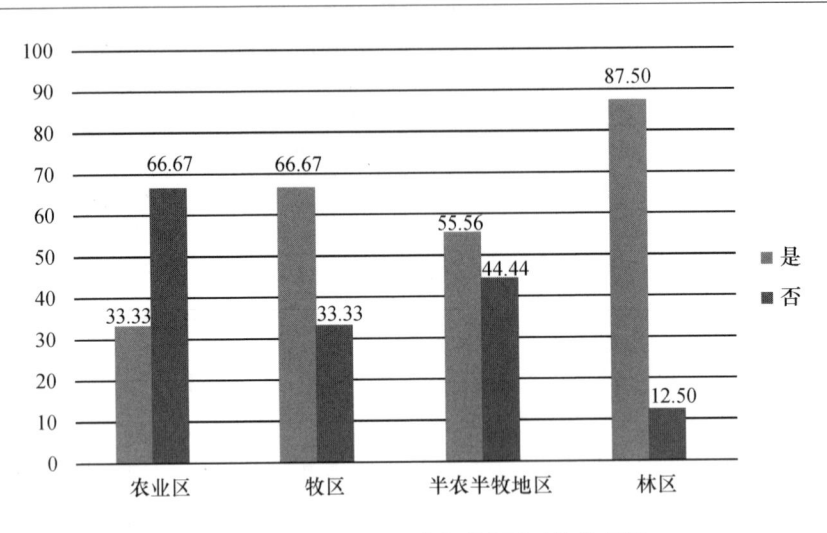

图 5—28　不同自然区域类型农民对扶贫项目
讨论和制定的参与度（单位：%）

文盲贫困户对扶贫项目实施方式讨论和制定的参与度较低。分别对文盲贫困户和有文化贫困户参与扶贫项目实施方式讨论和制定的情况进行考察，调查发现，文盲贫困户中参加扶贫项目讨论和制定的占比为 48.15%，不足五成；另外，61.54% 的有文化贫困户参加了讨论和制定。可知，文盲贫困户对扶贫项目实施方式讨论和制定的参与度较低。

表 5—40　　　　文盲贫困户和有文化贫困户对扶贫项目
　　　　　　　　　讨论和制定的参与度　　　　　　　单位：个、%

教育水平	是否参与 是	是否参与 否	合计
文盲	48.15	51.85	100（27）
有文化	61.54	38.46	100（13）

有效样本：40 个；缺失值：22；P=0.427。

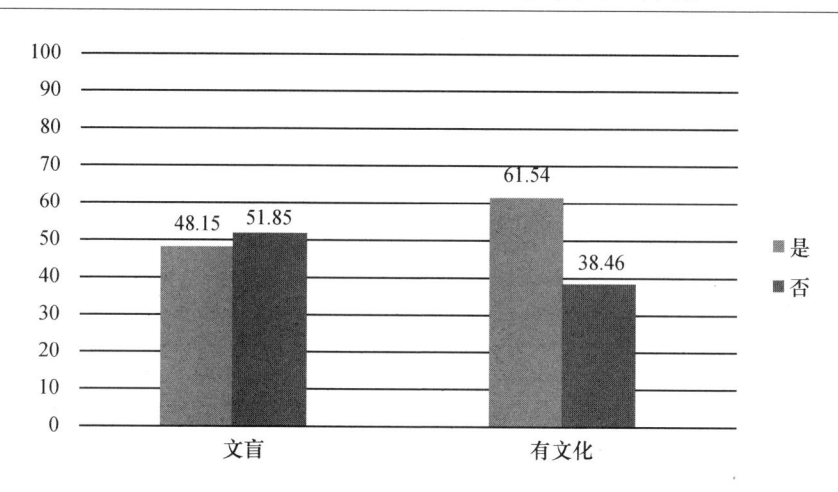

图 5—29　文盲贫困户和有文化贫困户对扶贫项目讨论和
制定的参与度（单位：%）

牲畜型资产收入处于中等水平的贫困户对扶贫项目讨论和制定参与度最高。调查发现，牲畜型资产收入位于低水平、中等偏下水平、中等水平、中等偏上水平、高水平的贫困户参与扶贫项目讨论和制定的比重依次为72.73%、44.44%、75.00%、37.50%和44.44%。由此可得，牲畜型资产收入处于中等水平的贫困户对扶贫项目讨论和制定参与度最高。

表 5—41　　　不同牲畜型资产收入水平贫困户对扶贫项目
讨论和制定的参与度　　　　　　　　　单位：个、%

牲畜型资产收入分组	是否参与		合计
	是	否	
低水平	72.73	27.27	100（11）
中等偏下水平	44.44	55.56	100（9）
中等水平	75.00	25.00	100（4）
中等偏上水平	37.50	62.50	100（8）
高水平	44.44	55.56	100（9）

有效样本：41 个；缺失值：21；P=0.434。

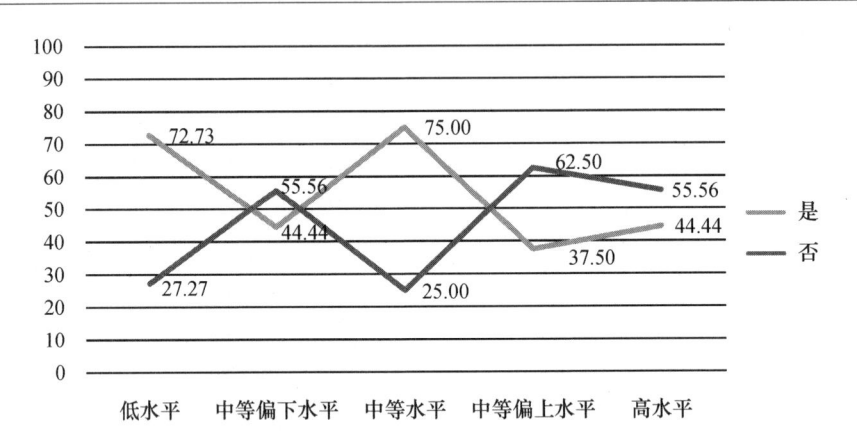

图 5—30　不同牲畜型资产收入水平贫困户对扶贫项目
讨论和制定的参与度（单位：%）

低保贫困户对扶贫项目实施方式讨论和制度的参与度较低。考察低保贫困户与非低保贫困户参与扶贫项目讨论和制定的实际情况，数据显示，只有三分之一的低保贫困户参与了扶贫项目讨论和制定；而非低保贫困户中参与扶贫项目讨论和制定的占比为 62.07%，比前者高出近 30 个百分点。由此可知，低保贫困户对扶贫项目实施方式讨论和制定的参与度较低。

表 5—42　　　　低保贫困户与非低保贫困户对扶贫项目
讨论和制定的参与度　　　　　　　　单位：个、%

是否低保户	是否参与		合计
	是	否	
是	33.33	66.67	100（12）
否	62.07	37.93	100（29）

有效样本：41 个；缺失值：21；P = 0.093。

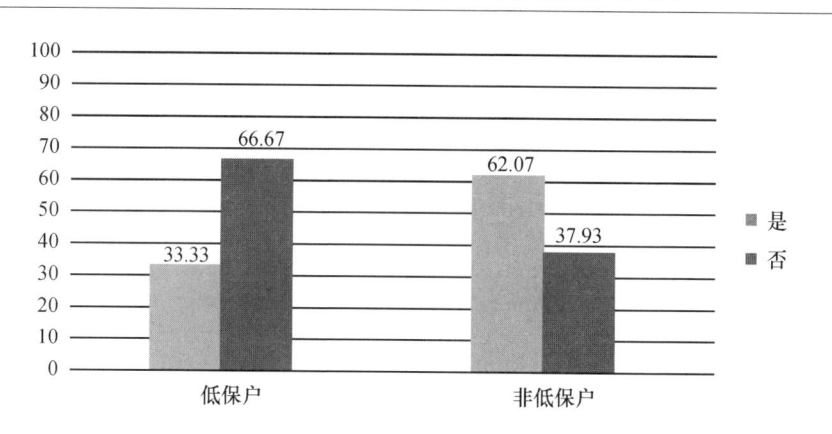

图5—31 低保贫困户与非低保贫困户对扶贫项目讨论和制定的参与度（单位：%）

综上数据分析得知，整体而言，就扶贫项目实施方式的讨论与制定来说，近半数"建档立卡"贫困户并没有参加讨论。其中从贫困户参与程度来看，农业区贫困户、文盲贫困户以及低保贫困户的参与度比较低。相比较而言，中等收入的贫困户参与度比较高。

第三节 西藏农牧区精准帮扶项目落实

项目"落地"是精准扶贫政策的内核。只有将扶贫项目进村入户，提高扶贫资源的瞄准效率，才能从根本上保证精准扶贫政策的实效。基于此，笔者先从整体上考察村级层面精准扶贫项目的落实，再进一步从农牧民农业实用技术培训情况及评价、农牧民劳动力转移技术培训情况及评价两大方面进行具体分析。

一 西藏农牧区村庄层面项目落实

贫困村获得的帮扶项目数量偏低。考察贫困村帮扶项目的数量情况，调查发现，贫困村帮扶项目数量的平均值为1.14个，中位数为1个，众数为0个，最小值和最大值分别为0个和11个；同时，46.15%

的贫困村没有帮扶项目，帮扶项目在 3 个及以下的贫困村占比高达 95.38%。由此可知，西藏自治区贫困村获得的帮扶项目数量偏低。西藏自治区的精准脱贫工作从 2014 年 1 月开始起步，帮扶项目投放到村的力度应不断加强。

表 5—43　　　　　　　　贫困村帮扶项目数量情况　　　　　　　　单位：个

有效样本	均值	中位数	众数	最小值	最大值
65	1.14	1	0	0	11

有效样本：65 个；缺失值：0。

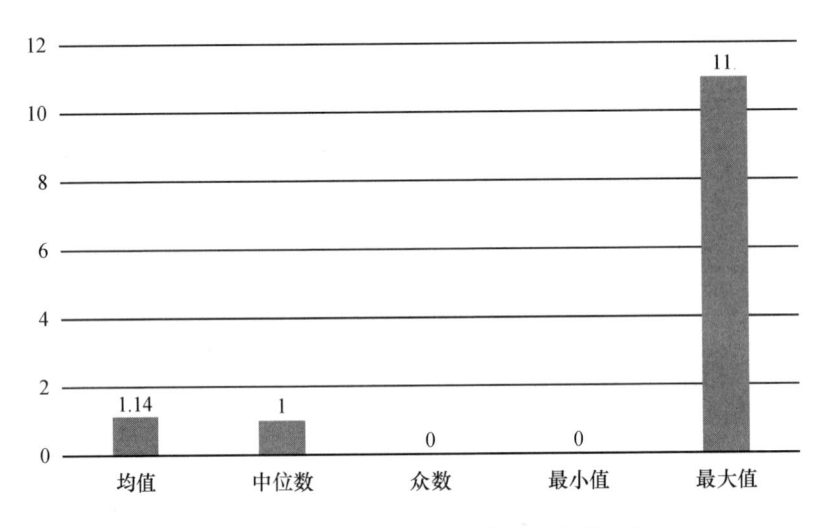

图 5—32　贫困村帮扶项目数量情况（单位：个）

表 5—44　　　　　　　　贫困村帮扶项目数量情况　　　　　　　　单位：个、%

帮扶项目数量	样本	占比
0	30	46.15
1	16	24.62
2	10	15.38
3	6	9.23
4	1	1.54

续表

帮扶项目数量	样本	占比
5	1	1.54
11	1	1.54

有效样本：65个；缺失值：0。

至少一半的贫困村还没有帮扶项目资金投入。对贫困村帮扶项目资金投入情况进行考察，在63个有效贫困村样本中，帮扶项目资金的平均值为1308507.94元，中位数、众数和最小值都为0元，最大值为2000000元，贫困村之间的项目资金投入差距较大。由此可得，至少一半的贫困村还没有帮扶项目资金投入，西藏自治区应不断扩大对贫困村帮扶项目资金投入的范围和强度，推动精准脱贫工作向前发展。

表5—45　　　　　帮扶项目资金投入情况　　　　单位：个、元

有效样本	均值	中位数	众数	最小值	最大值
63	1308507.94	0	0	0	2000000

有效样本：63个；缺失值：2。

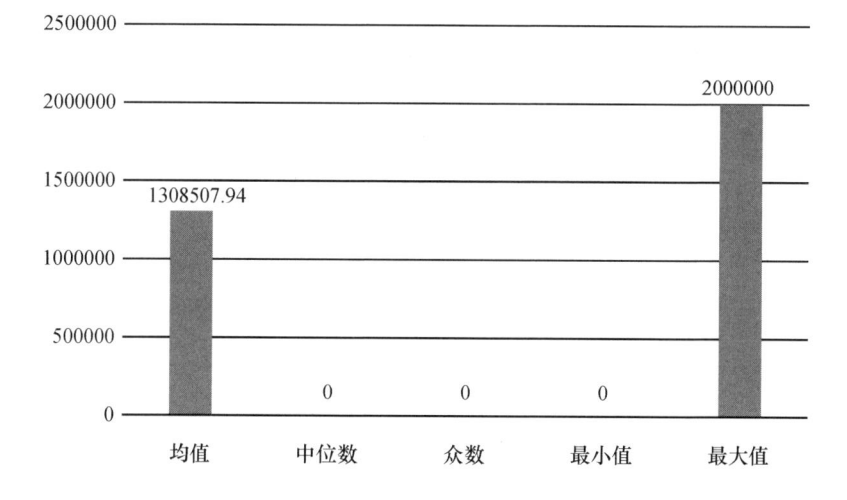

图5—33　帮扶项目资金投入情况（单位：元）

近一半的贫困村还没有组织免费农技培训。调查显示，贫困村组织免费农技培训人数的平均值为 18 人，中位数为 0 人，众数为 0 人，最小值和最大值分别为 0 人和 304 人，贫困村之间组织免费农技培训人数的差异较大。综上所述，至少一半的贫困村组织免费农技培训的人数为 0 人，精准脱贫工作及免费农技培训在西藏贫困地区才刚刚开展，今后需要不断扩大农技培训的受益面，提升贫困户的农业生产素质。

表5—46　　　　　村庄组织免费农技培训人数情况　　　　单位：个、人

有效样本	均值	中位数	众数	最小值	最大值
62	18	0	0	0	304

有效样本：62 个；缺失值：3。

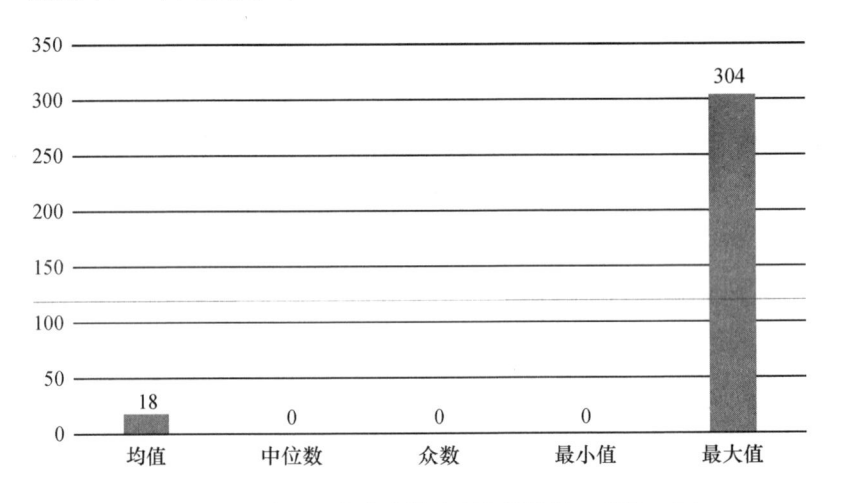

图5—34　村庄组织免费农技培训人数情况（单位：人）

近半的贫困村中经劳动力转移培训并外出务工人数在 3 人及以下。考察贫困村经劳动力转移培训并外出务工人数情况，研究发现，63 个贫困村中经劳动力转移培训并外出务工人数的平均值为 12.19 人，中位数为 3 人，众数为 0 人，最小值为 0 人，最大值为 150 人，各贫困村劳动力转移培训的成效不一。由此可得，近半的贫困村中经劳动力转移培训并外出务工人数在 3 人及以下，贫困村劳动力转移就业工作有待提高。

表5—47　　　　经劳动力转移培训并外出务工人数情况　　　单位：个、人

有效样本	均值	中位数	众数	最小值	最大值
63	12.19	3	0	0	150

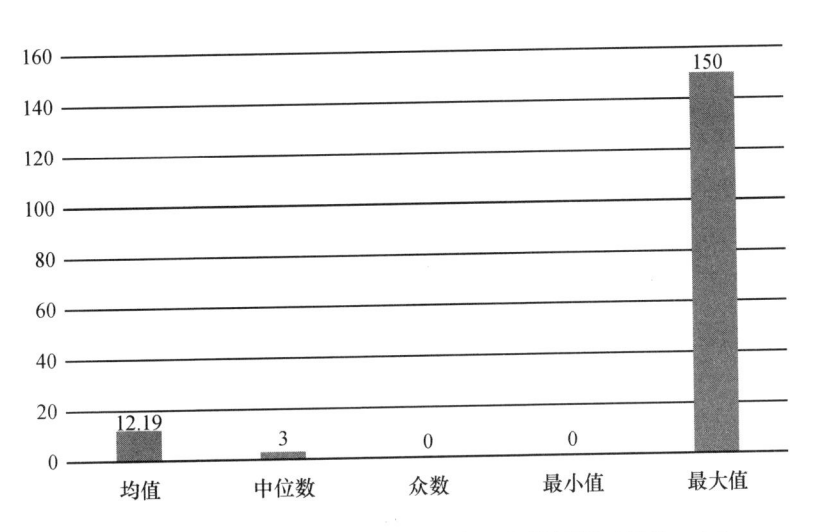

图5—35　经劳动力转移培训并外出务工人数情况（单位：人）

综合以上分析，从精准扶贫项目的整体落实情况来看，贫困村获取的扶贫项目普遍较低，其中，近一半的贫困村还没有获得扶贫项目资金，同时近一半的贫困村也没有开展免费农技培训，而且，在开展劳动力转移培训的村庄中，近半贫困村的外出务工人数在3人以内。可见，西藏农牧区扶贫项目整体落实情况及成效不佳。

二　西藏农牧民接受农业实用技术培训

九成以上的贫困户没有接受过农业实用技术培训。对西藏地区贫困户是否接受过农业实用技术培训的情况进行考察，数据显示，在822个有效样本中，有71个贫困户表示接受过农业技术培训，占比为8.64%；未接受过农业实用技术培训的样本数为751，占比为91.36%。由此可见，九成以上的贫困户没有接受过农业实用技术培训。

表5—48　　西藏地区贫困户接受农业实用技术培训分布情况　　单位：个、%

是否接受过农业实用技术培训	样本	占比
是	71	8.64
否	751	91.36
合计	822	100.00

有效样本：822个；缺失值：87。

非低保户接受农业实用技术培训的比重较大。考察低保户与非低保户接受农业实用技术培训的情况，数据显示，有7.87%的低保户接受过农业实用技术培训，有8.57%的非低保户接受过农业实用技术培训，比低保户高出0.7个百分点。由此可见，非低保户接受农业实用技术培训的比重较大。

表5—49　　低保户与非低保户接受农业实用技术培训情况　　单位：个、%

是否低保户	是否接受农业实用技术培训 是	是否接受农业实用技术培训 否	合计
是	7.87	92.13	100（89）
否	8.57	91.43	100（712）

有效样本：801个；缺失值：108；P=0.823。

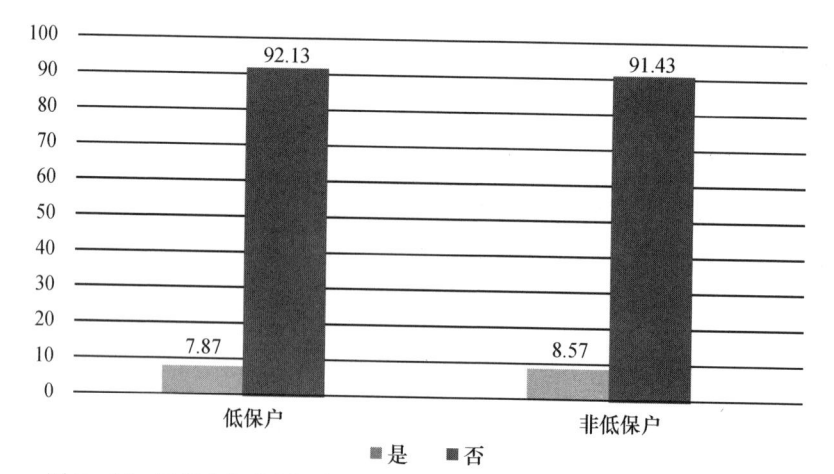

图5—36　低保户与非低保户接受农业实用技术培训的情况（单位：%）

牧区中贫困户参加农业实用技术培训的比重最高。在不同自然区域条件下，考察贫困户参加农业实用技术培训的情况。数据显示，牧区中参加农业实用技术培训的贫困户所占比重最大，为18.71%；其次为林区，占比为7.32%；农业区占比为6.81%；半农半牧地区占比最小，为5.15%。由此可见，牧区中贫困户参加农业实用技术培训的比重最高。

表5—50 不同自然区域类型下贫困户参加农业实用技术培训分布情况

单位：个、%

自然区域类型	是否参加农业实用技术培训		合计
	是	否	
农业区	6.81	93.19	100（543）
牧区	18.71	81.29	100（139）
半农半牧地区	5.15	94.85	100（97）
林区	7.32	92.68	100（41）

有效样本：820个；缺失值：89；P=0.000。

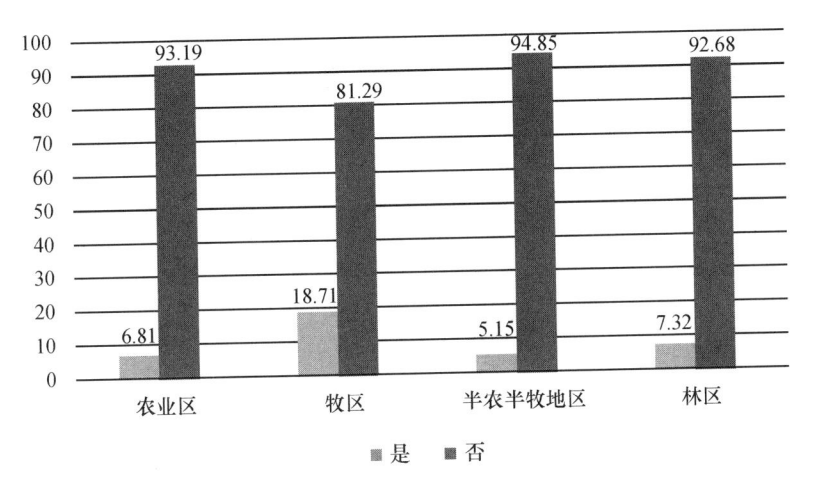

图5—37 不同自然区域类型下贫困户参加农业实用技术培训分布情况（单位：%）

有文化的贫困户参加农业实用技术培训的比重更大。考察文盲贫困户和有文化贫困户参加农业技术培训的情况，数据显示，文盲贫困户参加农业实用技术培训的占比为7.69%，有文化的贫困户参加农业实用技术培训的占比为10.93%，比文盲贫困户高出3.24个百分点。由此可见，有文化的贫困户参加农业实用技术培训的比重更大。

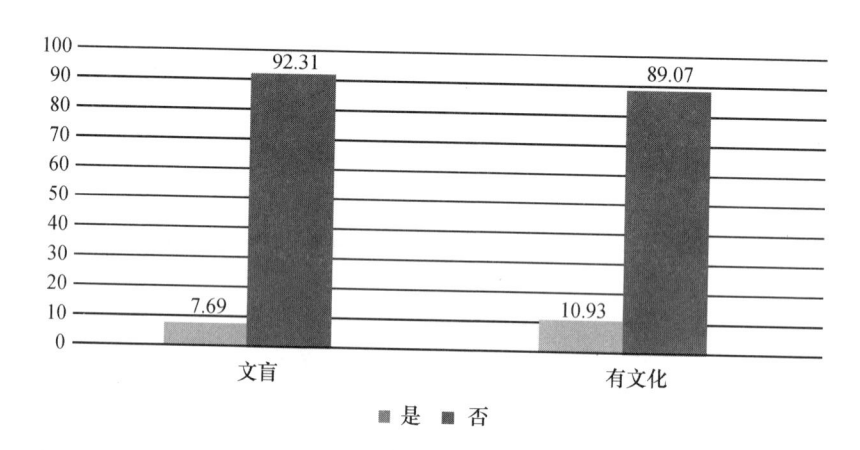

表5—51　　　　文盲与有文化贫困户参加农业实用技术
培训的分布情况　　　　　　　单位：个、%

教育水平	是否参加农业实用技术培训		合计
	是	否	
文盲	7.69	92.31	100（572）
有文化	10.93	89.07	100（247）

有效样本：819个；缺失值：90；P=0.131。

图5—38　文盲与有文化贫困户参加农业实用技术培训的分布情况（单位：%）

大体上，牲畜资产型收入水平较低的贫困户参加农业实用技术培训的比重较小。对不同牲畜资产型收入水平的贫困户参加农业实用技术培训的情况进行分析。从数据中可以看出，按照低水平、中等偏低水平、中等水平、中等偏高水平、高水平的顺序，参加农业实用技术培训的比重分别是6.42%、5.58%、6.32%、10.17%、15.54%。可以看出，高水平贫困户参加农业实用技术培训的占比最大，中等偏低水平贫困户参加农业实用技术培训的比重最小。同时，从中等偏低水平到高水平，参加农业实用技术培训的比重逐渐递增。由此可见,大体上,牲畜资产型收入水平较低的贫困户参加农业实用技术培训的比重较小。

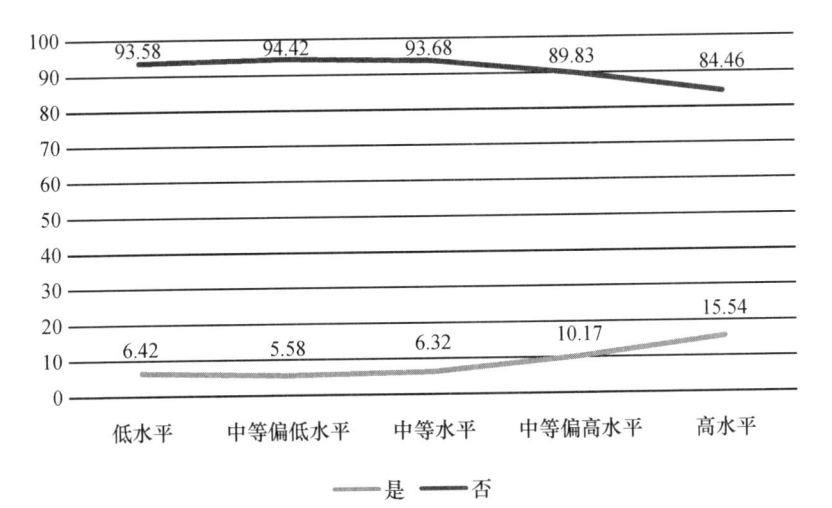

表5—52　　　　不同牲畜资产型收入水平下贫困户参加
农业实用技术培训的情况　　　　单位:个、%

牲畜资产型收入水平	是否参加农业实用技术培训		合计
	是	否	
低水平	6.42	93.58	100（187）
中等偏低水平	5.58	94.42	100（215）
中等水平	6.32	93.68	100（95）
中等偏高水平	10.17	89.83	100（177）
高水平	15.54	84.46	100（148）

有效样本:822个;缺失值:87;P=0.008。

图5—39　不同牲畜资产型收入水平下贫困户参加农业
实用技术培训的情况（单位:%）

综合以上分析,绝大多数"建档立卡"贫困户未接受农业实用技术培训,但是在接受农业实用技术培训的贫困户中,非低保贫困户所占比重大,生活在牧区的贫困户、文化水平较高的贫困户参与程度较高,收入水平低的贫困户参与度较低。

三 农牧民对农业实用技术培训作用的评价①

七成以上贫困户认为农业技术培训作用较大。当问及农业技术培训作用的大小时，在65个有效样本中，有39个贫困户表示作用"较大"，占比为60%，所占比重最大；认为作用"很大"的占比为15.38%，总计占比为75.38%；认为作用"一般"的占比为15.38%；有7.69%的贫困户认为作用"较小"；还有1.54%的贫困户认为"基本没作用"。由此可见，七成以上的贫困户认为农业技术培训作用较大。

表5—53　　　　　对技术培训作用的评价情况　　　　　单位：个、%

技术培训作用大小	样本	占比
很大	10	15.38
较大	39	60.00
一般	10	15.38
较小	5	7.69
基本没作用	1	1.54
合计	65	100.00

有效样本：65个；缺失值：6。

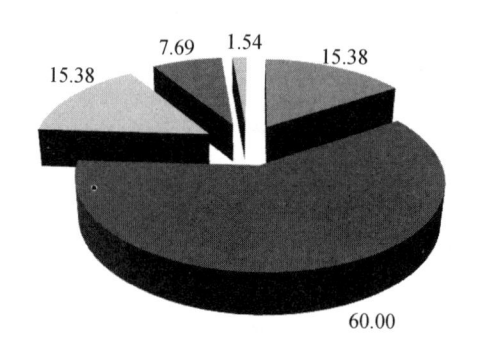

图5—40　对技术培训作用的评价情况（单位：%）

---

① 考察贫困户对农业技术培训的评价情况是以贫困户参加农业技术培训为前提，参加了农业技术培训的贫困户共71个，因此该部分有效样本与缺失值之和始终为71。

非低保户对农业实用技术培训的评价较高。考察低保户与非低保户对农业实用技术培训作用的评价情况，数据显示，有66.67%的低保户对农业实用技术培训作用持肯定态度，认为农业技术培训作用"较大"；有77.19%的非低保户对农业实用技术培训持肯定态度，其中，有15.79%的非低保户认为培训作用"很大"，有61.40%的非低保户认为作用"较大"。整体而言，对培训持肯定态度的非低保户比重比低保户高出10.52个百分点。由此可见，非低保户对农业实用技术培训的评价较高。

表5—54　　　　低保户与非低保户对技术培训的评价情况　　　单位：个、%

是否低保户	技术培训作用大小					合计
	很大	较大	一般	较小	基本没作用	
是	0.00	66.67	16.67	0.00	16.67	100（6）
否	15.79	61.40	14.04	8.77	0.00	100（57）

有效样本：63个；缺失值：8；P=0.026。表中合计未到100%可忽略不计。

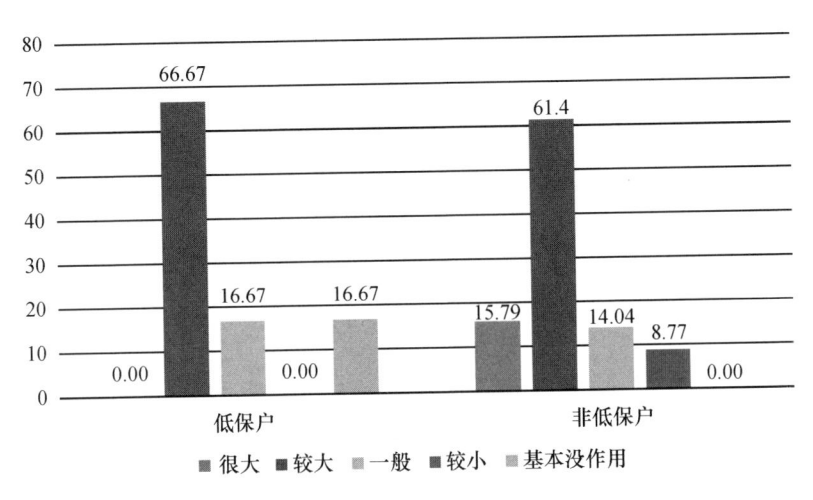

图5—41　低保户与非低保户对技术培训的评价情况（单位：%）

牧区中对培训作用持肯定态度的贫困户比重最大。当自然区域类型不同时，考察贫困户对技术培训的评价情况，农业区中对技术培训持肯定态度的贫困户比重为71.88%；牧区中持肯定态度的贫困户比重为76%；林区的比重为66.67%。由此可见，除了半农半牧地区以外，牧区中对培训作用持肯定态度的贫困户比重最大。

表5—55　不同自然区域类型下贫困户对技术培训评价分布情况　　单位：个、%

自然区域类型	很大	较大	一般	较小	基本没作用	合计
农业区	6.25	65.63	21.88	6.24	0.00	100（32）
牧区	28.00	48.00	8.00	12.00	4.00	100（25）
半农半牧地区	20.00	80.00	0.00	0.00	0.00	100（5）
林区	0.00	66.67	33.33	0.00	0.00	100（3）

有效样本：65个；缺失值：6；P=0.422。

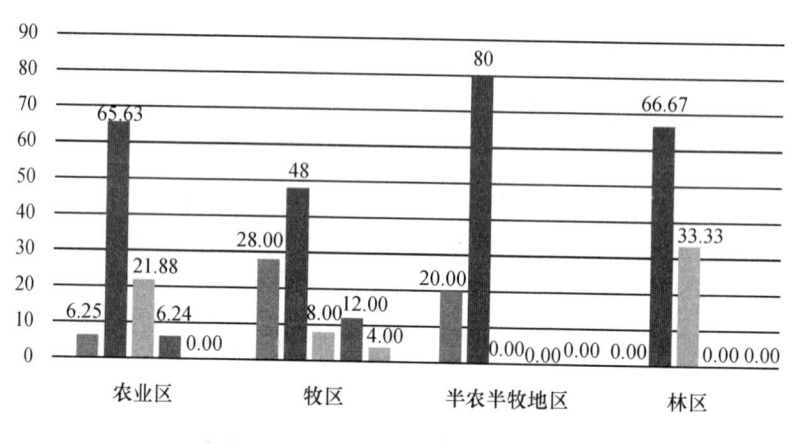

图5—42　不同自然区域类型下贫困户对技术培训评价分布情况（单位：%）

文盲贫困户对技术培训的评价较高。在不同教育水平下，考察贫困户对技术培训的评价情况。从数据中可以看出，文盲贫困户对技术培训持肯定评价的占比为76.19%；有文化的贫困户对培训持肯定评价的占比为73.91%。由此可见，文盲贫困户对技术培训的评价较高。

表5—56　　　　文盲和有文化贫困户对技术培训作用
评价分布情况　　　　　　单位：个、%

教育水平	技术培训作用大小					合计
	很大	较大	一般	较小	基本没作用	
文盲	11.90	64.29	11.90	9.52	2.39	100（42）
有文化	21.74	52.17	21.74	4.53	0.00	100（23）

有效样本：65个；缺失值：6；P=0.509。

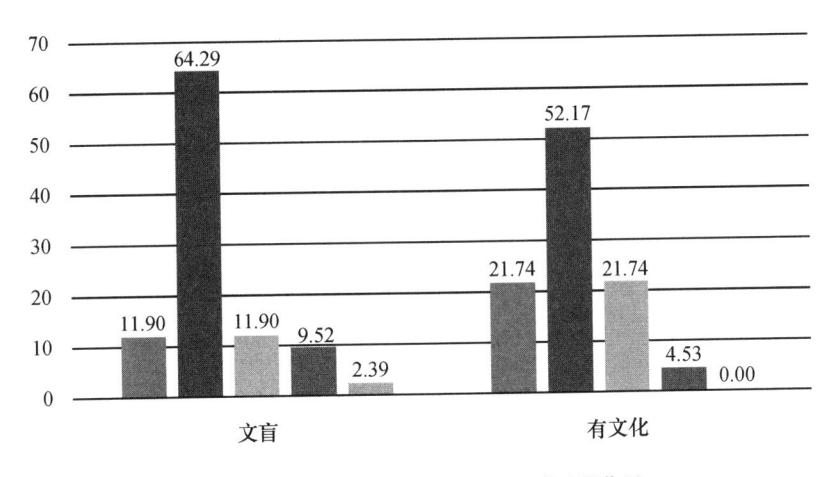

**图5—43　文盲和有文化贫困户对技术培训作用评价
分布情况（单位：%）**

牲畜资产型收入处于低水平的贫困户，对培训作用持消极态度的比重最大。在不同牲畜资产型收入水平下考察贫困户对技术培训的评价。数据显示，按照牲畜资产型收入由低到高的顺序，对技术培训作用持消极态度的贫困户的比重分别为33.33%、25%、0、25%、23.81%，呈现出明显递减趋势。由此可见，当牲畜资产型收入处于低水平时，对培训作用持消极态度的农民比重最大。

表5—57 不同牲畜资产型收入水平下贫困户对技术培训评价分布情况　　　单位：个、%

牲畜资产型收入水平	技术培训作用大小					合计
	很大	较大	一般	较小	基本没作用	
低水平	0.00	66.67	25.00	0.00	8.33	100（12）
中等偏低水平	33.33	41.67	8.33	16.67	0.00	100（12）
中等水平	0.00	100.00	0.00	0.00	0.00	100（4）
中等偏高水平	12.50	62.50	18.75	6.25	0.00	100（16）
高水平	19.05	57.14	14.29	9.52	0.00	100（21）

有效样本：65个；缺失值：6；P=0.452。

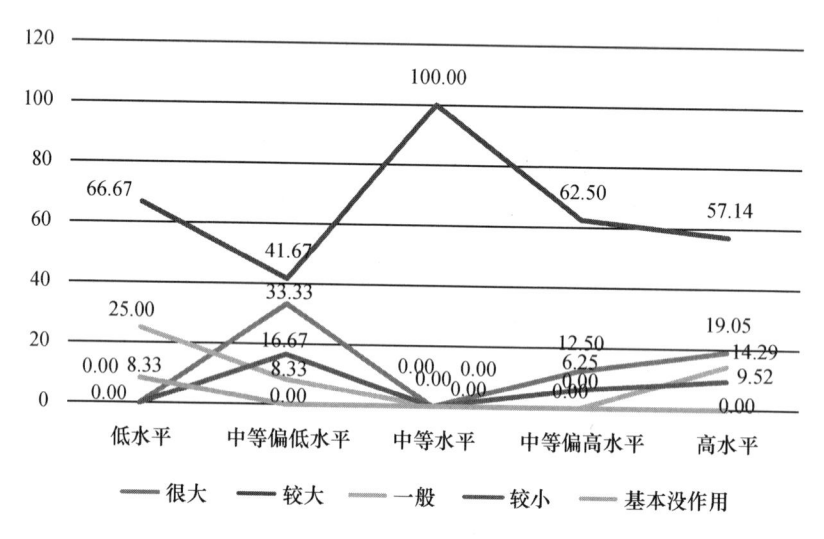

图5—44 不同牲畜资产型收入水平下贫困户对技术培训评价分布情况（单位：%）

由以上分析数据可知，从贫困户对农业实用技术培训的评价来看，大多数贫困户认为农业实用技术培训作用较大，其中，非低保贫困户、牧区贫困户以及文盲贫困户对农业实用技术培训持积极的肯定态度，家庭收入水平较低的贫困户大多对农业实用技术培训所持的态度则更为消极。

四 西藏农牧民接受劳动力转移技术培训

逾九成贫困户没有接受过劳动力转移技术培训。考察贫困户是否接受过劳动力转移技术的培训情况，在814个有效样本中，接受过劳动力转移技术培训的样本数为64，占比为7.86%；有92.14%的贫困户没有接受过劳动力转移技术培训。由此可见，逾九成贫困户没有接受过劳动力转移技术培训。

表5—58　　　　接受劳动力转移技术培训分布情况　　　　单位：个、%

是否接受劳动力转移技术培训	样本	占比
是	64	7.86
否	750	92.14
合计	814	100.00

有效样本：814个；缺失值：95。

非低保户接受劳动力转移技术培训的比重较高。考察低保户与非低保户接受劳动力转移技术的培训情况，数据显示，有3.41%的低保户接受过劳动力转移技术培训，有8.37%的非低保户接受过劳动力转移技术培训，比低保户高出4.96个百分点。由此可见，非低保户接受劳动力转移技术培训的比重较高。

表5—59　　低保户与非低保户接受劳动力转移技术培训情况　　单位：个、%

是否低保户	是否接受劳动力转移技术培训		合计
	是	否	
是	3.41	96.59	100（88）
否	8.37	91.63	100（705）

有效样本：793个；缺失值：116；P = 0.102。

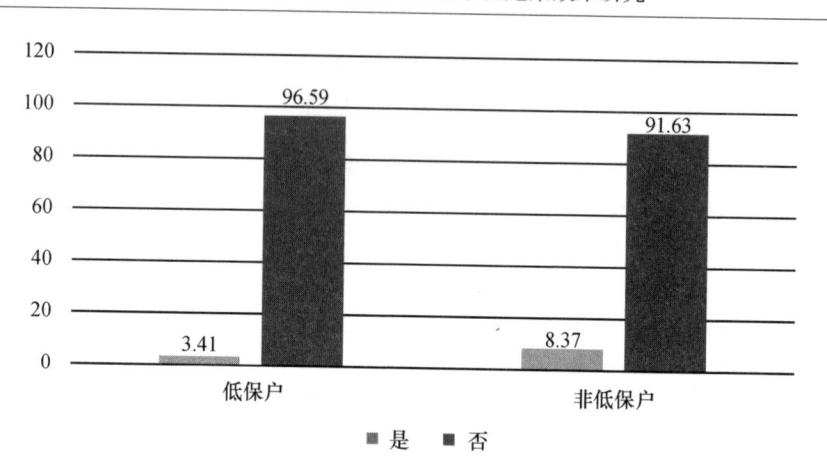

图 5—45　低保户与非低保户接受劳动力转移技术培训情况（单位：%）

牧区中贫困户接受过劳动力转移技术培训的比重最大。在不同自然区域下，考察贫困户接受劳动力转移技术培训的情况。可以看出，牧区中贫困户接受过劳动力转移技术培训的比重最大，占比为18.52%；其次为林区贫困户，占比为7.32%；半农半牧地区贫困户接受过劳动力转移技术培训的占比为6.12%；所占比重最少的是农业区的贫困户，接受过劳动力转移技术培训的仅占5.58%。由此可见，牧区中贫困户接受过劳动力转移技术培训的比重最大。

表5—60　　　不同自然区域类型下贫困户接受劳动力转移技术培训情况　　　单位：个、%

自然区域类型	是否参加农业实用技术培训		合计
	是	否	
农业区	5.58	94.42	100（538）
牧区	18.52	81.48	100（135）
半农半牧地区	6.12	93.88	100（98）
林区	7.32	92.68	100（41）

有效样本：812个；缺失值：97；P=0.000。

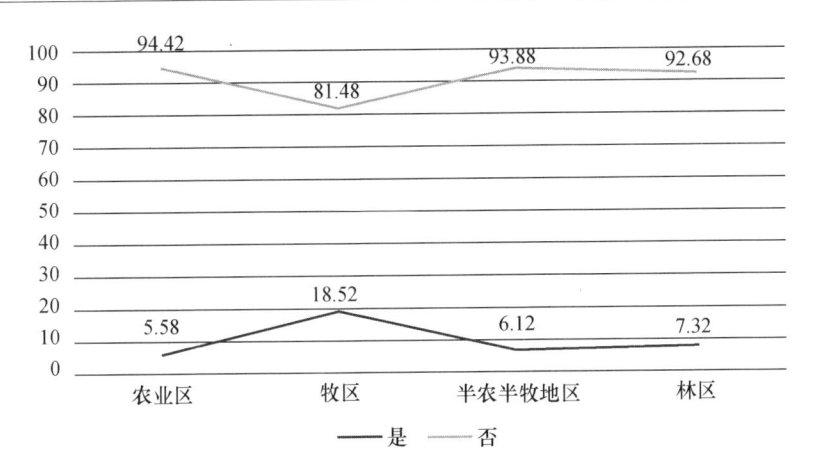

第五章 西藏农牧区精准扶贫效果评估：贫困户的视角

```
100 ┤94.42              93.88    92.68
 90 ┤  \         ___/        \___
 80 ┤   \   81.48
 70 ┤
 60 ┤
 50 ┤
 40 ┤
 30 ┤      18.52
 20 ┤    /     \
 10 ┤5.58       6.12    7.32
  0 ┤
    农业区  牧区  半农半牧地区  林区
         ── 是   ── 否
```

图 5—46　不同自然区域类型下贫困户接受劳动力转移技术培训情况（单位：%）

有文化贫困户接受过劳动力转移技术培训的比重更大。当教育水平不同时，考察贫困户接受劳动力转移技术培训的情况。将贫困户分为文盲和有文化两类，接受过劳动力转移技术培训的比重分别是 7.27%、9.31%。可以看出，有文化的贫困户中接受过劳动力转移技术培训的占比要比文盲贫困户高出 2.04 个百分点。由此可以推测，有文化的贫困户接受过劳动力转移技术培训的比重更大。

表 5—61　文盲和有文化贫困户接受劳动力转移技术培训情况　　单位：个、%

教育水平	是否接受转移技术培训		合计
	是	否	
文盲	7.27	92.73	100（564）
有文化	9.31	90.69	100（247）

有效样本：811 个；缺失值：98；P=0.321。

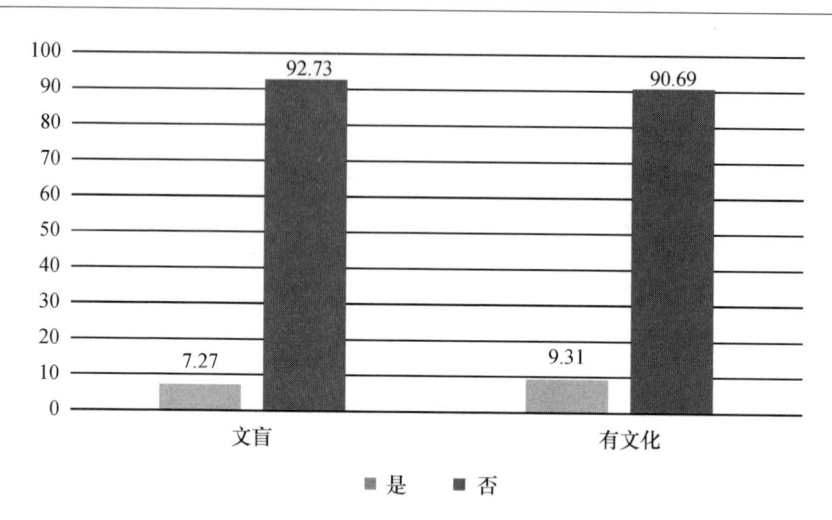

图 5—47　文盲和有文化贫困户接受劳动力转移技术
培训情况（单位：%）

牲畜资产型收入处于高水平时，接受劳动力转移技术培训的贫困户的比重最大。当牲畜资产型收入水平不同时，考察贫困户接受劳动力转移技术培训的情况。按照收入递增的顺序，其接受过劳动力转移技术培训的贫困户的占比分别是 8.65%、7.01%、7.29%、6.47%、10.07%。由此可见，牲畜资产型收入处于高水平时，接受劳动力转移技术培训的贫困户的占比最大。

表 5—62　　不同牲畜资产型收入的贫困户接受劳动力
转移技术培训情况　　　　　单位：个、%

牲畜资产型收入水平	是否接受转移技术培训		合计
	是	否	
低水平	8.65	91.35	100（185）
中等偏低水平	7.01	92.99	100（214）
中等水平	7.29	92.71	100（96）
中等偏高水平	6.47	93.35	100（170）
高水平	10.07	89.93	100（149）

有效样本：814 个；缺失值：95；P = 0.760。

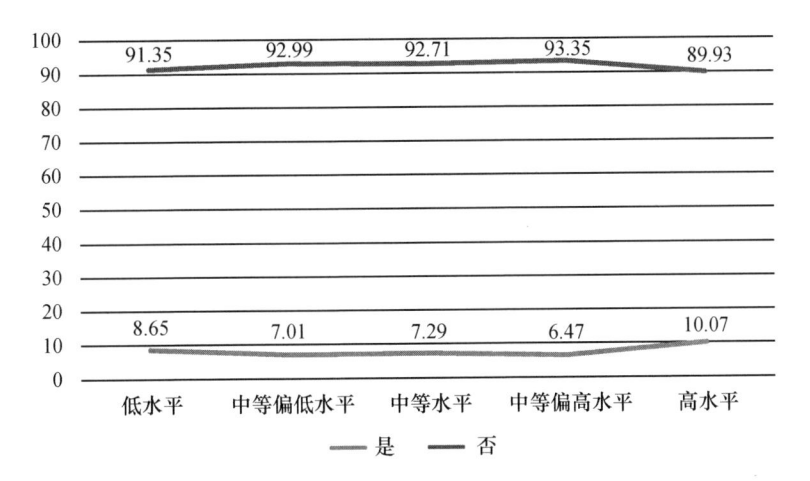

图 5—48　不同牲畜资产型收入的贫困户接受劳动力
转移技术培训情况（单位：%）

在新型城镇化背景下，加快西藏农牧区富余劳动力向城市转移，实现贫困农牧民的非农化就业，是增加农牧民收入的主要途径。然而从以上数据的分析来看，不足一成左右的贫困户参加了劳动力转移培训。其中，非低保贫困户、生活在牧区的贫困户、有文化的贫困户以及收入水平较高的贫困户参与度比较高。

五　西藏农牧民接受劳动力转移技术培训后的工作安排[①]

逾六成接受过劳动力转移技术培训的贫困户被安排了工作。对接受过劳动力转移技术培训的贫困户工作安排情况进行考察，在 38 个有效样本中，安排工作的有 24 个，占比为 63.16%；未安排工作的有 14 个，占比为 36.84%。由此可见，逾六成接受过转移技术培训的贫困户被安排了工作。

---

① 考察贫困户接受劳动力转移技术培训后的工作安排情况是以贫困户接受劳动力转移技术培训为前提，接受了劳动力转移技术培训的贫困户共 64 个，因此该部分有效样本与缺失值之和始终为 64。

表5—63　　　接受劳动力转移技术培训的贫困户工作安排情况　　单位：个、%

是否安排工作	样本	占比
是	24	63.16
否	14	36.84
合计	38	100.00

有效样本：38个；缺失值：26。

非低保户被安排工作的比重更大。考察低保户与非低保户的工作安排情况，可以看出，在低保户中，没有人被安排了工作；在非低保户中，有68.57%的非低保户被安排了工作。由此可见，非低保户被安排工作的比重更大。

表5—64　　　　　低保户与非低保户工作安排情况　　　　　单位：个、%

是否低保户	是否安排工作 是	是否安排工作 否	合计
是	0.00	100.00	100（2）
否	68.57	31.43	100（35）

有效样本：37个；缺失值：27；P=0.048。

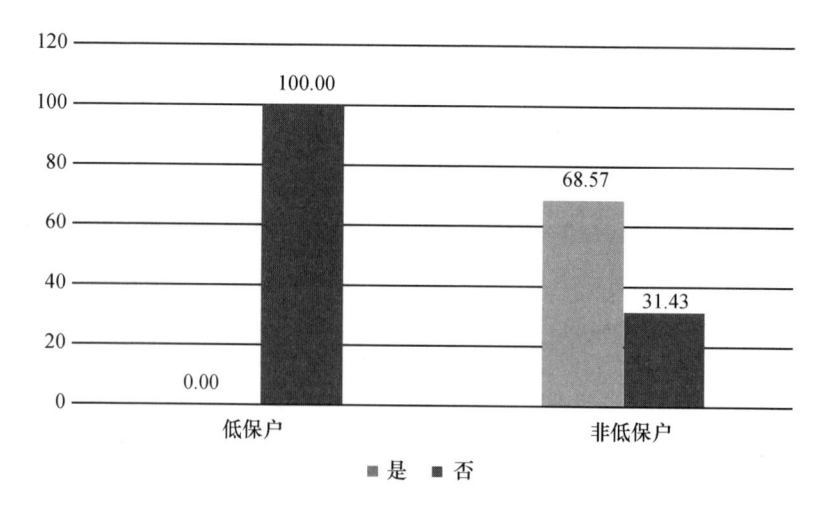

图5—49　低保户与非低保户工作安排情况（单位：%）

牧区中贫困户被安排工作的比重最小。对不同自然区域类型下,贫困户工作安排情况进行分析。数据显示,牧区中贫困户被安排工作的比重为30.00%;农业区中贫困户被安排工作的比重为76.19%;半农半牧地区为50%;林区为100%。可以看出,牧区中贫困户被安排工作的比重最小。

表5—65　　　　不同自然区域类型下贫困户工作安排情况　　　单位:个、%

自然区域类型	是否安排工作 是	是否安排工作 否	合计
农业区	76.19	23.81	100（21）
牧区	30.00	70.00	100（10）
半农半牧地区	50.00	50.00	100（4）
林区	100.00	0.00	100（3）

有效样本:38个;缺失值:26;P=0.040。

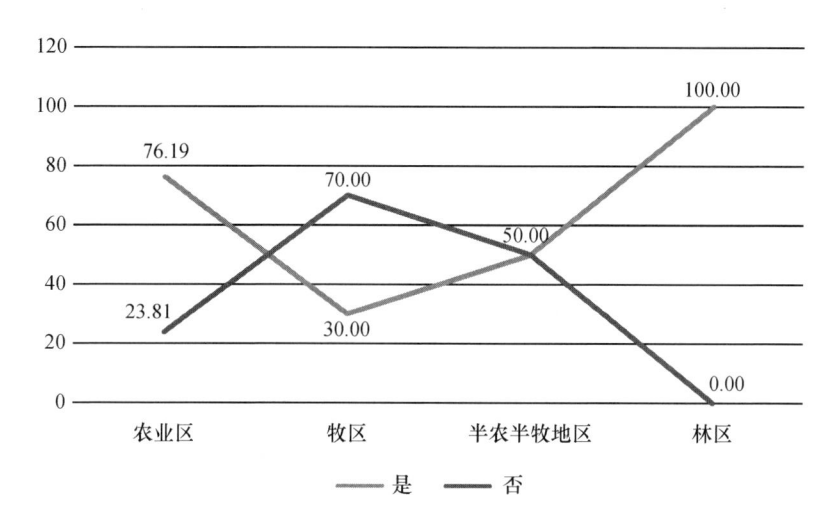

图5—50　不同自然区域类型下贫困户工作安排情况（单位:%）

有文化贫困户被安排工作的比重较大。考察不同教育水平下,贫困户被安排工作的情况。数据显示,文盲贫困户被安排工作的比重为

60.87%；有文化的贫困户被安排工作的比重为 66.67%，比文盲水平的贫困户高出 5.8 个百分点。由此可见，有文化贫困户被安排工作的比重较大。

表 5—66　　　　　文盲和有文化贫困户工作安排情况　　　单位：个、%

教育水平	是否安排工作		合计
	是	否	
文盲	60.87	39.13	100（23）
有文化	66.67	33.33	100（15）

有效样本：38 个；缺失值：26；P=0.717。

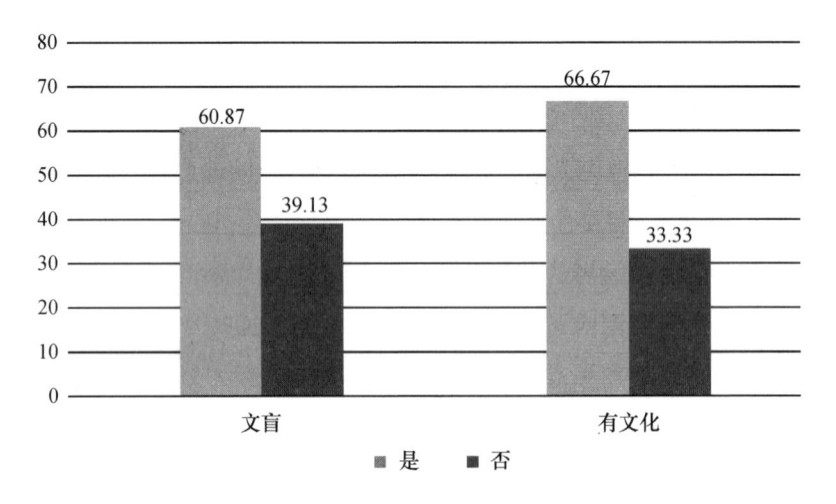

图 5—51　文盲与有文化贫困户工作安排情况（单位：%）

牲畜资产型收入处于较低水平时，贫困户被安排工作的比重较高。在不同牲畜资产型收入水平下，分析贫困户的工作安排情况。按照收入水平增加的趋势，被安排工作的贫困户的占比分别是 75.00%、84.62%、40.00%、50.00%、37.50%，其中，处于中等偏低水平的贫困户有 84.62% 被安排了工作，占比最大；高水平下，有 37.50% 的贫困户被安排了工作；处于低水平的贫困户被安排工作的占比为

75.00%，占比居第二位。由此可见，牲畜资产型收入处于较低水平时，贫困户被安排工作的比重较高。

表5—67　　不同牲畜资产型收入水平下贫困户工作安排情况　　单位：个、%

牲畜资产型收入水平	是否安排工作		合计
	是	否	
低水平	75.00	25.00	100（8）
中等偏低水平	84.62	15.38	100（13）
中等水平	40.00	60.00	100（5）
中等偏高水平	50.00	50.00	100（4）
高水平	37.50	62.50	100（8）

有效样本：38个；缺失值：26；P=0.149。

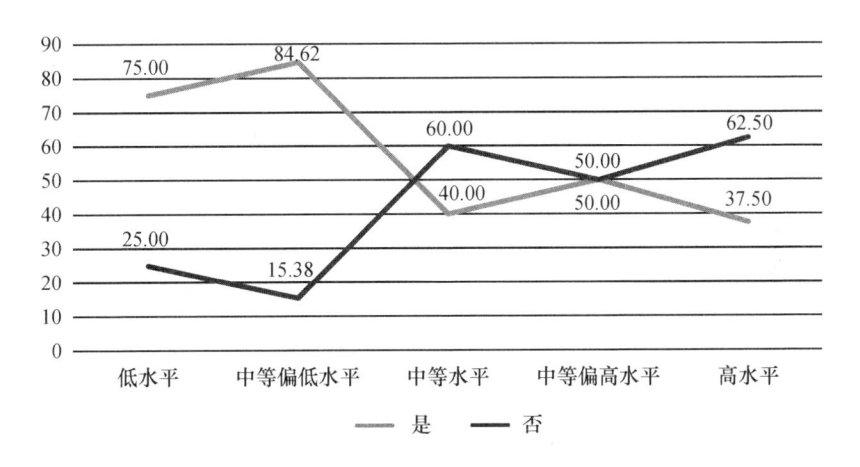

图5—52　不同牲畜资产型收入水平下贫困户工作安排情况（单位：%）

综上所述，从贫困户参与劳动力转移技术培训后的工作安排情况来看，超半数以上的贫困户都被安排了工作，其中，非低保贫困户、有文化的贫困户以及收入水平较低的所占比较大，生活在牧区的贫困户所占比重较小。

第四节 小结：农牧民的评价与态度

一 扶贫政策难以真正入户

（一）扶贫活动参与度低

从扶贫活动的参与情况来看，863位受访农民中，有753位表示没有参加过扶贫活动，占比87.25%；有12.75%的农民反映参加过扶贫活动，所占比重不足两成。可以看到，目前推行的扶贫活动只是在少部分的农民身上得到落实，西藏地区精准扶贫政策虽然可能"进了村"，但尚未真正"入了户"，其实施效果不甚理想。

具体到不同类型的农户而言，"建档立卡"贫困户中表示参加过扶贫活动的比重为12.87%；非"建档立卡"贫困户参加过的比重为16.67%，两者相差3.8个百分点。总体而言，"建档立卡"贫困户扶贫活动的参与率不足两成。精准扶贫政策的目标在于帮助"建档立卡"贫困户实现脱贫致富，但仍有近九成的贫困户没有参加到扶贫活动中来，严重限制了扶贫成效的发挥。

（二）实用性项目推广度低

对西藏地区农民是否接受过农业实用技术培训的情况进行考察，数据显示，在822个有效样本中，有71个受访者表示接受过农业实用技术培训，占比为8.64%；未接受过培训的样本数为751，占比为91.36%。由此可见，九成以上的农民没有接受过农业实用技术培训。劳动者素质不高是影响西藏贫困农牧区经济发展的主要瓶颈，农业实用技术培训的后天推广不足更限制了农民脱贫致富技能和信心的提升。

进一步考察不同文化程度的农民参加农业实用技术的培训情况，调查发现，文盲、小学、初中文化程度的农民参加农业实用技术培训的比重分别是7.69%、7.92%、29.41%，呈明显上升趋势；高中及以上的农民占比为9.09%，排在第二位。与初高中及以上等文化程度较高的农民相比，文盲、小学等文化程度低的农民在接受农业实用技术培训的比率较低。由此可见，当前培训性项目缺乏针对性，忽视了文化程度较低的农民提升自身劳动素质的迫切需求。

（三）发展性项目覆盖面小

农村劳动力转移培训是指对需要转移到非农产业就业的农村富余劳动力开展培训，是帮助贫困户提高自身发展能力，实现脱贫致富的重要举措。在814个有效样本中，有92.14%的受访者表示没有接受过劳动力转移技术培训，接受过培训的农民占比仅为7.86%。由此可见，目前劳动力转移技术培训的覆盖面非常小，农民极少参与到这一项目中来。

具体到不同类型的农户而言，"建档立卡"贫困户中接受过劳动力转移技术培训的占比为7.75%，不足一成；而有16.67%的非贫困户接受过劳动力转移技术培训，后者约是前者的两倍。"建档立卡"贫困户在摆脱贫困的过程中更有必要提升自我发展能力，然而事实上，他们对劳动力转移技术培训的参与度较低。

二　扶贫内容难以满足农牧民需求

（一）资助尚难达到期望

在909位受访农户中，表示获得过产业扶贫项目资金援助的有18位，占比1.98%，不足样本数的五十分之一，可见只有少量的农民享受到了产业扶贫项目的资金援助。

进一步考察农民获得的资助金额，调查数据显示，农民从扶贫项目中累计获得资金额度的平均水平为2777.78元，众数和中位值均为500元，其中最小值为100元，最大值为30000元，内部差异性很大。总体而言，农民获得的项目资助金额较少，一半农户获得的资助在500元以下，无法满足农民的生产和发展需要。另外，在考察扶贫政策中存在的问题时，27.31%的受访农户认为"户均扶贫资金少，不能真正实现脱贫"是主要的问题，所占比重接近三成，仅次于"政策宣传少，农民不知道有扶贫这回事"（61.90%），位列第二大问题。可见，较弱的资助力度无法满足农民的期望，近三成农民为此明确表示不满。

（二）就业难以得到保障

对接受过劳动力转移技术培训的贫困户工作安排情况进行考察，调查发现，在 38 个有效样本中，有 63.16% 的贫困户被安排工作，但是尚有近四成（36.84%）贫困户的就业由自己解决，对这部分农民工作前景的忽略容易产生顾头不顾尾的问题。政府部门在通过劳动力转移技术培训提升农民能力的同时，也必须考虑农民在非农领域就业的竞争压力，尤其是贫困户，为了脱贫致富参加培训付出较多的机会成本，倘若没有合适的工作岗位，更容易产生消极情绪，不利于自身生活状态的改善。

三 扶贫方式难以实现农牧民参与

（一）知情权有待完善

从对扶贫项目内容知晓情况来看，98 位受访农民中，73 位表示知道项目内容，占比 74.49%；有 25.51% 的农民反映不清楚项目内容。可见，大多数农民知道本村开展的扶贫项目内容，但是仍有近四分之一的农民对扶贫项目内容的知情权没有得到保障。由于对扶贫项目内容缺乏了解，农民在扶贫开发过程中容易陷入被动并处于劣势，从而降低农民的效能感。

（二）选择权难以实现

在有效样本中，自己选择扶贫项目内容的农民占比 47.06%；不是自己选择项目内容的农民占比 52.94%。由此可知，超半数农民在面对扶贫项目内容时丧失了选择权。上级干部频繁替农民包办扶贫项目内容，使农民成为被动的接受者，不仅极大地挫伤了农民的参与积极性，还削减了扶贫项目的执行效率。

（三）参与权难以发挥

一方面，近四成（39.13%）农民没有参与讨论确定扶贫内容或对象；另一方面，仅有44.94%的农民参与了扶贫项目组织实施方式的讨论和制定。由此可知，农民对精准扶贫相关会议的参与度偏低，无论是扶贫内容或对象的确定，还是扶贫项目组织实施方式的制定，都缺乏农民的广泛参与，无法真正体现农民的需求和意志。

四 农牧民对扶贫到户政策的期待

（一）加大扶贫力度、更及时深入进行政策宣传、加强贫困状况监测是贫困户最希望扶贫政策改进的三个方面

对贫困户希望扶贫政策改进的方面进行考察，数据显示，排在前三位的分别是"扶贫力度更大""政策宣传更及时、深入""加强贫困状况监测"。这些方面的占比依次是63.20%、21.21%、5.61%，其余方面占比均未超过5%。由此可见，加大扶贫力度、更及时深入进行政策宣传、加强贫困状况监测是贫困户最希望扶贫政策改进的三个方面。

表5—68　　　　　　　贫困户最希望改进的方面　　　　　　单位：个、%

需要改进的方面	样本	占比
政策宣传更及时、更深入	102	21.21
扶贫力度更大	304	63.20
加强扶贫资金审计和政策执行监督	13	2.70
加强贫困状况监测	27	5.61
引进企业、社会组织等多元扶贫主体	8	1.66
开展东西、城乡、企事业单位、干部定点对口扶贫	5	1.04
改变扶贫方式，侧重提高自主脱贫能力	11	2.29
其他	11	2.29
合计	481	100

有效样本：443个；缺失值：466。

```
其他                                    2.29
改变扶贫方式，侧重提高自主脱贫能力         2.29
开展东西、城乡、企事业单位、干部定点对口扶贫  1.04
引进企业、社会组织等多元扶贫主体            1.66
加强贫困状况监测                         5.61
加强扶贫资金审计和政策执行监督              2.70
扶贫力度更大                            63.20
政策宣传更及时、更深入                   21.21
         0    10   20   30   40   50   60   70
```

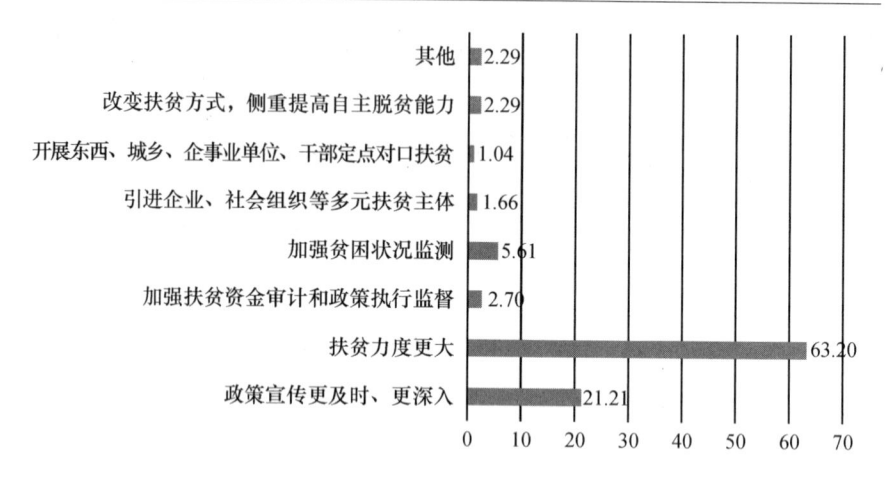

图6—53　需要改进的方面的分布情况（单位：%）

（二）贫困户最希望得到的项目扶持是金融支持

在问及"最希望得到哪一类项目的扶持"时，在878个有效样本中，选择"金融支持"的样本数为506个，占比为57.63%，所占比重最大；其次为"住房改造或重建"，占比为20.73%。第三位的是"种养业资金补贴或免费提供种苗、禽畜"，占比为8.43%。其余各项按照占比由高到低的顺序，分别是"学校学费及其设施""医药补贴""农业实用技术培训""仓储、运输和加工业资金补贴或用地优惠""劳动力转移就业培训""电力设施""人畜饮水设施""卫生室及其设施""沼气、太阳能、天然气等新能源建设""水利设施""入户道路"。由此可见，资金问题依旧是扶贫中的重要问题，金融支持是贫困户最希望得到的项目扶持。

表5—69　　　农民贫困户最希望获得的项目扶持的分布情况　　　单位：个、%

希望得到的扶持	样本	占比
村组道路	0	0.00
入户道路	1	0.11
农田改造	0	0.00

续表

希望得到的扶持	样本	占比
水利设施	1	0.11
人畜饮水设施	6	0.68
电力设施	12	1.37
学校学费及其设施	24	2.73
文化体育设施（含广播电视设施）	0	0.00
卫生室及其设施	3	0.34
住房改造或重建	182	20.73
沼气、太阳能、天然气等新能源建设	2	0.23
劳动力转移就业培训	15	1.71
农业实用技术培训	18	2.05
种养业资金补贴或免费提供种苗、禽畜	74	8.43
仓储、运输和加工业资金补贴或用地优惠	15	1.71
金融支持	506	57.63
医药补贴（藏药费用没纳入医保）	19	2.16
合计	878	100.00

有效样本：878个；缺失值：31。

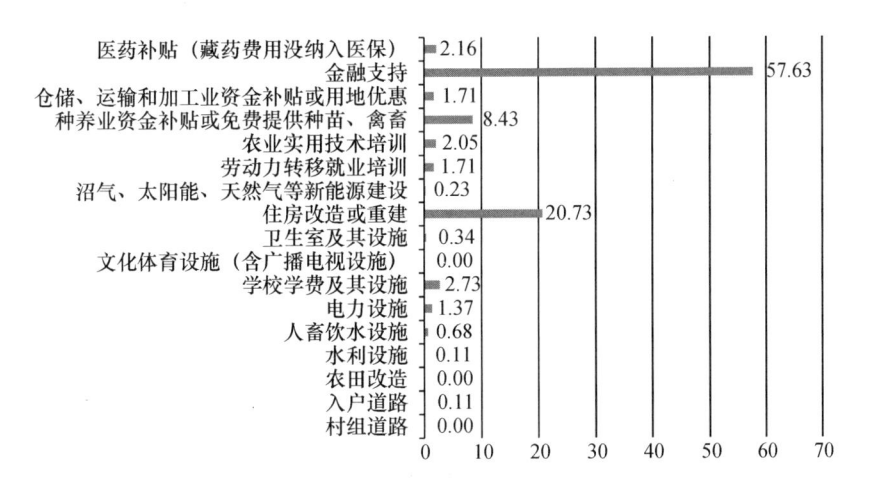

图5—54　农民最希望获得的项目扶持的分布情况（单位：%）

第六章　西藏农牧区精准扶贫政策措施：优化与创新

西藏自治区"十三五"期间扶贫规划明确指出，要坚决打赢脱贫攻坚战，实施好全区脱贫攻坚规划，自2015年年底，各项精准扶贫工作正式展开。目前精准扶贫工作总体稳步推进，扶贫项目及帮扶资金投入到村到户初具规模，贫困户脱贫退档颇有成绩。由于脱贫攻坚工作开展的时间还不长，实施中暴露出了一些不足，出现了"头重脚轻"的高原反应，包括内部农民层面的脱贫致富意识不强，主体参与作用有限，以及外部政策执行层面的贫困户识别帮扶不精准、帮扶责任未落实、项目资金投入差异大等现实问题。因此，如何摆脱贫困，如期完成西藏农牧民精准脱贫任务，是西藏自治区必须认真对待的民生与发展的重大现实经济社会问题。

第一节　西藏农牧区贫困问题的转型

贫困作为特定的社会经济现象是每个社会时期都会存在的。一方面，贫困问题来自贫困现象自身引起的社会、政治、经济等一系列问题；另一方面，贫困问题也来自贫困治理过程中产生的各种问题，例如扶贫政策的问题、扶贫资金的配置问题等。从当前西藏农牧区的贫困问题来看，尽管西藏已经走过了半个多世纪的反贫困历程，但是对贫困问题还缺乏系统性、全面性的认识，从而对西藏农牧区贫困问题现状产生了误判，直接导致政府减贫战略被误导，扶贫政策出现了一定程度上的盲目和延迟。因此，笔者认为很有必要对精准扶贫攻坚背景下西藏农牧区贫困问题的转型进行充分的再认识。通过实地调研，笔者发现西藏农牧区的贫困问题出现了四个维度上的转型，下面将分别予以分析和阐释。

一 西藏农牧区贫困问题形式的相对性

目前相对贫困已经成为西藏农牧区贫困问题的突出表现形式。从划分标准来看，绝对贫困的衡量标准是固定的，而相对贫困的划分标准是变动的，二者虽然不具备可比性，却在不同层面上反映着西藏农牧民的社会经济生活状况。由区域或户际间经济发展不平衡引起的相对贫困，是西藏农牧区贫困问题的主要内容。在西藏农牧区贫困主体的构成中，绝对贫困人口的数量在急剧减少，而相对贫困的人口数量却在不断上升。同时，"进入90年代以来，西藏农牧区相对贫困发生率呈下降态势，但仍有近1/4农牧区人口处于相对贫困状态"。从西藏农牧区的扶贫历程来看，自20世纪末21世纪初，西藏基本解决了绝对贫困人口的温饱问题，但是"相对贫困率缓慢下降且波动较大，西藏农牧区较高相对贫困率的状况还将持续相当长的时期"[①]。由此可见，当前西藏农牧区精准扶贫工作的重点是治理相对贫困问题。

笔者在农牧区调研时发现，导致西藏农牧区相对贫困的原因是多元的。从宏观层面来看，与全国整个农村系统比较，西藏农牧区大面积区域性相对贫困问题不但没有缓解，而且日趋严重。同时，从微观层面——农牧民自身来看，农牧民家庭拥有的基础性生产资料（耕地、草场、牲畜）差异特别大，由人多地少、人多牲畜少所引发的相对贫困问题特别明显。笔者在西藏那曲地区班戈县M村走访调研时发现，许多年轻人都在抱怨，他们自己刚建立的家庭并没有从父母那里分得一部分草

[①] 白涛：《从传统迈向现代——西藏农村的战略选择》，西藏人民出版社2004年版，第170—172页。

场和牲畜，只能外出打工，而且收入非常不稳定。由此可以看出，相对贫困的产生既是由当前西藏农牧区"两个长期不变"政策的不完备造成的，同时也与西藏农牧区新型城镇化建设中的政策不配套密切相关。此外，西藏农牧区农牧民劳动力的文化素质较低，笔者调查发现，贫困户户主除了一部分是文盲以外，绝大多数也只有小学文化水平。在基础生产资料拥有量大致相当的情况下，劳动者的文化素质成为家庭经营水平的决定性因素。鉴于此，长期以来西藏各级政府特别重视对农牧民进行农业实用技术及就业转移技术培训。不过从成效来看，虽然贫困农牧民的参与积极性很高，但是结果却不尽如人意。这类技术培训的实用性不强，基层政府基本上也只是为了完成上级下达的任务，从而造成贫困农牧民即使接受了培训，也无法就业和实践。笔者在拉萨墨竹工卡县调研时，就有"建档立卡"的贫困户反映，他们虽然接受了挖掘机技术培训，学成合格后也颁发了相关证书，但是去找工作时，一是自己仍然不会操作，二是别人对证书也不予承认。可见，提高农牧民文化素质需要政府实施更加精细化的措施。

综上分析可以看出，我们对西藏农牧区贫困问题的认识还是不够全面，西藏农牧民贫困问题既体现了绝对性，又包含了相对性。特别是随着《国家八七扶贫攻坚计划》和《中国农村扶贫开发纲要（2001—2010年）》的实施，西藏农牧区绝对贫困人口的数量已经大幅下降，但是相对贫困却一直困扰着当前的西藏农牧民，而且已经成为西藏精准扶贫工作的主要内容。一方面，就西藏农牧区内部而言，区域性发展非均衡状况非常明显，而且村庄内部户际之间发展的不平衡性也特别突出，在市场经济风险、自然灾害等因素的影响下，西藏农牧民的生产能力变得更加脆弱，转为相对贫困的风险大大增加；另一方面，从全国整体情况而言，西藏农牧区相对贫困程度日益加重，已经发展成大面积普遍性区域相对贫困。因此，在精准扶贫过程中，消除相对贫困，特别是进一步统筹城乡之间、不同区域之间的发展，已然成为西藏精准脱贫攻坚的主题。

二 西藏农牧区贫困问题原因的结构性

西藏农牧民的减贫主要包括两个方面,除了消除绝对贫困问题之外,缩小收入差距,降低不同收入群体间的不平等程度也是很重要的一个方面。通过政府主导下的扶贫,西藏农牧区绝对贫困问题已经得到明显缓解。然而在调研中笔者发现,虽然西藏农牧区基本解决了农牧民的温饱问题,但西藏农牧区不同区域与阶层的贫富差距却在不断拉大,自然环境好的农村总体上要好于海拔较高的牧区村庄,例如林芝地区朗县卧龙镇 W 村"建档立卡"的各类贫困户仅有 8 户,而申扎县雄梅镇 E 村有将近一半的农户都被纳入"建档立卡"范围。在西藏农牧区扶贫过程中,"贫和富的福利差距不是收敛,而是呈现平行移动和放大的趋势"[①],这也就意味着在国家支援减弱和西藏地方经济减速的情况下,处于整体生活水平底层的农牧民可能将长期处于贫困之中,即便政府给予贫困户更多的机会与资源,可能也无法确保减贫效果的长效性。

西藏农牧区的结构性贫困指的就是贫困农牧民"在资本、资源技术、知识、信息、社会资本和文化等多个相对独立的空间和场域内,无法与那些在以上层面具有优势的精英群体和优先群体进行竞争,因为两个群体的初始条件不同,同时与以上结构及其资源分配相关的机会也并不均等"[②]。因此,这也就意味着处于收入底层的西藏农牧民脱贫的制约因素愈加刚性,他们通过自身的努力很难脱贫。而政府的强势介入虽然在一定程度上降低了农牧民的贫困程度,但始终无法促使农牧民通过自身的行动主动甩掉"贫困包袱"。以产业扶贫为例,专门带动贫困户发展的产业项目往往规模小、周期短、强度弱,因此项目的经

[①] 李小云:《贫困人口陷入"结构性贫困陷阱"了吗》,《农民日报》,2015 年 5 月 29 日,第 003 版。

[②] 邢成举、赵晓峰:《论中国农村贫困的转型及其精准扶贫的挑战》,《学习与实践》2016 年第 7 期。

济效益根本不足以让贫困农牧民摆脱贫困，反而使这些专业扶贫项目成了贫困户的"鸡肋"。此外，还存在特定福利的"精英捕获"现象，各种扶贫资源以及这些资源所产生的经济利益在农牧区基层往往都会有一定程度的漏出，这直接阻碍了贫困农牧民脱贫。以新型农牧民经济合作组织为例，笔者在农牧区走访过程中发现，专门成立以贫困户为主体的经济合作组织并不现实，将贫困户整合进农牧民经济合作组织中，看似能够带动贫困户脱贫，实际上在"强—弱"的结构中，较为富裕的农户会控制资源利益与机会的主导权，造成贫困户在生产经营中被边缘化。

就成因而言，西藏农牧区致贫主因的结构性特征根植于社会加速转型之中，这种结构性的贫困问题与自然灾害、文化因素等其他因素相互交织、叠加，导致西藏贫困问题更加突出。甚至，结构性贫困直接给农牧民带来的不公平感、不信任感以及脆弱感也在不断增强。总之，因社会制度导致的经济资源在不同区域、不同群体以及个人之间的非均衡分配，使西藏贫困农牧民处于贫困状态之中，并且进一步导致了其他问题的产生。所以，从制度层面上破除西藏农牧区的结构性贫困问题，是精准脱贫攻坚需要考量的难点与重点。

三　西藏农牧区贫困问题内涵的消费性

在现代化进程中，贫富分化、城乡分化与区域分化成为新常态。在此背景下，相对贫困变为当下贫困问题的新表述。2005年，齐格蒙特·鲍曼在其著作《工作、消费、新穷人》一书中指出："依据特定的秩序和规范，每个社会用自己的形象建构穷人，给出存在穷人的不同解释，发现穷人新的用处，并采用不同的方式解决贫困问题。"[①] 伴随新工业革命的不断推进，贫穷的概念已经被重新改写与建构。特别是在市场经济支

---

① 齐格蒙特·鲍曼：《工作、消费、新穷人》，仇子明、李兰译，吉林出版集团有限责任公司2010年版，第186页。

配下,新的生产方式在改变农民社会经济关系和地位的同时,也创造了新的贫穷生产模式,这种模式被诸多学者称为新穷人模式。所谓的新穷人是指"他们同样是全球化条件下的新的工业化、城市化和信息化过程的产物,但与传统农牧民不同,他们是一个内需不足的消费社会的受害者,其收入不能满足其被消费文化激发起来的消费需求"①。这种新的贫困生产机制,并没有使贫困者在生产以及生存方面感受到贫困,而是在消费方面感受到贫穷的窘迫与不堪。齐格蒙特·鲍曼明确指出,当今是消费时代,穷人是通过消费创造出来的,个人消费能力体现了个人的存在价值。

从消费角度来看,当前西藏农牧民并没有因为经济的改善而彻底改变贫困状态,他们既是消费社会的新穷人,又是贫穷的消费主义者。笔者在西藏拉萨市当雄县羊八井镇S村调研时发现,几乎每个农牧民家里都有汽车,即便是"建档立卡"户也有一辆汽车。有一户人家的汽车买回来始终没有开过,就放在房子的旁边,用防雨罩盖着。该户户主说:"村子里其他人家都有了汽车,(我)家里孩子也一定要买,就花了三万左右买了一辆二手车,结果买来以后发现车子坏了,也没有去修,就再也没上过路,(而且)儿子也没有考过驾照,(于是)放着没有管。"同样是在该村,另外一家贫困户也购买了一辆汽车,笔者原以为该户户主购车是为了跑运输,增加家庭收入,结果在访谈该贫困户时,户主说:"就是为了买车,而且这辆车是报废车,是不能开进县城去的,我也没有驾照,一般也就是在自家的草场里开一开。"

那曲牧区贫困农牧民买车与日喀则地区贫困农民贷款建房是同样的情形。笔者在日喀则谢通门县调研时发现,许多"建档立卡"户都用小额信贷的钱建造了大房子。西藏政府在农牧区已经实施了安居工程,该工程由政府出资,实施目的是保证农牧民的居住安全,但是并不能保证

---

① 汪晖:《两种新穷人及其未来——阶级政治的衰落、在形成与新穷人的尊严政治》,《开放时代》2014年第6期。

建的房子一定很美观，于是许多"建档立卡"户便用小额信贷的钱来装修或扩建房子。由此可以看出，在市场经济的推动下，贫困农牧民通过电视、广播等途径了解到城市的消费生活，并且逐渐接受了市场消费价值理念以及爱面子、攀比等亚消费文化，他们特别希望通过充足的消费来满足物质层面的生活需求。西藏农牧区贫困问题内涵的这一转变，使得政府以往的扶贫措施，特别是发钱、给物的"短、平、快"项目很快便失效了。贫困户从政府手中领取的钱与物主要用于消费以后，就很难再用于发展生产，从而使得农牧民脱贫致富的任务变得更加艰巨。因此，政府要想突破西藏农牧区扶贫面临的困境，就必须正视贫困问题内涵的消费性。

四 西藏农牧区贫困问题治理的复杂性

西藏农牧区贫困问题治理的复杂性主要体现在贫困问题治理对象的复杂性、农牧区贫困问题治理环境的复杂性以及治理过程的复杂性三个方面。

第一，西藏农牧区贫困问题治理对象的复杂性。一是"建档立卡"户的人口构成复杂多样。目前西藏农牧区贫困群体的主体不再具有同质性，贫困人口的构成变得日益复杂，而且贫困人口的分化也很明显。特别是随着西藏农牧区新型城镇化的不断推进，人口流动加快，贫困群体的特征也越来越多元化。笔者在农牧区调研时发现，农牧民的生计方式日益多样化，在"建档立卡"的贫困群体中，既有常年耕种、放牧的传统农牧民，也有外出务工的农民工，还有从事农牧业与小生意的兼业者。同时，"建档立卡"户涵盖了不同年龄群体与不同层次的受教育群体。二是导致农牧民贫困的原因复杂多样。西藏农牧民致贫既有自然环境因素，也有社会发展因素。同时农牧民致贫的因素不是单一的，也不是绝对的，而是多维的，除了政府设定的基本致贫因素，如因病、因学、因缺劳动力等，还包括其他不确定因素。笔者在西藏山南地区加查县Z村调研时，一"建档立卡"贫困户致贫的原因竟然是家中虫草及现金被盗。三是"建档立卡"贫困户的诉求复杂多样。致贫原因的复杂性直接导致贫困农牧民利益诉求的多种多样。在访谈的过程中笔者发现,"建档立卡"贫困户对扶贫政策的期望除了政策倾斜和优惠外,更多的是得到货币和实物支持。

第二,西藏农牧区贫困问题治理环境的复杂性。西藏作为我国集中连片的贫困地区之一,具有区域、边疆、民族三重性特征,因此西藏农牧区贫困治理既面临着复杂多变的自然环境,同时还要应对特殊的社会人文环境。一是西藏地处我国边疆地区,是反分裂斗争的前沿阵地。改善农牧民生产生活的精准扶贫工作直接关系社会的稳定与发展,关系国家稳定的大局。因此,维护西藏地区长期稳定、持续稳定是西藏精准脱贫攻坚的根本出发点。二是西藏农牧区自然环境十分复杂。西藏农牧区农业资源多样,气候多变,灾害频繁,自然环境的稳定性较差。因此,除了传统农业生产方式外,发展其他产业的比较优势不足,主导产业也很难确立。三是西藏农牧区的基层治理已经影响到了精准扶贫的效果。从现实情况来看,精准扶贫工作已经嵌入西藏农牧区基层治理体系中。当前,随着人口流动的不断加快,西藏农牧区基层治理的格局和环境出现了巨大变化,这也在很大程度上影响了精准扶贫工作的成效。

第三,西藏农牧区贫困问题治理过程的复杂性。回顾扶贫工作历史,西藏农牧区扶贫经历了由全局到局部、由整体到个体不断细化收敛的过程,扶贫措施经历了由平均分配到救济再到扶贫开发的各种尝试与实践。从西藏农牧区的贫困状况变化与农牧区扶贫策略的适应性来看,区域性的绝对贫困只能通过发展生产、提高生产效率来解决,对于个别缺乏劳动能力的贫困人口则应该采取救济式的生活补助方式来扶贫,而对于存在发展瓶颈的区域或局部地区而言,重点扶持和区域开发效果会比较显著。从西藏农牧区贫困治理过程及其与扶贫政策的耦合可以看出,为了应对贫困问题日益复杂化的现实,扶贫政策在不断调试,这也反映出西藏农牧区贫困治理本身在不断走向复杂化。

第二节　西藏农牧区精准扶贫过程中的四重关系

精准扶贫是当前脱贫攻坚进入新阶段后，我国政府破解贫困问题的新理念、新方法，是"基于扶贫治理理念，利用现代化管理理念和管理手段对传统扶贫业务开展流程进行系统审视基础上的优化与创新，是对现有业务流程的再思考和彻底的再设计，是以关心贫困群体的发展诉求和满意度为目标引领的集成模块的功能改善"[①]。面对目前西藏农牧区贫困问题出现的相对性、结构性、消费性、复杂性等多重特征，调整精准扶贫的体系与工作流程，是为了更好地适应当下西藏农牧民贫困问题的新特质，提高精准扶贫工作的绩效，同时也不可避免地会带来新的挑战与困境，需要予以正确的对待和处理。

一　内生发展与外力推动之间的关系

一般而言，贫困人口脱贫都是内因和外因合力的结果，毫无疑问，西藏农牧区精准扶贫工作的关键是把脱贫主体的可持续发展能力与外部的支持和帮助有机地结合起来。换言之，在西藏农牧区精准扶贫工作中，脱贫主体的内生发展是基础，外力支援是重要的外部条件，二者不可偏废。同时，还要适当调整二者的关系比重，如果只是强调外力支援，就会导致扶贫主体对外力的过度依赖，反而形成依附关系。反过来，也不能过度强调贫困主体的内生性，以免导致贫困群体与非贫困群体之间、欠发达地区与发达地区之间的差距愈加明显。因此，在采用援藏扶贫、社会扶贫等扶贫方式的同时，也应该重视西藏农牧区贫困户的自我发展能力，激发贫困主体的自我发展动力。

一方面，在争取外部投入的过程中，要不断提高扶贫资源目标瞄准

[①] 刘光宗、肖洪钧、王丽娟：《基于组织能力的业务流程再造与动态能力关系研究》，《现代管理科学》2014 年第 7 期。

的精确度，优化资源输入的过程，提高资源的配置效率，使得外部扶持资源真正用在西藏农牧区贫困人口的发展上。要做到这一点，需要协调两个层面的关系，一是重点协调扶持方与受援方之间的供给与需求关系。具体而言，就是要结合西藏农牧区扶贫工作的实际，重点了解农牧区贫困人口在发展过程中遇到的瓶颈与产生的需求，进而提供相应的扶贫资源，同时也要考虑到扶持方的自身优势和特点。在此过程中要坚决杜绝生搬硬套，将发达地区的扶贫方式与制度直接移植到西藏农牧区的扶贫工作中，因为这样做不但不利于西藏农牧区精准扶贫工作的推进，甚至还会适得其反。二是，在扶贫资源输入的过程中，在政策的制定与执行层面，要充分注意到西藏农牧区对扶贫资源的"消化"问题。当前西藏农牧区扶贫工作面临的主要问题不是在量上争取更多的扶贫资源，而是从质上如何利用好扶贫资源。通过输入扶贫资源带动西藏农牧区区域经济发展的同时，也要重视提升贫困人口的发展能力。因此，一定要协调好"外援型"扶贫与"内生型"扶贫之间的关系。

二 短期减贫与政策可持续之间的关系

以往，西藏农牧区在扶贫工作"整乡推进"或"整村推进"过程中就出现过"为扶贫而扶贫"的现象，例如直接将扶贫物资按人头发放到每个贫困户，或者按照脱贫标准，为那些未达到脱贫要求的贫困户直接补上资金或牲畜，使其脱贫或减贫。虽然这种方式在短期内减贫效果显著，但是由此造成的后果是，一旦扶贫资源消耗完了，贫困户就会重新返贫。这种短期减贫方式的弊端是十分明显的，一方面消耗了扶贫资源，却并没有真正发挥资源扶贫的作用；另一方面改变了贫困农牧民对扶贫工作的认识，认为扶贫工作就是"发钱给物"，歪曲了贫困农牧民对劳动致富的认识，造成了"越干越穷，越等越有"的尴尬局面，从而挫伤了贫困农牧民劳动的积极性。因此，在西藏农牧区精准扶贫工作中，应充分认识贫困问题的长期性。当前西藏农牧区为了解决贫困农牧民的工作岗位问题，广泛设立公益性岗位，包括兼职护林员、自然保护区管护员、野生动物疫源疫病检测员、湿地管护员、沙湖土地保护管理员、草原监督员、水资源管护员、水土保持监督员、村级水和山洪灾害防治设施看护员等十二类岗位。依据西藏精准扶贫生态补偿的相关规定，这些岗位为临时性设置，聘任时间一般为一年，工资标准为 3000 元/年。如前所述，作为短期减贫方式，公益性岗位的设置从一定程度上缓解了西藏农牧区的贫困问题，解决了贫困农牧民的暂时性困难，但是可持续性并不强，造成了一定程度的"精准扶贫的短视效应"。

图6—1 "建档立卡"贫困户在公益岗位聘任书上签章

(图片来源：笔者调研时拍摄)

毋庸置疑，在精准扶贫工作开展过程中，设置公益岗位等措施对西藏农牧区的贫困问题具有一定的缓解作用，但这并不能从根本上解决问题。除了外部环境外，西藏精准扶贫工作的成效更取决于贫困农牧民的价值理念、个人综合素质以及以往的个人经历等。因此，在精准扶贫工作的推进过程中，西藏农牧区还应建立和完善促进贫困农牧民发展的长效机制，保障西藏农牧区贫困人口的发展具有可持续性，例如优化调整"收入—分配"结构，加强农业生产职业技能培训和劳动力职业技能培训，开展贫困农牧民后期发展扶贫专项行动等。

三 扶贫政策的继承性与协同性的关系

实施有针对性和实效性的扶贫措施与对策,是解决西藏农牧区贫困问题的根本。在开展精准扶贫工作的过程中,既要看到当前阶段与以往阶段的连续性与差异性,不能割裂或者变相否认前期扶贫过程中的一些成功经验与措施,又要依据精准扶贫的特点与要求,拿出切实可行的扶贫措施。

一是要做好西藏农牧区扶贫工作经验的继承以及各项扶贫措施的对接。所谓扶贫工作经验的继承,就是总结以往扶贫政策的成功经验,并在当前精准扶贫工作中加以灵活运用。在西藏农牧区扶贫攻坚实践中,已经形成了一些较为成功的做法,例如20世纪90年代西藏确定了"五个坚持,四个结合,三个落实,两个挂钩"的扶贫攻坚策略,其中提出了要坚持"因地制宜,因事制宜,一村一策,一户一策"的策略,这一策略与当前精准扶贫工作的要求就有不谋而合之处。因此,精准扶贫工作不是否定以往的扶贫措施,而是在继承的基础上依据精准扶贫的要求和西藏农牧区贫困问题的新特点,推出并实施创新性的政策。但是,这并不意味着固守以往的工作方式、方法。笔者调研时发现,在政策执行的过程中,一些基层扶贫干部思想上存在着"换汤不换药"的观念,依然按照旧的方式来执行精准扶贫政策,造成贫困农牧民对当前精准扶贫工作要求的理解不到位,从而无所适从。

二是在西藏农牧区精准扶贫过程中促进扶贫方式的整合与协同。在靶向瞄准分类施策的过程中,精准扶贫措施是多样的,如稳定贫困农牧民收入,实现产业脱贫;减轻贫困农牧民家庭的教育负担,完善教育补助措施,发展职业教育培训,实现教育脱贫。除此以外,还包括生态移民搬迁、援藏扶贫以及社会兜底等。从根本上来说,以上扶贫措施能否发挥作用,还取决于西藏农牧区贫困主体对扶贫资源的对接能力与转化能力。对于贫困农牧民个体而言,扶贫措施的多元性与自身行为能力的单一性存在着明显冲突。当农牧民的行为能力低下时,多重扶贫方式协同与整合的重要性就会凸显,否则,就有可能造成"多重开发方式下扶贫主体无所适从、因扶贫资源重叠而引发的重复建设或资源浪费、扶贫方式间的协调成本增加"①。因此，多重精准扶贫措施的协同需要从顶层设计的角度予以规划，以贫困农牧民的民生需求为依据，理顺各个部门间的管理体制。

四 西藏农牧区发展中稳定与生态安全的关系

稳定与发展始终是西藏农牧区现代化建设中的两件大事，稳定是开展精准扶贫工作的基础，发展是做好精准扶贫工作的保障。"西藏的各项工作和建设事业，必须正确认识西藏的特殊区情，必须重视西藏政治社会稳定和现代化的关系。"② 稳定是西藏开展一切工作的前提，精准扶贫工作也不例外。当前我国社会经济发展正处于刺激经济政策副作用的消化期、经济新常态下的增长速度换挡期以及经济发展结构调整的阵痛期"三期叠加"时期，而西藏地区又具有民族地区、边疆地区、连片特困地区"三区叠加"的典型特征，因此，西藏农牧区的精准扶贫面临着扶贫对象可行能力提升难、农牧民贫困认知观念转变难以及扶贫资源边际效用增进难"三难叠加"的问题。在此背景下，推进精准扶贫工作的过程，同时也是自身治理系统在体系持续稳定的前提下，不断提升精准扶贫组织的动态能力，提高感知西藏扶贫过程中机会与威胁的敏锐性，以及有效应对扶贫过程中出现的新问题的过程。所以，精准扶贫作为维护社会稳定的一项重要措施，提升社会效益是其追求的主要目标。不过，在维护西藏社会稳定的同时，精准扶贫还要强调扶贫资源的效率问题，努力推动西藏农牧区社会经济发展，特别要纠正以往扶贫过程中重资金投入、轻经济效益，重项目、轻管理的现象，加强对西藏农牧区精准扶贫资金和项目的监督与管理，提高扶贫资源的使用效率。

另外，还要处理好西藏农牧区发展过程中发展与生态安全的关系。

---

① 郑瑞强：《精准扶贫政策的理论预设、逻辑推理与推进机制优化》，《宁夏社会科学》2016年第4期。
② 杨军财：《西藏现代化发展与社会稳定研究》，国际文化出版公司2015年版，第11页。

习近平同志在中央第六次西藏工作会议上指出："要构建高原生态安全屏障。"在西藏脱贫攻坚工作中，一些扶贫项目只考虑短期经济效益，单纯强调经济指标的增长，忽略了西藏农牧区本来就脆弱的生态环境，甚至以破坏生态环境为代价换取税收和其他经济收入，在经济实现短期增长后，又不得不面对生态环境恶化的问题。如果扶贫项目的实施一旦导致环境更加脆弱，则经济的持续增长也便失去了条件，从而使得贫困问题更加难以解决。① 而且，经济发展与生态环境保护之间的关系如果处理不当，还会引发经济发展与社会稳定、经济发展与民族政治之间的矛盾。因此，西藏农牧区的贫困问题从来都不是单纯的经济发展问题，而是人、生态与经济同步发展的问题，生态安全是西藏农牧区精准扶贫工作的底线。西藏农牧区长期受到生态、牲畜与人口增长问题的困扰（如图6—2所示），也是形成早期贫困的主要原因。

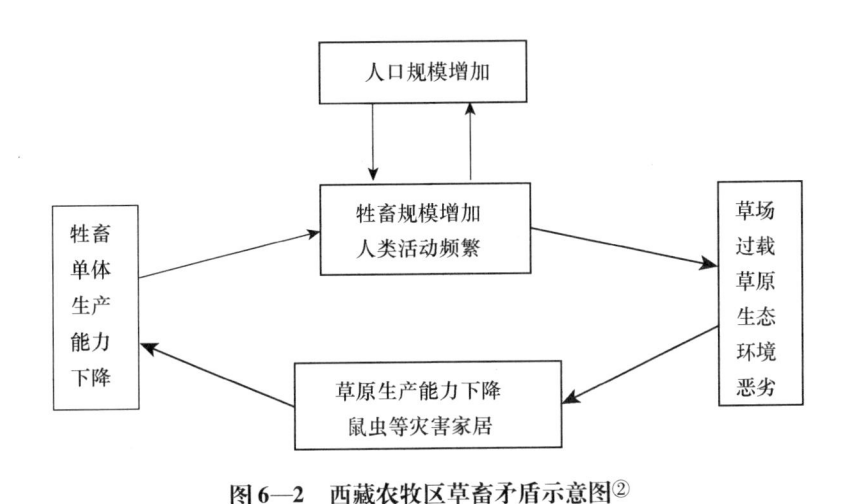

图6—2 西藏农牧区草畜矛盾示意图②

为了改善西藏农牧区的生态环境，国家专门实施了生态安全补偿政策，实地调查结果显示，在执行草畜平衡政策的过程中，农牧民都能够

---

① 张琦、黄承伟：《完善扶贫脱贫机制研究》，经济科学出版社2015年版，第170页。
② 罗绒战堆：《西藏的贫困与反贫困问题研究》，中国藏学出版社2002年版，第184页。

严格按照基层政府核定的载畜量饲养牲畜。

图 6-3　"建档立卡"贫困户认真摘抄自家草场的核定载畜量

(图片来源：笔者调研时拍摄)

从时效性的角度来看，草畜平衡政策在维护西藏农牧区生态安全方面确实发挥了积极作用，但是对牧区不同收入的农户产生的影响因人而异。受"两个长期不变"政策的影响，草畜平衡政策对于草场规模比较大的农户影响比较大，他们经常抱怨国家发放的草畜平衡补贴远低于减少的牲畜的价值，从而严重阻碍了家庭收入的提高。对于草场较少的贫困家庭而言，草畜平衡补贴成为家庭收入的主要来源，但是促进贫困户增收的效果并不明显。因此，在不破坏生态环境的前提下，探索新的农牧民发展途径是精准扶贫工作的一个重点。

第三节　西藏农牧区精准扶贫政策体系的优化与创新

我国的扶贫政策本身就是一个完整的政策体系，包括解决生存型贫困的保证性扶贫政策、克服生产型贫困的生产性扶贫政策、提升贫困个体自我能力的发展性扶贫政策以及重点解决贫困地区外部问题的外部性扶贫政策等。① 从当前西藏农牧区的基本情况来看，扶贫政策的优化与创新应该包括以下几方面内容：一是扶贫政策的实施主体，即政府专业扶贫系统（各级扶贫办）、行业部门、负责对口援藏的政府部门和国有企业等；二是西藏农牧区精准扶贫对象，包括西藏整体区域（特困连片地区）、贫困村及贫困户；三是政策体系优化的三个层面，即国家宏观层面的扶贫政策体系优化、农牧区村庄中观层面的环境优化、贫困农牧民个体微观层面的可行能力优化等内容（具体如图6—4所示）。

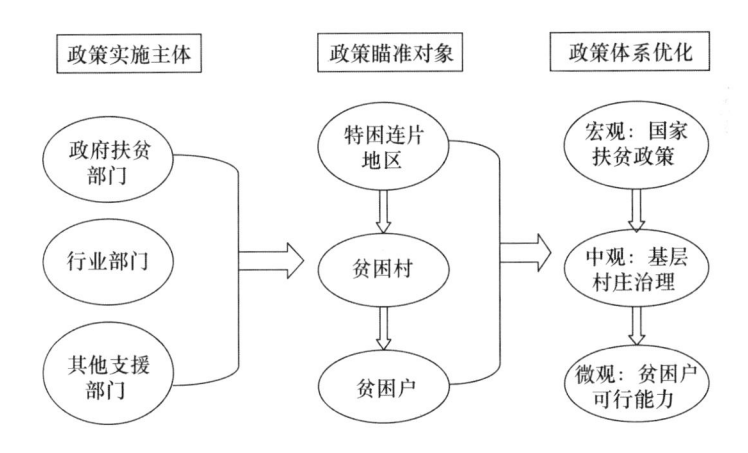

图6—4　西藏农牧区精准扶贫政策体系优化示意图

一　优化西藏农牧区精准扶贫主体行为

2020年之前确保西藏与全国一并解决贫困问题，除了要依靠中央政府的政治决心与大量的资源投入之外，还取决于地方政府在西藏扶贫开发过程中如何发挥主观能动性，将政策与措施融入精准扶贫工作的"最后一公里"。因此，在以国家为主体的前提下，西藏农牧区精准扶贫成功的关键在于政府为自己做好角色定位。政府在精准扶贫工作中的角色扮演问题是当前学术研究的焦点之一，有学者提出了构建"政府—市场—

---

① 刘金海、李海金：《新世纪初中国惠农政策的减贫效应研究》，《中国农村研究》2013年第2辑。

社会—社区—农户"五位一体的扶贫治理模式,这种模式除了强调政府的主导作用外,更加强调扶贫主体的多元性,以弥补政府和市场二元共治的不足。① 这一建议为打破传统的政府统管的扶贫工作模式提供了新思路。但就西藏农牧区而言,以政府为扶贫主体的"全托管式"扶贫较多元化的扶贫方式更具资源优势,这主要是因为西藏农牧区基层社会组织还很薄弱,市场机制尚不成熟,完全依靠社会组织或市场力量推进西藏农牧区精准扶贫工作的可能较小,而政府的行政资源几乎成为西藏农牧区发展的唯一动力。此外,西藏农牧区精准扶贫同时还肩负着维持西藏稳定的政治任务,其政治效应明显大于经济效应。基于此,准确定位政府在精准扶贫过程中的角色意义十分重大。总之,在西藏农牧区精准扶贫过程中,政府要切实履行好自身的扶贫职能,既不缺位,也不越位。

首先,政府是精准扶贫资源的管理者与供给者。当前精准扶贫资源的表现形式与主要来源日益多元化,就资源内容而言,既包括财政资金、信贷资金等货币性资源,也包括扶贫人才、扶贫优惠政策等非货币性资源。从资源的来源来看,西藏农牧区精准扶贫资源来自专业扶贫部门、行业部门系统以及对口援藏单位等。因此,如何供给并管理好扶贫资源便成为西藏农牧区精准扶贫工作的重点。长期以来,西藏农牧区基层政府对资源的管理过于僵化、缺乏弹性等问题非常突出,这些都挤压了地方依据西藏农牧区特殊情况扶贫的操作空间。因此,目前急需下放扶贫资源管理权限,赋予基层政府自由裁量权与项目实施自主权,同时建立健全扶贫资源管理问责机制,从而有效规范政府的扶贫资源管理行为。在扶贫资源供给方面,精准扶贫资源下乡输入应以农牧民致贫原因为依据,以贫困农牧民的现实需求为导向,进行有效供给,从而实现扶贫资源效用的最大化,推动政府资源向扶贫资源合理转化。

其次,政府是精准扶贫政策的执行者。政策的贯彻与落实是影响西

---

① 庄天慧、陈光燕、蓝红星:《精准扶贫主体行为逻辑与作用机制研究》,《广西民族研究》2015年第6期。

藏农牧区扶贫工作成效的关键，而精准扶贫政策落实的重点是理顺各个行动主体之间的关系。国家精准扶贫制度的设计是以扶助为原则的，即"谁穷帮谁"，力求帮扶精准。然而在精准扶贫政策的执行过程中，体现国家意志的扶贫政策被逐渐解构，导致扶贫实践偏离了政策目标。从国家扶贫政策实践主体的行为逻辑来看，"县扶贫办需要平衡来自底层的各种诉求，村干部则希望将国家政策变成本自然村的利益实现机制，而乡镇扶贫干部及驻村干部更关心脱贫考核"[1]。正是基于这样的逻辑，西藏农牧区有些地方为了如期脱贫，就出现了急功近利的做法。因此，为了保证精准扶贫政策能够顺利落地，除了宏观上统筹西藏各扶贫主体的关系之外，更应该从体制机制上理顺西藏农牧区基层扶贫主体之间的关系，使之更有效地服从国家精准扶贫意志，避免出现政府失灵的现象。

最后，政府是精准扶贫工作的动员者。在西藏农牧区精准扶贫工作推进过程中，政府借助自身的资源优势扮演了非常重要的动员角色，政府的有效动员使"被帮扶对象的主观努力与全社会的积极支持紧密结合起来，以形成开发式扶贫的巨大合力"[2]。具体而言，一是政府动员更多的资源参与到精准扶贫的工作中来。通过有效的政府动员，打破政府内部的"条块"关系以及各自为政的限制，将各部门的职能整合到中心任务上，从而在短时间内提升精准扶贫政策执行的效率。二是政府动员贫困农牧民参与精准扶贫工作。在具体实践中，西藏农牧区建立了"双联户"的动员机制，有效激发了贫困户参与扶贫的积极性与主动性。但是，笔者在调研中发现，政府动员也给西藏农牧区精准扶贫带来了一些负面效应，如政府权力干涉过多、过深，扶贫活动被包办，多少会影响农牧民参与的积极性。因此，政府在西藏农牧区基层的精准扶贫动员更应突出贫困农牧民的主体性，要注重培育贫困农牧民的参与意识，提升贫困

---

[1] 王雨磊：《精准扶贫何以"瞄而不准"——扶贫政策落地的三重对焦》，《国家行政学院学报》2017年第1期。

[2] 韩广福、王芳：《当代中国农村扶贫开发的组织动员机制》，《理论月刊》2012年第1期。

农牧民的参与能力，逐步完善农牧民参与扶贫活动的内涵，"在基层政府的引导和监督下重建一个良性的、以利益为纽带的村庄组织结构，发动群众参与到资源的使用、分配和对村庄未来规划的讨论中来"①。

二 优化西藏农牧区精准扶贫瞄准机制

扶贫瞄准是发展干预理论和实践中的一个重要组成部分，提高扶贫瞄准精度是提高扶贫效率的途径之一②，因此扶贫瞄准的重要性在不断提升。当前"建档立卡"制度是精准识别我国贫困个体的主要瞄准制度之一，其目的是通过掌握贫困人口的基本特征、致贫根源，从根本上提高扶贫资源的使用与分配效率，全面监测扶贫效果。但是如前文所述，当前西藏扶贫对象瞄准面临着农牧区基层治理结构复杂、信息不对称、识别技术缺陷以及贫困农牧民认知变化等多重因素的制约，而这些因素直接导致了扶贫瞄准的失真。因此，在实施扶贫瞄准时，应慎重考虑以下几个方面，并采用不同的应对策略。

首先在精准识别政策设计方面，要采取地方性、多元化的精准识别指标。定义贫困是制定精准识别政策的基础，当前我国政府规定的以收入水平为依据的贫困线是定义贫困的基本标准，但是对于精准识别贫困而言，可操作性受到很多因素的制约。一方面，西藏的农牧民并没有记经济账的习惯；另一方面，西藏农牧民的财富观也存在差异，我们在调研中发现，相对于货币，西藏农牧民认为牲畜、耕地等才是主要财富。加之西藏经济发展程度的区域性差别明显，农牧民的生活习俗差异性十分显著。因此，在限定精准扶贫指标的情况下，运用差别化的地区性贫困户识别方式，选取符合西藏农牧民习惯和农户现实情况的指标，采取自我瞄准与村庄瞄准相结合的方式，才能避免因为"一刀切"而造成的贫困对象漏出。

---

① 刘建平、陈文琼：《"最后一公里"困境与农民动员——对资源下乡背景下基层治理困境的分析》，《中国行政管理》2016年第2期。
② 唐丽霞、罗江月、李小云：《精准扶贫机制实施的政策和实践困境》，《贵州社会科学》2015年第5期。

其次在精准识别工作机制方面，一是要将行政成本纳入精准识别工作中来。在当前的精准识别工作中，"压力型"工作机制在人力与资源方面的投入预算并没有被纳入脱贫攻坚的经费支出中，如果不考虑成本而单纯强调扶贫瞄准的精确性，势必会给基层扶贫工作增加负担，出现扶贫干部的应因策略。二是将精准识别工作纳入相应的评价考核体系中。以贫困识别内容为依据，对乡镇扶贫干部，特别是对驻村干部的驻村时间、工作内容、组织方式以及考核方法作出明确规定，从责任追查与职能倒逼两个方面规范基层扶贫工作人员的精准识别行为。三是建立上下联动的精准识别工作机制。一方面，进行自上而下的垂直式识别，由县、乡镇两级政府指派干部与驻村干部制定扶贫精准识别规范及实施方案，强化国家对西藏农牧区精准识别的督导，杜绝村干部与村庄精英的捕获行为；另一方面，进行自下而上的倒逼式识别，通过村民代表大会进行协商、审议和表决，保障贫困农牧民这一弱势群体的基本权益。此外，还要建立针对精准识别工作中暗箱操作等行为的检举机制。

最后在精准识别工作的信息管理方面，信息技术下乡是当前西藏农牧区精准扶贫技术手段调整的主要表现形式，"通过将数字信息本地化、系统化和逻辑化，国家得以改善基层治理过程中的信息不对称，提高其信息能力"[1]，进而实现西藏农牧区精准识别工作的合理化。如何克服信息不对称的问题，增强国家自下而上的信息收集能力，以及自上而下的信息传递能力，是当前政府加强精准识别信息管理的核心问题。以互联网技术的信息扩散及交互式信息参与机制为基础，提高西藏农牧区贫困户瞄准效率的措施主要有以下几种：一是信息采集应采取数字量化与非量化两种方式，建立西藏农牧区贫困户信息的搜集与整理机制，从技术和社会层面提高扶贫对象识别信息的可操作性与可甄别性。二是在政策信息传播过程中建立多元化的信息传递机制，通过村民会议、宣传手册、标语以及手机微信、电视广播等多种媒介，以藏汉双语为主要形式，宣

---

[1] 王雨磊：《数字下乡：农村精准扶贫中的技术治理》，《社会学研究》2016年第6期。

传西藏农牧区精准扶贫政策，拓展西藏农牧民获取基本信息的途径。三是在信息资源的整合与利用方面，提升政府对西藏农牧区精准扶贫数据的管理能力，在为西藏贫困农牧民"建档立卡"的过程中，不断完善"数据采集—数据处理—数据分析—政策调整"的流程，提升政府对这些数据进行管理与挖掘的能力（如图6—5所示）。

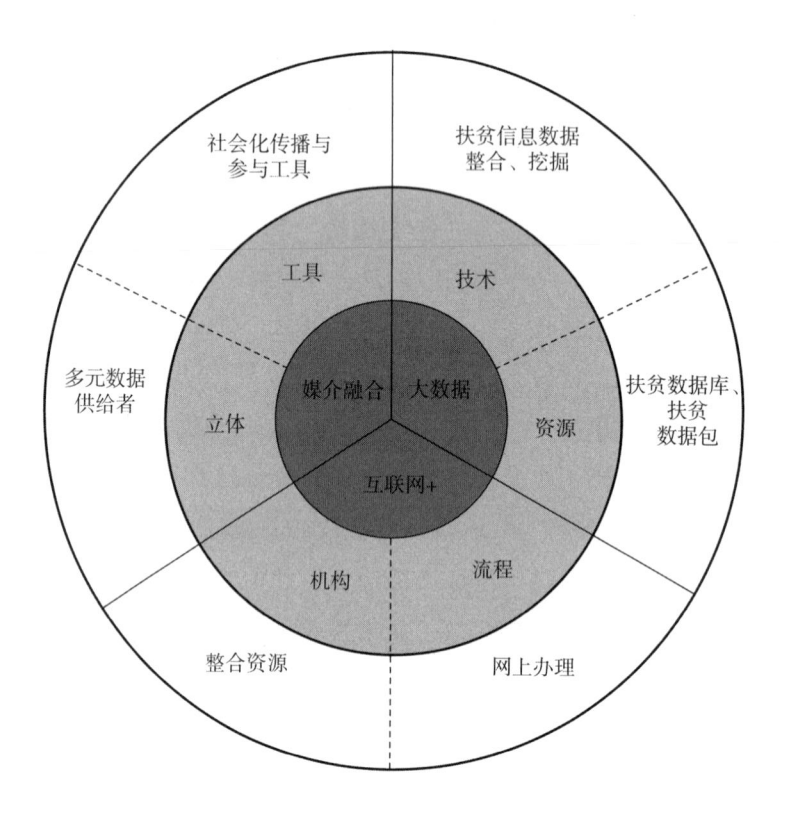

图6—5　信息社会中政府整合、利用扶贫数据示意图①

三　创新西藏农牧区精准扶贫政策体系

虽然西藏精准扶贫工作已经取得了不小的成绩，但是我们也应清醒

---

① 人民论坛理论研究中心：《政府数据治理的三个重要内涵》，《国家治理》2016年第27期。

地认识到，西藏农牧区要真正落实"精准扶贫、精准脱贫"这一基本方略，到2020年如期完成全部脱贫的目标，还需要在扶贫政策的制定与实践方面做出更大的努力。消除西藏农牧区集中连片的区域性贫困以及以农户为单位的个体性贫困，是当前扶贫政策的重要目标，因此，优化西藏农牧区精准扶贫的政策体系，应当从促进西藏农牧区区域经济发展与提高贫困农牧民的收入两个方面入手。

首先在宏观层面，要优化西藏农牧区"大扶贫"政策体系。"大扶贫"政策体系是面向西藏农牧区整体区域的系统性政策，而非仅局限于专项扶贫。一是就西藏特色产业发展而言，要优化西藏农业结构，增强农牧互补，重点发展西藏农牧区的特色种植业。同时，牧区的养殖业要以草畜平衡、稳定规模、提高效益为前提，采用外调饲草、饲料的方式，缓解西藏资源环境面临的压力。要加强西藏农牧区特色农产品基地建设，通过整合西藏农牧区资源，瞄准藏药材、牦牛、藏香猪、藏鸡以及藏系绵羊等优势产业，集中资金进行重点扶持，以纯生态、无污染和绿色有机等为优势特色，打造一批产业基地。同时，要进一步加强西藏农牧区文化资源保护，通过深入挖掘自然与人文资源，开展多种形式的文化旅游，带动区域经济发展。二是加强西藏农牧区基础设施建设，提高农村抗灾能力。要重点做好西藏农牧区水利设施的配套建设，提升农牧业的灌溉能力。完善西藏农牧区基层生产道路建设，特别是要解决地处偏远地区的农牧民"出行难"的问题。此外，还要加强西藏农牧区防灾减灾设施建设，提高雪灾风灾预警与救助能力。三是增加西藏农牧区公共产品供给，如棚圈、饮水用电、村级道路、农业设施、广播电视信号以及医药卫生、体育文化娱乐设施等，切实改善西藏农牧民生产生活条件。要坚持"因地制宜、因村制宜"的原则，优先向贫困地区倾斜，力求公共产品延伸至农牧区自然村，重点解决农牧民急需解决的重大现实问题。

其次在中观层面，要优化西藏农牧区基层村庄的治理结构。国家扶贫政策出现的诸多问题往往都集中在"最后一公里"，这与基层社会治理转型有必然的联系。"对于国家权力从外部强行嵌入村庄的精准扶贫制度设计，基层权力在政策的实施和执行过程中总存在有加入自身意志和满足自身利益诉求的机会和空间"①，西藏农牧区基层的治理方式、治理主体、治理单元、治理动力已经从根本上改变了以往的扶贫运行机制，并对当下精准扶贫产生了深远影响。在国家扶贫资源注入西藏农牧区的过程中，克服乡村治理转型给精准扶贫带来的消极影响的主要措施为：一是在治理方式上，提高扶贫项目的落地效率，加快非竞争机制项目的落实与审批进度，防止因获取竞争性项目而引起村庄的二次贫困。二是在治理主体方面，精英仍然是西藏农牧区基层治理的主体。完善对精英群体的权力监督机制，提高扶贫资源传递信息的透明化与公平性，明确多元治理主体，如村庄干部、第一书记、乡镇政府职能部门之间的权、责关系，实现西藏农牧区精准扶贫工作的"共治"。三是在治理环境方面，有序引导西藏农牧区青年外出务工的同时，要注意防范西藏农牧区村庄"空心化""原子化"给精准扶贫带来消极影响。要通过培育和建立各种新型农牧民经济合作组织，不断提高农牧民生产的组织性，为西藏农牧区精准扶贫奠定社会组织基础。

最后在微观层面，要注重提高农牧民的可行能力。"扶贫先扶志"，西藏农牧区长期贫困，在很大程度上与贫困农牧民自我发展能力不足相关。因此，西藏农牧区精准扶贫就是从根本上帮助贫困农牧民改变"等、靠、要"的思想，提升自我脱贫的能力。一是优先发展西藏农牧区基础教育，在精准扶贫工作中深入开展教育扶贫，在完善"三包教育"政策的基础上，使教育经费投入、教育设施建设、教育优惠政策更加倾向农村，同时对扶贫户子女教育给予必要的补贴，以减轻贫困户的经济负担，切实阻止贫困的代际传递。二是重点建设农牧区初中阶段的职业教育体系，发展符合西藏农牧区特点的职业教育，为农牧区提供适用的人才。三是加强农牧区农业实用技术培训，进一步规范西藏农牧民农业生产及

---

① 李群峰：《权力结构视域下村庄层面精准扶贫瞄准偏离机制研究》，《河南师范大学学报》2016年第2期。

劳动力转移技术培训制度，结合西藏农牧区经济发展情况和农牧民的需求，优化培训内容，凸显农牧民技术培训的针对性、实用性和可操作性。一方面，要适时推广与农牧业生产相关的知识，组织相应的技术培训；另一方面，要做好西藏农牧区适用人才示范培训的工作，不断提高农牧业生产的示范作用与带动能力。

参考文献

研究论著

[1] 赵曦：《中国西藏扶贫开发战略研究》，中国藏学出版社2004年版。

[2] 肖怀远：《西藏农牧区：改革与发展》，中国藏学出版社1994年版。

[3] 徐平、张群：《西部大开发与西藏农牧区的稳定和发展》，中国藏学出版社2012年版。

[4] 北京大学社会学人类学研究所等编：《西藏社会发展研究》，中国藏学出版社1997年版。

[5] 周炜：《21世纪西藏社会发展论坛》，中国藏学出版社2004年版。

[6] 艾俊涛主编：《西藏经济社会发展问题研究》，中国财政经济出版社2010年版。

[7] 西藏自治区人民政府编：《西藏自治区经济社会发展战略设想》，内部资料，1989年。

[8] 西藏自治区发展和改革委员会：《西藏自治区"十一五"时期国民经济和社会发展规划》，内部资料，2002年。

[9] 西藏自治区发展和改革委员会：《"十二五"时期对口支援西藏经济社会发展规划汇编（2011—2015）》，内部资料，2007年。

[10] 王殿元主编：《2002年西藏自治区国民经济和社会发展报告》，

内部资料，2004 年。

［11］格桑次仁主编：《2005 年西藏自治区国民经济和社会发展报告》，内部资料，2005 年。

［12］格桑次仁主编：《2006 年西藏自治区国民经济和社会发展报告》，内部资料，2006 年。

［13］王殿元主编：《2001 年西藏自治区国民经济和社会发展报告》，内部资料，2001 年。

［14］丁穷夫：《青藏高原未来经济社会发展假说——喜马拉雅模式》，西藏人民出版社 1993 年版。

［15］西藏自治区：《西藏自治区十二五时期国民经济和社会发展规划纲要》，西藏人民出版社 2011 年版。

［16］西藏自治区：《西藏自治区十一五时期国民经济和社会发展规划纲要》，西藏人民出版社 2006 年版。

［17］多杰才旦、江村罗布：《中国西藏扶贫开发战略研究》，中国藏学出版社 1995 年版。

［18］狄方耀：《当代西藏产业经济发展史》，中国藏学出版社 2014 年版。

［19］杨军财：《西藏现代化发展与社会稳定研究》，国际文化出版公司 2015 年版。

［20］白涛：《传统迈向现代——西藏农村的战略选择》，西藏人民出版社 2004 年版。

［21］中共西藏自治区党史研究室：《新时期西藏农村的变革十七年》，内部资料，2001 年。

［22］尼玛扎西主编：《西藏农村山区可持续发展研究》，西藏人民出版社 2005 年版。

［23］次顿：《西藏农村经济跨越式发展研究》，西藏人民出版社 2005 年版。

［24］宗刚：《西藏农村生活能源消费升级及其保障研究》，中国藏学

出版社 2013 年版。

［25］中共西藏自治区委党史研究室编：《中国新时期农村的变革·西藏卷》，中共党史出版社 1997 年版。

［26］西藏自治区财政厅编著：《西藏财政支付农村改革发展三十年》，中国财政经济出版社 2011 年版。

［27］张佳丽、琼达编：《马克思　恩格斯　列宁　斯大林　毛泽东　邓小平等有关农村经济论述》，西藏自治区藏文古籍社 2012 年版。

［28］夏英：《贫困与发展》，人民出版社 1995 年版。

［29］王天津、王天兰：《西藏特色经济发展研究》，社会科学文献出版社 2016 年版。

［30］张志恒、杨西平、尹雯：《西藏特色经济发展问题研究》，厦门大学出版社 2015 年版。

［31］刘敏：《社会资本与多元化贫困治理——来自逄街的研究》，社会科学文献出版社 2013 年版。

［32］［美］安格斯·迪顿：《逃离不平等》，崔传刚译，中信出版社 2014 年版。

［33］郑志龙：《基于马克思主义的中国贫困治理制度分析》，人民出版社 2015 年版。

［34］张志远：《多民族聚居地区贫困治理的社会政策视角：以布朗山布朗族为例》，中国社会科学出版社 2015 年版。

［35］张磊：《中国扶贫开发历程》，中国财政经济出版社 2006 年版。

［36］［英］安东尼·吉登斯：《全球时代的民族国家：吉登斯讲演录》，江苏人民出版社 2010 年版。

［37］［英］安东尼·吉登斯：《现代性：吉登斯访谈录》，新华出版社 2001 年版。

［38］［英］安东尼·吉登斯：《现代性的后果》，译林出版社 2011 年版。

［39］苏海红、杜青华：《中国藏区反贫困战略研究》，甘肃民族出版

社 2009 年版。

[40] 夏征农:《新型国家论》,上海三联书店 1991 年版。

[41] 王绍光:《安邦之道:国家转型的目标与途径》,上海三联书店 2007 年版。

[42] 朱晓明:《西藏前沿问题研究》,中国藏学出版社 2014 年版。

[43] 沈红:《边缘地带的小农:中国贫困的微观解理》,人民出版社 1992 年版。

[44] [印] 阿玛蒂亚·森(Amartya Sen):《贫困与饥荒:论权利与剥夺》,商务印书馆 2001 年版。

[45] 周彬彬:《向贫困挑战:国外缓解贫困的理论与实践》,人民出版社 1991 年版。

[46] 谭诗斌:《现代贫困学导论》,湖北人民出版社 2012 年版。

[47] 颜廷武:《基于农户行为逻辑的区域反贫困理论与实证研究》,科学出版社 2016 年版。

[48] 樊纲:《发展的道理》,上海三联书店 2002 年版。

[49] 李具恒:《贫困与反贫困的理论与实践》,民族出版社 2002 年版。

[50] 王小林:《国际减贫与发展丛书:贫困测量》,社会科学文献出版社 2012 年版。

[51] 范小建:《西藏农牧业发展方式研究》,中国农业科学技术出版社 2016 年版。

[52] 李宝海:《西藏现代农业发展战略》,中国农业科学技术出版社 2007 年版。

[53] 沈渭寿:《西藏地区生态承载力与可持续发展研究》,中国环境出版社 2015 年版。

[54] 金炳镐:《西藏现代农业发展战略中国共产党民族工作发展研究(第 2 编)(新疆·西藏篇)》,中央民族大学出版社 2008 年版。

[55] 土登、代欣言:《西藏人口与发展问题探讨》,西藏人民出版社

2002年版。

［56］丁穷夫：《西藏发展问题评论》，西藏人民出版社1993年版。

［57］张有年：《政府体制创新与西藏跨越式发展问题研究》，中国藏学出版社2008年版。

［58］青觉：《现阶段中国民族政策及其实践环境研究》，社会科学文献出版社2011年版。

［59］青觉：《和谐社会与民族地区政府能力研究》，人民出版社2010年版。

［60］郝时远：《中国共产党怎样解决民族问题》，江西人民出版社2011年版。

［61］关凯：《族群政治》，中央民族大学出版社2007年版。

［62］尼玛扎西：《山区农业与农村可持续发展研究译文集》，西藏人民出版社2011年版。

［63］白涛：《西藏农牧区的变革》，西藏人民出版社2011年版。

［64］邓大才：《国家惠农政策的成效评价与完善研究》，经济科学出版社2015年版。

［65］［美］斯科特：《国家的视角（修订版）——那些试图改善人类状况的项目是如何失败的》，社会科学文献出版社2012年版。

［66］［美］斯科特：《逃避统治的艺术东南亚高地的无政府主义历史》，上海三联书店2016年版。

［67］［美］斯科特：《农民的道义经济学——东南亚的反叛与生存》，译林出版社2001年版。

［68］［美］斯科特：《弱者的武器》，译林出版社2011年版。

［69］吴逊、饶墨仕：《公共政策过程：制定、实施与管理》，格致出版社2016年版。

［70］［英］洛克：《政府论》，商务印书馆1997年版。

［71］［英］霍布斯：《利维坦》，商务印书馆1985年版。

［72］塞缪尔·P.亨廷顿：《变化社会中的政治秩序》，上海人民出

版社 2015 年版。

学术论文

[1] 沈茂英:《"连片特困区"扶贫问题研究综述与研究重点展望》,《四川林勘设计》2015 年第 1 期。

[2] 汪三贵、刘未:《"六个精准"是精准扶贫的本质要求——习近平精准扶贫系列论述探析》,《毛泽东邓小平理论研究》2016 年第 1 期。

[3] 李玉珍:《藏区扶贫任重道远——四川省理塘县贫困状况调查》,《经济体制改革》2016 年第 1 期。

[4] 覃志敏、陆汉文:《藏区牧民生计分化与能力贫困的治理——以川西措玛村为例》,《西北人口》2012 年第 6 期。

[5] 沈茂英:《川滇连片特困藏区农村扶贫可利用生态资源研究》,《四川林勘设计》2015 年第 4 期。

[6] 王小林:《扶贫对象精准解决识别与精准帮扶研究——黔西南州案例研究》,《当代农村财经》2016 年第 3 期。

[7] 徐君:《割舍与依恋——西藏及其他藏区扶贫移民村考察》,《西藏大学学报》2011 年第 4 期。

[8] 陈益龙:《构建精准、综合与可持续的农村扶贫新战略》,《行政管理改革》2016 年第 2 期。

[9] 杨军:《关于四川藏区精准扶贫工作的调查与思考》,《中共乐山市委党校学报》2015 年第 5 期。

[10] 丁耀全:《华锐藏区旅游扶贫开发刍议——以甘肃省天祝藏族自治县为例》,《西昌学院学报》2008 年第 1 期。

[11] 陈灿平:《集中连片特困地区精准扶贫机制研究——以四川少数民族特困地区为例》,《西南民族大学学报》2016 年第 4 期。

[12] 王瑞芳:《精准扶贫:中国扶贫脱贫的新模式、新成略与新举措》,《当代中国史研究》2016 年第 1 期。

[13] 曾永涛:《精准扶贫必须因户施策"拔穷根"》,《中国党政干部论坛》2016 年第 5 期。

[14] 杨秀丽:《精准扶贫的困境及法制化研究》,《学习与探索》2016 年第 1 期。

[15] 赵纪河:《精准扶贫的理论分析与实践应对——以陕甘宁革命老区为例》,《开发研究》2016 年第 1 期。

[16] 高翔、李静雅、毕艺苇:《精准扶贫理念下农村低保对象的认定研究——以山东省某县为例》,《经济问题》2016 年第 5 期。

[17] 杨朝中、黄涛:《精准扶贫应处理好四个统筹关系》,《学习月刊》2016 年第 1 期。

[18] 王建平:《连片特困地区政府扶贫资金的减贫效果评价——以川西北藏区为例》,《决策咨询》2015 年第 2 期。

[19] 苏海红:《论我国藏区的扶贫开发与和谐社会构建》,《青海社会科学》2008 年第 6 期。

[20] 杨友国:《论我国农村贫困治理体系演进与精准扶贫构建》,《黑龙江生态工程职业学院学报》2016 年第 2 期。

[21] 梁传军:《瞄准主要问题 实施精准扶贫——以青海省玉树藏族自治州为例》,《青海金融》2016 年第 1 期。

[22] 庄天慧、陈光燕、蓝红星:《农村扶贫瞄准精准度评估与机制设计——以西部 A 省 34 个国家扶贫工作重点县为例》,《青海民族研究》2016 年第 1 期。

[23] 覃志敏、陆汉文:《农耕藏区的劳动力转移与贫困治理——以川西俄市坝村为例》,《开发研究》2014 年第 4 期。

[24] 赵晓峰、邢成举:《农民合作社与精准扶贫协同发展机制构建:理论逻辑与实践路径》,《农业经济问题》2016 年第 4 期。

[25] 朱玲:《排除农牧民发展障碍——康藏农牧区发展政策实施状况调查》,《中国科学社会》2013 年第 9 期。

[26] 黄妮:《浅论习近平的精准扶贫思想》,《福建省社会主义学院学报》2016 年第 1 期。

[27] 李凤荣:《青海藏区农牧区扶贫开发与农村最低生活保障有效

衔接的思考——以泽库县为例》，《地方财政研究》2012年第5期。

[28] 王淑婕、顾锡军：《区域发展视野下的青海藏区扶贫开发困境与解策》，《青海社会科学》2012年第3期。

[29] 李群峰：《权力结构视域下村庄层面精准扶贫瞄准偏离机制研究》，《河南师范大学学报》2016年第2期。

[30] 李北方：《让精准扶贫更加精准》，《南风窗》2016年第10期。

[31] 沈茂英：《少数民族地区人口城镇化问题研究——以四川藏区为例》，《西藏研究》2010年第5期。

[32] 李瑞华、潘斌、韩庆龄：《实现精准扶贫必须完善贫困县退出机制》，《宏观经济管理》2016年第2期。

[33] 耿宝江、庄天慧、彭良琴：《四川藏区旅游精准扶贫驱动机制与微观机理》，《贵州民族研究》2016年第4期。

[34] 庄天慧：《四川藏区农牧民收入水平、结构及差距研究》，《西南民族大学学报》2016年第1期。

[35] 廖桂蓉：《四川藏区贫困状况及脱贫障碍分析》，《农村经济》2014年第1期。

[36] 孙向前、高波：《四省藏区金融精准扶贫路径探究》，《青海金融》2016年第2期。

[37] 虞崇胜、余扬：《提升可行能力：精准扶贫的政治哲学基础分析》，《行政论坛》2016年第1期。

[38] 刘鸿燕：《西藏和四省藏区确立扶贫开发目标》，《农民日报》2010年第6期。

[39] 李博：《项目制扶贫的运作逻辑与地方性实践——以精准扶贫视角看A县竞争性扶贫项目》，《北京社会科学》2016年第3期。

[40] 赵晓霞、杨丽萍：《新世纪藏区扶贫政策目标达成研究——以四川省甘孜藏族自治州为例》，《农村经济》2012年第2期。

[41] 汪三贵：《以精准扶贫实现精准脱贫》，《中国国情国力》2016年第4期。

［42］钟海燕：《中国藏区经济稳定与经济发展》，《西南民族大学学报》2011 年第 12 期。

［43］杜明义、赵曦：《中国藏区农牧区反贫困机制设计》，《贵州社会科学》2010 年第 8 期。

［44］苏海红：《中国藏区脱贫与生态保护政策的联动性探讨》，《攀登》2007 年第 2 期。

［45］郑瑞强、曹国庆：《基于大数据思维的精准扶贫机制研究》，《贵州社会科学》2015 年第 8 期。

［46］杨园园、刘彦随、张紫雯：《基于典型调查的精准扶贫政策创新及建议》，《中国科学院院刊》2016 年第 3 期。

［47］段子渊、张长城、段瑞、唐炜：《坚持科技扶贫 实现精准脱贫 促进经济发展》，《中国科学院院刊》2016 年第 3 期。

［48］陈锡文：《坚决打赢脱贫攻坚战如期实现全面小康目标》，《劳动经济研究》2015 年第 6 期。

［49］刘解龙：《经济新常态中的精准扶贫理论与机制创新》，《湖南社会科学》2015 年第 4 期。

［50］吴雄周、丁建军：《精准扶贫：单维瞄准向多维瞄准的嬗变——兼析湘西州十八洞村扶贫调查》，《湖南社会科学》2015 年第 6 期。

［51］陈文烈：《藏区现代化的演进轨迹：理论、经验与当下实践》，《青海民族研究》2016 年第 1 期。

［52］陈文烈：《基于经济理性视角的欠发达地区现代化反思》，《青藏高原论坛》2016 年第 1 期。

后　　记

时光荏苒，岁月如梭。在中央民族大学的三年求学时光转瞬即逝，看到呈现在眼前的这本著作，虽然还不成熟，与师长们的期望仍有差距，但它凝结了我读博期间的点滴，见证了我学生时代的成长与收获。很快就要离开心爱的民大，再次奔赴工作岗位，当初重返校园学习的那种兴奋而又忐忑的情形，仿佛历历在目，虽然总感觉学犹未尽，但后知后觉的我，却满怀无限的眷恋与感恩。

幸运的是，三年来，恩师青觉教授，并没有因为我理论功底不足而放松对我的指导和要求，不弃学生愚钝、不辞辛劳的一点一滴地将我引领进民族学研究领域；三年来，恩师教给了我许许多多如何做人、读书、做学问的道理与方法；三年来，恩师为我指导并精心修改的每一篇学术论文，使我在学习和工作中受益匪浅。可以说，我的每一份成绩和进步都无不浸润着恩师的智慧和心血。正是恩师的鼓励和期许，我才坚定了在学术道路上探索和前行的决心。

感谢三年来对我学习、生活提供指导、帮助的师长、同学。乌小花教授、严庆教授、王军教授、王伟教授、高鹏怀教授对论文的构思和写作给予了富有建设性的指导和建议。特别是关凯教授、袁贺副教授在课堂上给予我的启迪，他们富有启发性的观点总能给我带来思想的冲击和灵感的迸发，并引发我更深层次的思考。在学习和论文写作期间，我也得到了谢广民师兄、闫力师兄、杨云安、张育瑄、左岫仙、红梅、孙蕾等同学的帮助，在此一并感谢。

我还要特别感谢西藏大学思政部尼玛次仁主任，无论是工作还是学习，尼次老师给了我慷慨的支持和帮助，特别是在西藏农牧区调研期间，尼次老师利用自己科研资金给予了资助。毫不夸张地说，如果没有尼次老师，恐怕我很难心无旁骛地静下心来专攻学术，更难以进行博士论文的前期调研。同时还要感谢我们的调研团队，曲应多杰同学、格桑多吉同学、段阳同学、邢策同学以及刘玉博士。他们分别承担了调研翻译、问卷录入以及部分文字校对工作。这篇博士论文很大程度得益于他们的无私付出。在这里，感谢每个团队成员的努力与辛劳，同时也特别感谢给予我们调研支持的领导、同事、朋友、驻村干部以及村两委干部，更与我们积极配合的贫困户。

最后感恩我的父亲和母亲。亲人的关心和支持是我求学路上永不衰竭的动力。这么多年来，他们永远是我最坚强的后端，与我一起分担困难；与我分享每一分收获的喜悦。正是他们默默地支持与鼓励，是我不断前进的动力源泉。

再次感谢为我顺利完成学业提供帮助的所有人！

吴春宝
2017 年 5 月 20 日于八号公寓